國家出版基金項目
NATIONAL PUBLICATION FOUNDATION

中國地方珍稀文獻
浙江地方文書叢刊

浙江畲族文書集成
文成卷
（第四册）

總主編　馮筱才

本册主编　周肖曉

浙江大學出版社
ZHEJIANG UNIVERSITY PRESS

目録

玉壺鎮平岩村雷體圓户

西坑畲族鎮雙山民族村雷然高户

百丈漈鎮長壟民族村鍾文海户

西坑畲族鎮讓川民族村半嶺雷元緑户

目録

玉壶镇平岩村雷體圜户

乾隆四十五年張從有立批

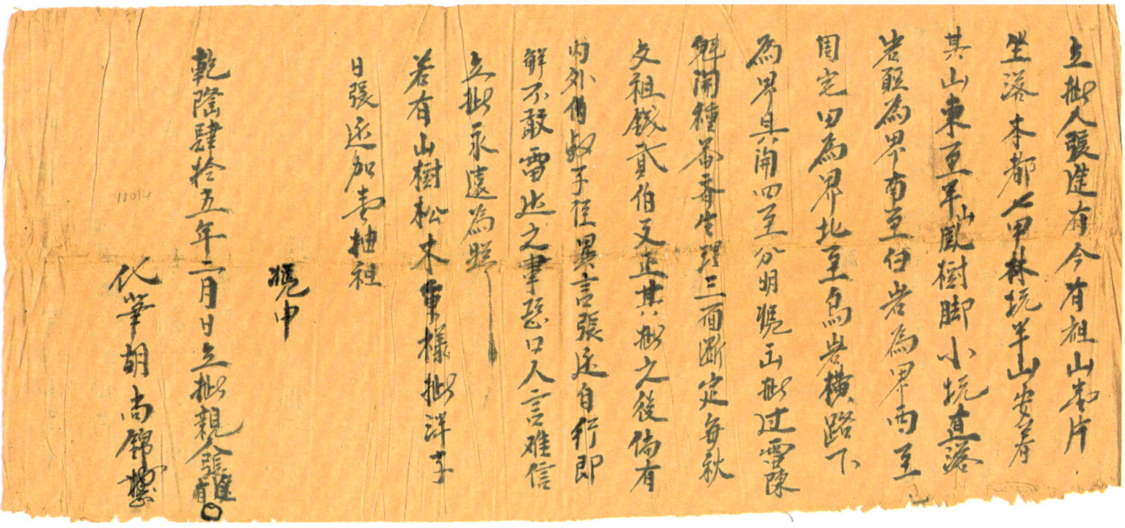

立批人張從有，今有祖山壹片，
坐落本都七甲林坑半山安着，
其山東至半山風樹脚小坑直落
岩頭爲界，南至白岩爲界，西至
周宅田爲界，北至烏岩横路下
爲界，具開四至分明，憑出批过雷陳
魁開種番薺生理，三面断定，每秋
交租錢貳伯[佰]文正，其批之後，倘有
内外伯叔子侄異言，張邊自行即
解，不敢[干]雷邊之事，恐口人言难信，
立批永遠爲照。
若有山樹松木重樣，批泮字
日，張邊加壹抽租。

憑中

乾隆肆拾五年二月日立批親人張從有（押）

代筆胡尚錦（押）

嘉慶十三年藍雷旺立票字

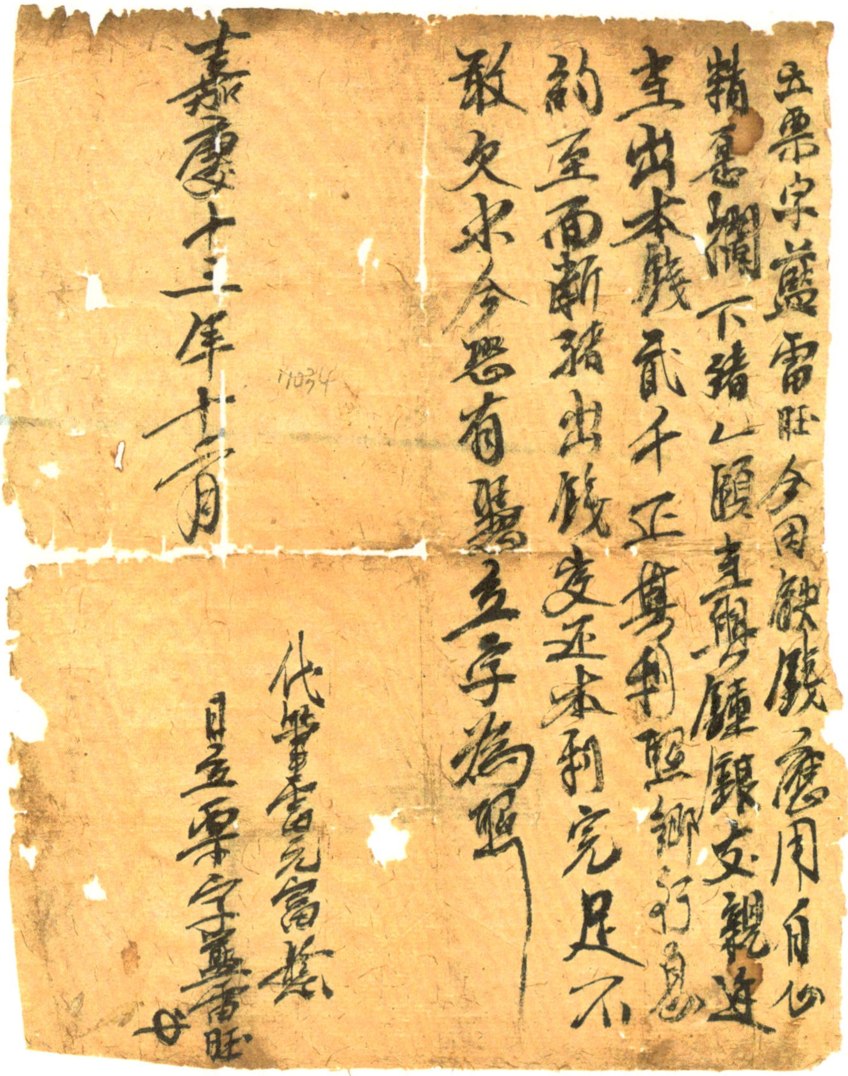

立票字藍雷旺，今因缺錢應用，自心
精［情］愿，欄下猪一頭，当與鍾銀支親邊，
当出本錢貳千正，其利照鄉行息，
約至面断猪出錢交还，本利完足，不
敢欠少，今恐有［無］憑，立字爲照。

代筆雷元富（押）

嘉慶十三年十二月日立票字藍雷旺（押）

嘉慶十八年周望忠立充字

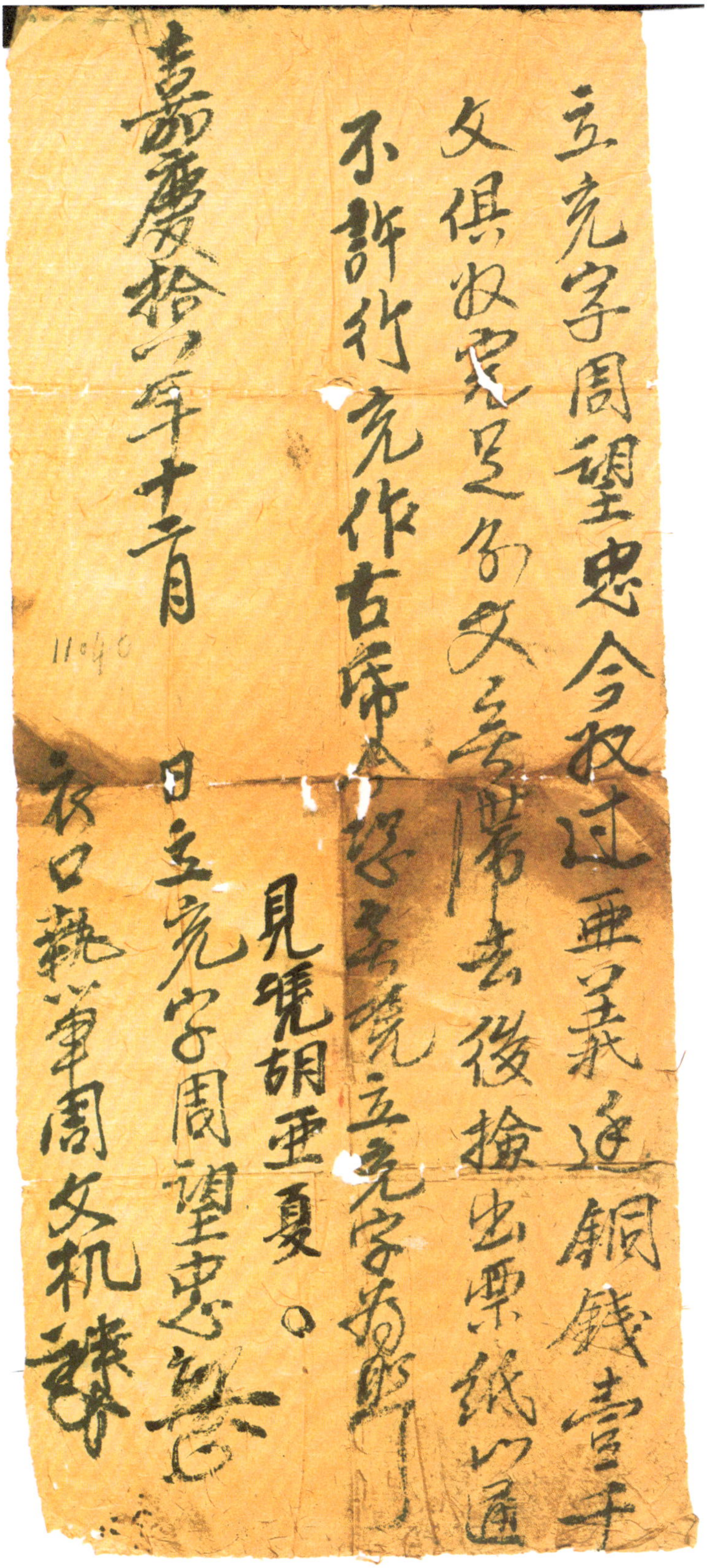

立充字周望忠，今收过亞義邊銅錢壹千
文，俱收完足，分文無滯，去後撿出票紙，以通
不許行，充作古紙，今恐無憑，立充字爲照。

見憑胡亞夏（押）

嘉慶拾八年十二月　日立充字周望忠（押）

衣［依］口執筆周文机（押）

嘉慶二十三年雷亞義立板字

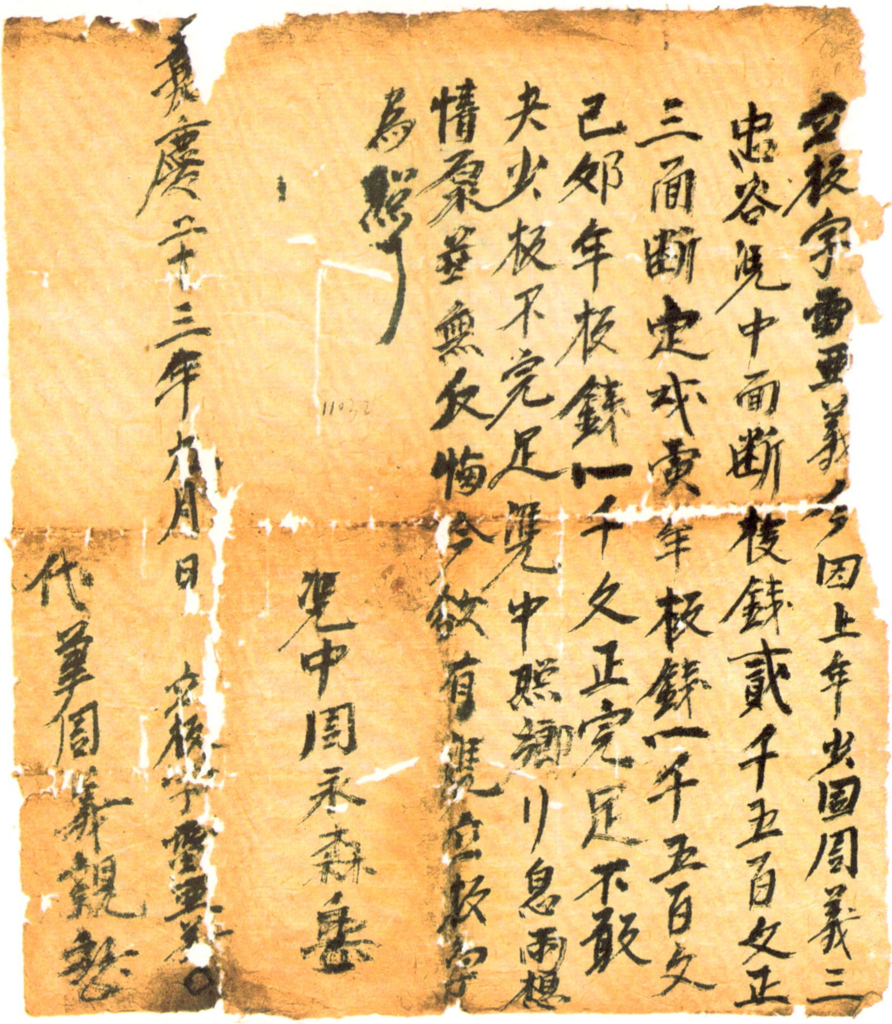

立板字雷亞義，今因上年少固［股］周義三忠谷，憑中面断，板錢貳千五百文正，三面断定，戊寅年板錢一千五百文，己卯年板錢一千文正，完足不敢夬［缺］少，板不完足，憑中照鄉行息，兩想［相］情愿，並無反悔，今欲有憑，立板字爲照。

憑中周永森（押）

嘉慶二十三年六月日　立板字雷亞義（押）

代筆周義親（押）

道光二十三年周義三立充字

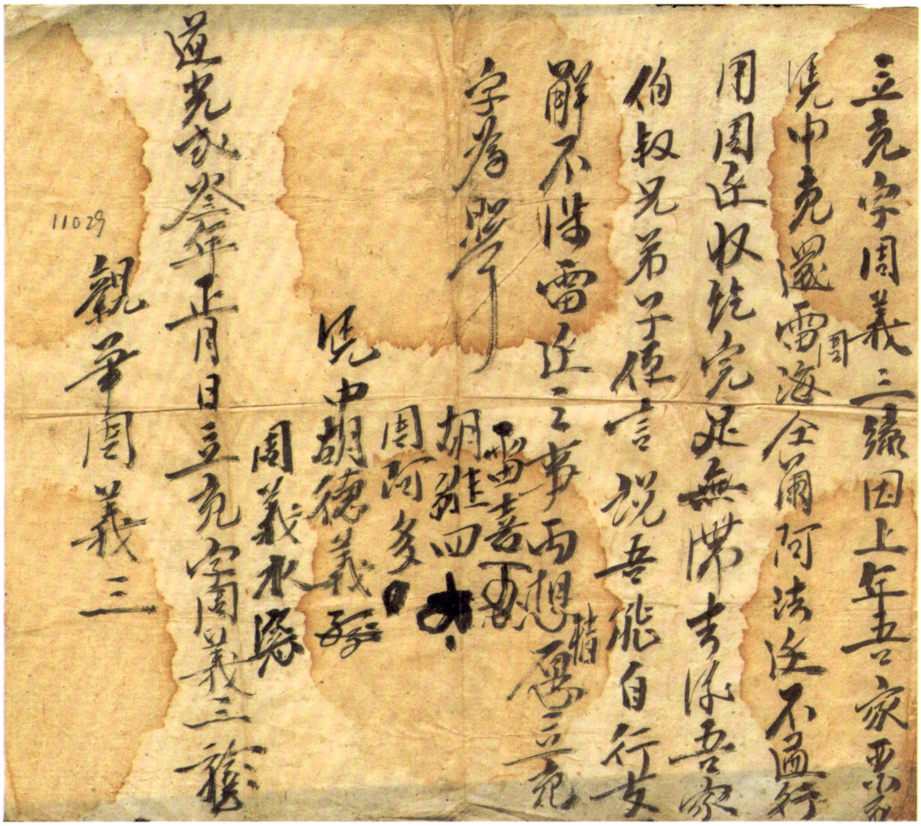

立充字周義三，緣因上年吾家票紙憑中充還雷周海仝蘭阿法邊，不通行用，周邊收訖完足無滯，去後吾家伯叔兄弟子侄言説，吾能自行支解，不涉雷邊之事，兩想［相］情愿，立充字爲照。

雷喜（押）

胡維四（押）

周阿多（押）

憑中胡德義（押）

周義水（押）

道光式叁年正月日立充字周義三（押）

親筆周義三

道光二十五年周嘉稷立賣契

立賣契人周嘉稷無錢應用
自心情愿將父手承分水田一段坐落
本都七甲土名林坑半山安着計田
大小七坵上至墈田為界下至塍田
為界并及水路混在内共計宣租
貳碩貳方正憑中立契出賣與藍
宅成玉邊達業當得時價錢柒千
文正親收完訖分文無滯將此田既賣之
後息听藍邊起佃管業周邊不敢執
吝以照字號收除過户不得以言倘有

之事此係自心情並無反悔今欲有憑
立賣契永遠為照

憑叔弟周嘉善

道光念伍年歲次乙巳十月日立賣契周嘉稷

代筆族侄周

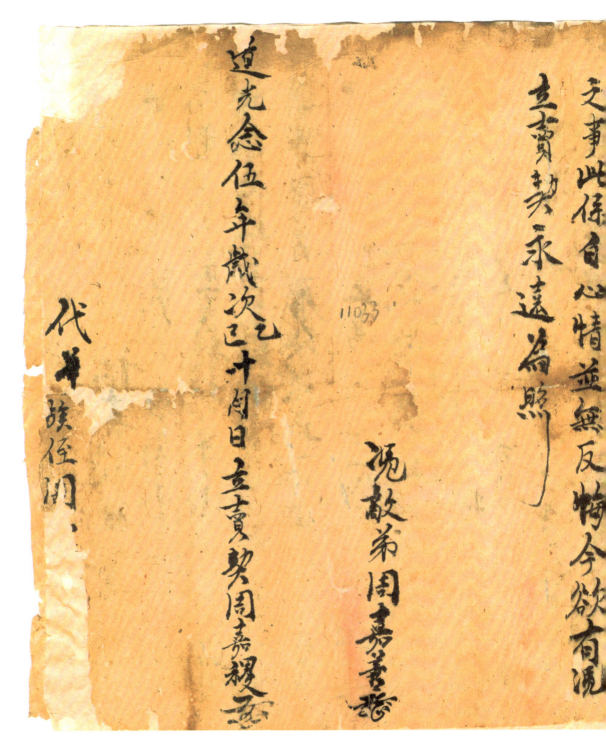

（前頁）>>>>

立賣契，今因周嘉稷無錢應用，自心情愿，將父手承分水田一段，坐落本都七甲，土名林坑半山安着，計田大小七坵，上至坳田爲界，下至等田爲界，並及水路兠在內，共計寔租貳碩貳方正，憑中立契，出賣與藍宅成玉邊違［爲］業，品得時價錢柒千文正，親收院［完］訖，分文無滯，將此田既賣之後，息［悉］听藍邊起佃官［管］業，周邊不敢执吝，以照字号收除過户，不得以［異］言，倘有内外人等言说，自行支解，不涉藍邊之事，此係自心情（願），並無反悔，今欲有憑，立賣契永遠爲照。

憑敵［嫡］弟周嘉善（押）

道光念伍年歲次乙巳十月日立賣契周嘉稷（押）

代筆族侄周□□□

道光二十九年雷周海立賣杉樹並松樹契

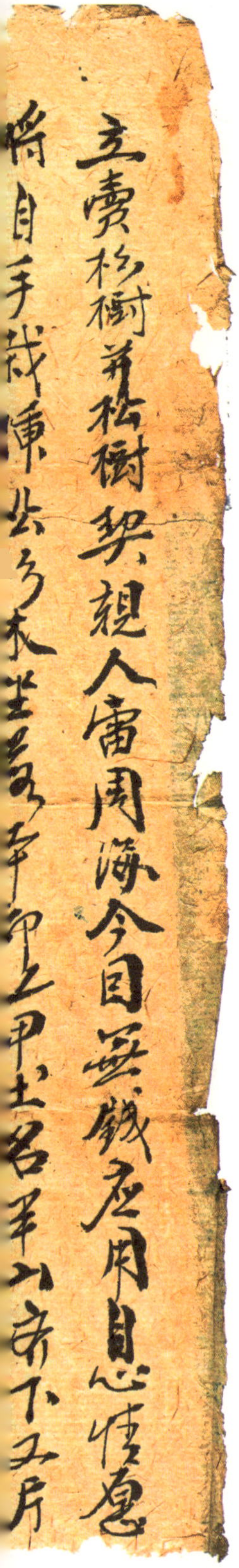

坐寅兜又序坐丑帐屋下又序坐卧田后路上共松杉
木伍處憑中出賣與藍成法管業樣緑三面斷
定值時價錢叁千文又得藉手肆拾伍斤即收
完足分文無滯去後樹木樣大批判日子雷
邊不敢異言又或不清倘有内外人等不涉
買主之事今欲有憑立賣樹契爲照
憑中　雷亜松（押）
道光廿年庚子歲十二月　日立賣樹契親人雷周海（押）
代筆周永進（押）

（前頁）>>>>

立賣杉樹並松樹契親人雷周海，今因無錢应用，自心情愿，將自手栽插松杉木，坐落本都七甲，土名半山济下，又片坐崗兒，又片坐亞順屋下，又片坐馱田后路上，共松杉木伍處，憑中出賣與藍成法管業樣绿［籙］，三面断定，值時價錢久［玖］百廿文，又得莳系［絲］肆拾伍斤，即收完足，分文無滯，去後樹木樣大批判日子，雷邊不敢異言，不找不贖，倘有内外人等，不涉買主之事，今欲有憑，立賣樹契爲照。

憑中雷亞松（押）

道光廿九年己酉歲十二月　日立賣樹契親人雷周海（押）

代筆周永熙（押）

咸豐元年周望忠立充字

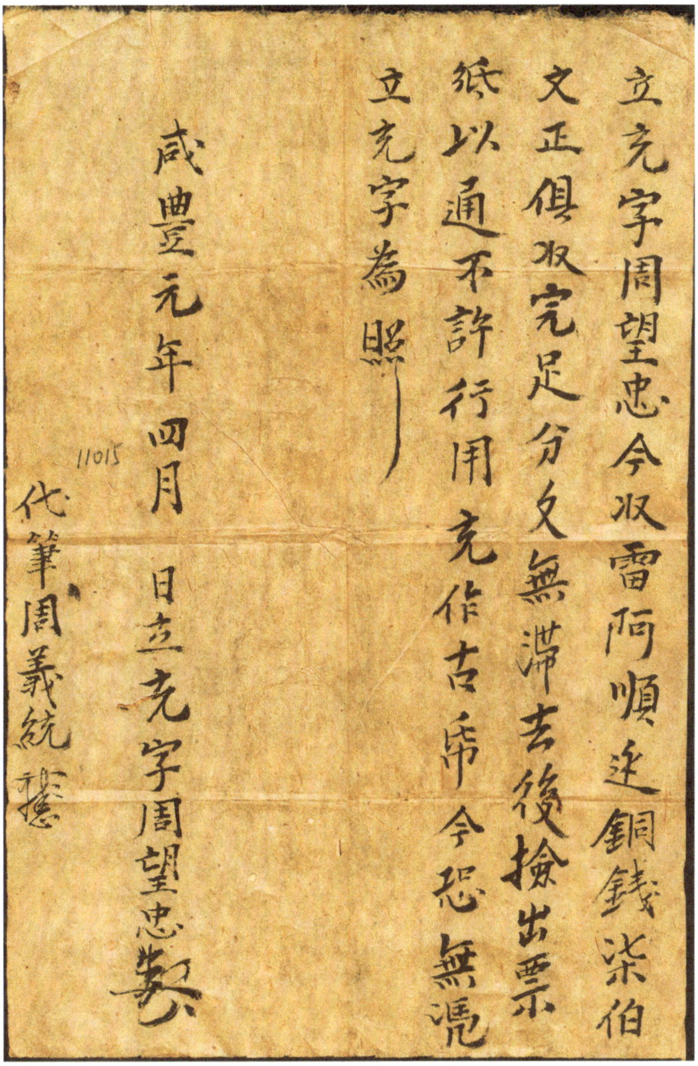

立充字周望忠，今收雷阿順邊銅錢柒伯[佰]文正，俱收完足，分文無滯，去後撿出票紙，以通不許行用，充作古紙，今恐無憑，立充字爲照。

咸豐元年四月　日立充字周望忠（押）

代筆周義統（押）

咸豐三年胡鎮東立充字

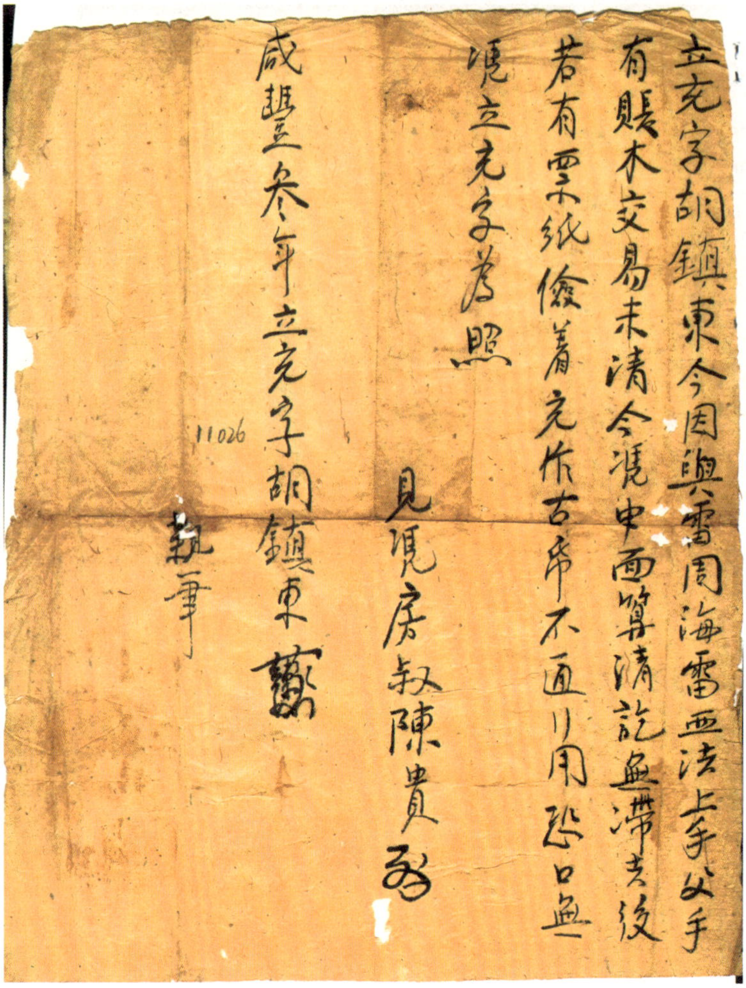

立充字胡鎮東，今因與雷周海、雷亞法上手父手有賬木［目］交易未清，今憑中面算清訖無滯，去後若有票紙儉［撿］着，充作古紙，不通行用，恐口無憑，立充字爲照。

見憑房叔陳貴（押）

咸豐叁年立充字胡鎮東（押）

親筆

咸豐四年雷周海立當契

立當契親人周海今因缺錢應用自心情
愿父手拔有山場壹片坐落本都烏岩半
山安着茅窠嶺山圓屏及屋基傍柴在內
憑中出當與房兄亞法邊價錢伍百文正其
利照鄉行悉三面斷定三年不贖此山悉听
兄邊管業與造弟邊不敢執吝兩想情愿
各無反悔之理倘有外人等言說自行支
不涉兄邊之事立當契為照

咸豐肆十二月　日立

憑中亞禮（押）

當周海（押）

代筆寬運（押）

11025

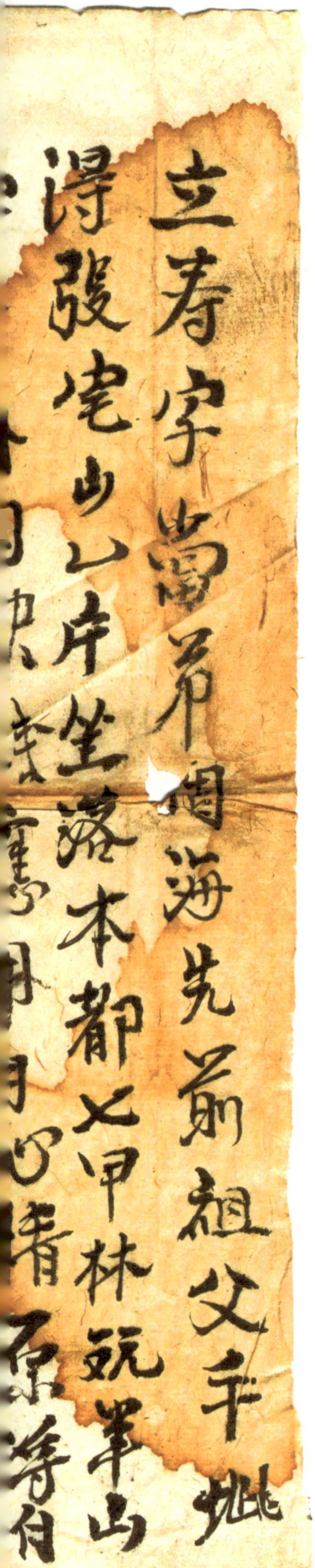

咸豐五年雷周海立壽字

（前頁）>>>>

立當契親人周海，今因缺錢應用，自心情愿，父手拔［批］有山場壹片，坐落本都烏岩半山安着等處，將山圓［園］屏［並］及屋基、雜柴在內，憑中出当與房兄亞法邊，價錢伍百文正，其利照鄉行悉［息］，三面断定，三年不贖，此山悉听兄邊管業興造，弟邊不改［敢］執吝，兩想［相］情愿，各無反悔之理，倘［倘］有内外人等言說，自行支（解），不悉兄邊之事，立當契爲照。

憑中亞鼎（押）

咸豐肆（年）十二月　日立　雷周海（押）

代筆寬運（押）

己出山脚潘山祖者與兄亞法近業

當擇祿潘中儀定出工至錢七千文正

其字日子具收完足分文無滯三面言定

每年交繳近春綿米工拾斤正不許缺

少倘有內外人等言說并近自行支解

不涉兄近之事恐口有憑立春字存照

咸豐五年正月　日立春字潘周海○

憑　張國志○

吳德●

昆官○

亞五○

亞善○

代筆胡德孚我孫

（前頁）>>>>

立寿字當弟周海，先前祖父手批得張宅山一片，坐落本都七甲林坑半山安着，今因缺錢應用，自心情原［願］，將自己山一脚，憑山祖寿與兄亞法邊載［栽］種管（業）樣禄［簶］，憑中儀［議］定，出工至錢七千文正，成字日子具收元［完］足，分文無滯，三面言定，每年交租邊薯絲米七拾斤正，不許缺少，倘有内外人等言説，弟邊自行支解，不涉兄邊之事，恐口有［無］憑，立寿字爲照。

咸豐五年正月日立寿字雷周海（押）

周志（押）　亞五（押）

憑張吴德（押）

昆官（押）　亞善（押）

代筆胡德義（押）

咸豐六年胡亞六立收字

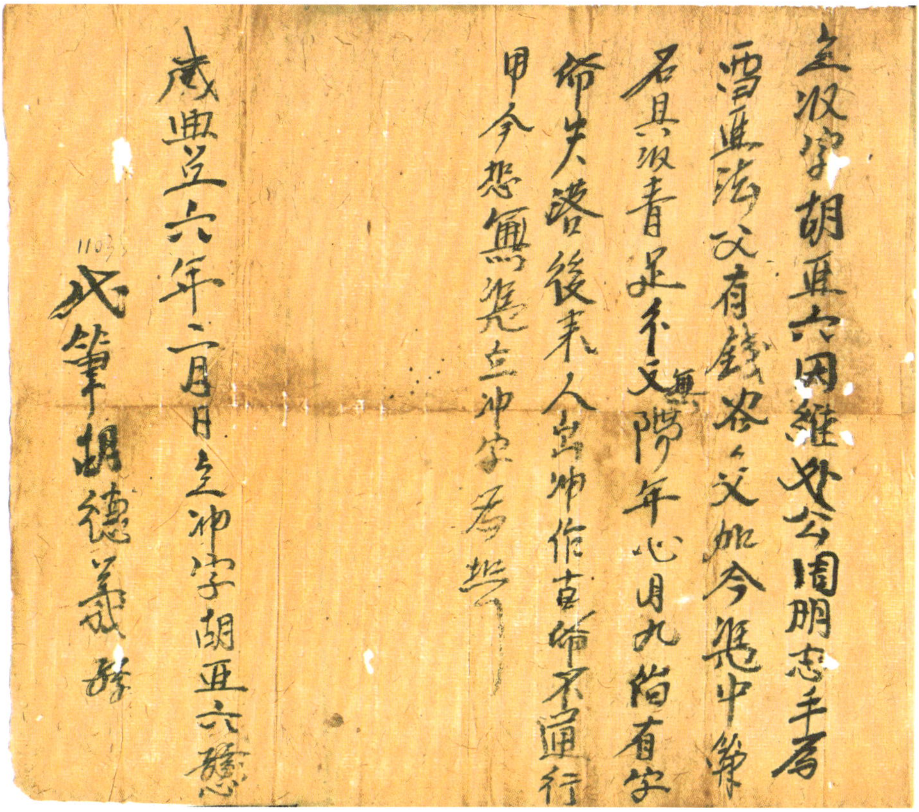

立收字胡亞六，因继处公周明志手爲雷亞法父有錢谷交加，今憑中算名［明］，具收青［清］足，分文無滞，年心［深］月九［久］，倘有字紙失落，後來人出，冲作古紙，不通行用，今恐無憑，立冲字爲照。

咸豐六年二月日立冲字胡亞六（押）

代筆胡德義（押）

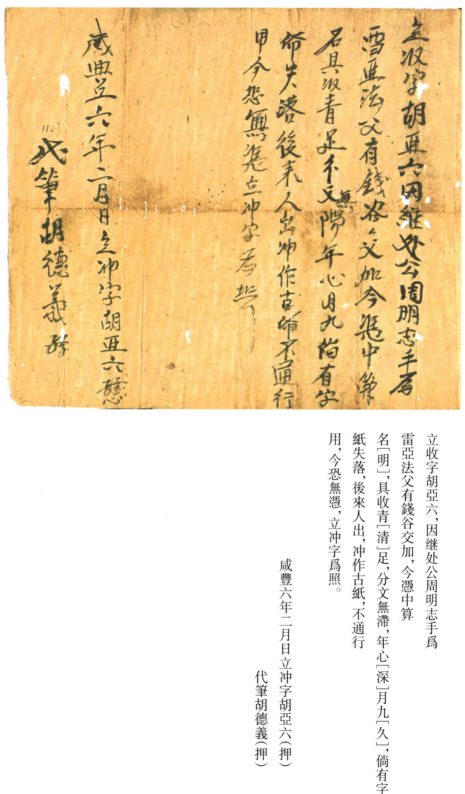

咸豐七年周阿同立充字

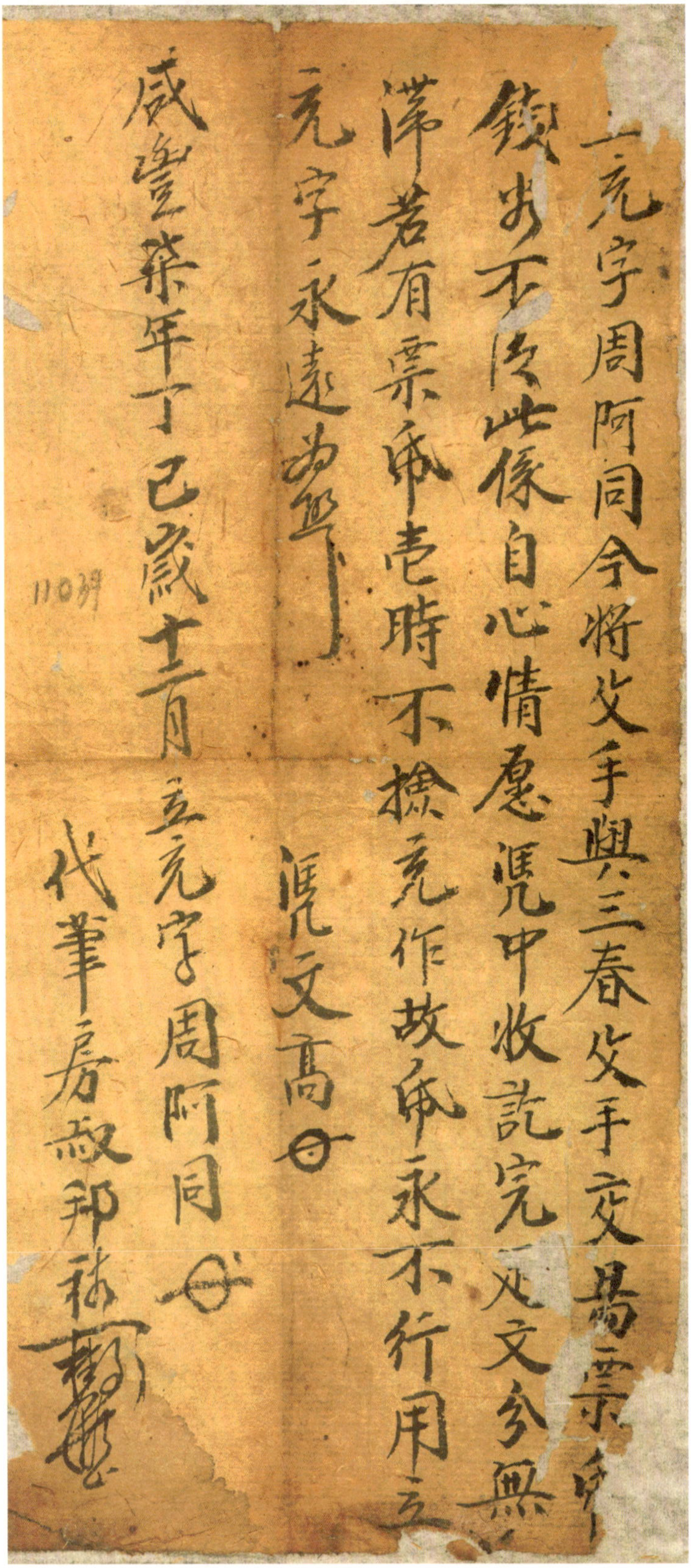

立充字周阿同，今將父手與三春父手交易票紙，錢谷不清，此係自心情愿，憑中收訖完足，文分無滯，若有票紙壹時不撿，充作故紙，永不行用，立充字永遠爲照。

憑文高（押）

咸豐柒年丁巳歲十二月立充字周阿同（押）

代筆　房叔邦德（押）

光緒九年雷和啓立賣加找盡契

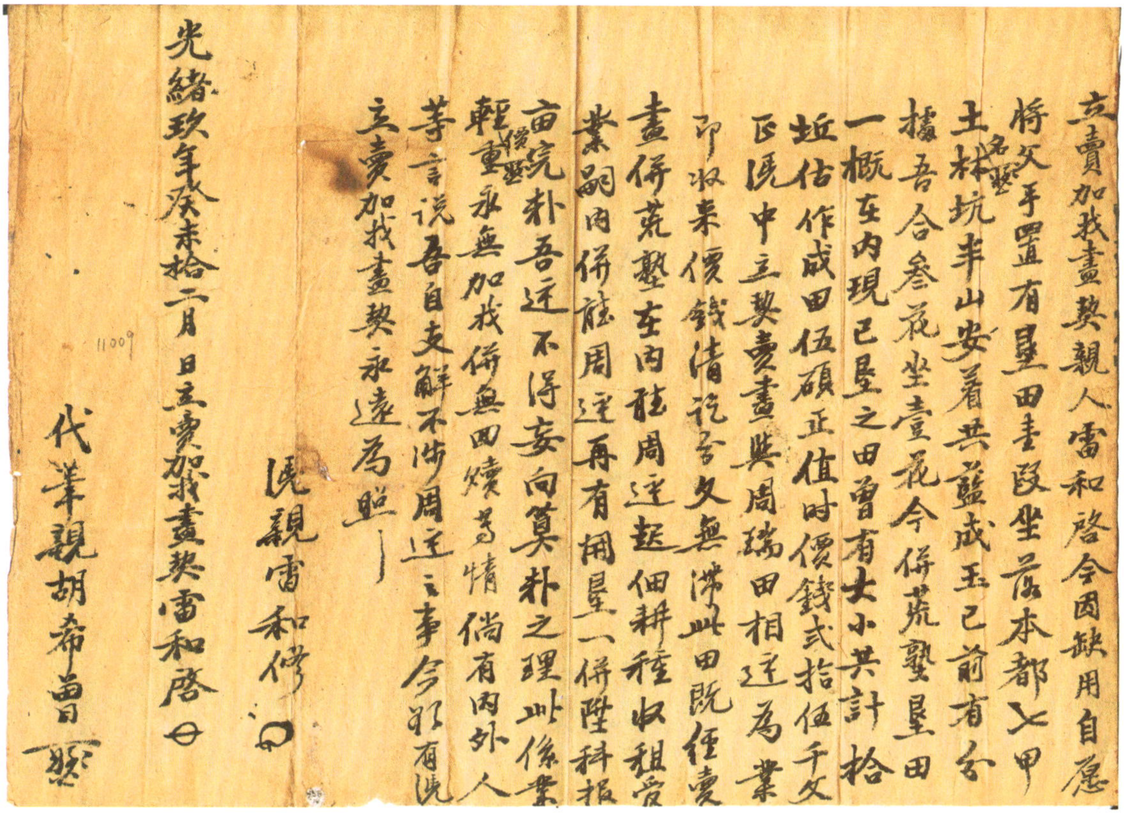

立賣加找盡契親人雷和啓，今因缺用，自愿
將父手置有墾田壹段，坐落本都七甲，
土名（押）林坑半山安着，共藍成玉已前有分
據，吾合叁花坐壹花，今並荒塾墾田
一概在内，現已墾之田，曾有大小共計拾
坵，估作成田伍碩正，值时價錢弍拾伍千文
正，憑中立契，賣盡與周瑞田相邊爲業，
即收來價錢清訖，分文無滯，此田既經賣
盡，並荒塾[熟]在内，聽周邊起佃耕種，收租管
業，嗣内並聽周邊再有開墾，一併陞科报
亩完补，吾邊不得妄向算补之理，此係業
輕價（押）重，永無加找，並無回贖等情，倘有内外人
等言说，吾自支解，不涉周邊之事，今欲有憑，
立賣加找盡契永遠爲照。

憑親雷和修（押）

光緒玖年癸未拾二月　日立賣加找盡契雷和啓（押）

代筆親胡希曾（押）

光緒二十一年張崇龍等立賣盡契

立賣盡契親人張崇龍同弟崇可崇寶崇巧崇興崇有今
因無錢應用自心愿（情）將自祖手承分山塲壹疋八古合壹坐落
本都七甲土名半山安着不俱四址数上至周邊下垟崗田坎下為
界下至大岩豆為界底至大荒降為界外至笋拗為界併及荒熟（開田興造）
俱以在内凭中立契出賣與雷胡起邊為業親得時價錢紅洋四元
二角五十文正成契日即收完足分文無滞但粮畝依照字號收除過户（遂年）
完納此山既賣之後悉聽從胡起邊管業耕種永為已產此係輕價
重兩想情愿並無逼抑去後永遠無找無贖等情倘有内外人等言
說自行支解不涉買主之事今款有凭立賣契為照

向户納粮錢卅

凭中 正粽 徐伍

光緒廿壹年乙未歲二月日立賣盡契親人張崇龍

代筆佩虞

今日為照

11020

（前頁）>>>>

立賣盡契親人張崇龍同弟崇可、崇賨、崇巧、崇興、崇有，今因無錢應用，自心情愿，將自祖手承分山塲壹疋，八古［股］合壹，坐落本都七甲，土名半山安着，不俱四坵数，上至周邊下垟崗田坎下爲界，下至大岩豆爲界，底至大荒降爲界，外至笋坳爲界，並及荒熟開困［墾］興造俱以在内，憑中立契，出賣與雷胡起邊爲業，親得時價錢紅洋四元二角五十文正，成契日即收完足，分文無滯，但粮畝依照字號收除過户完納，此山既賣之後，悉聽從胡起邊管業耕種，永爲己産，此係業［（押）］輕價重，兩想［相］情愿，並無逼抑，去後永遠無找無贖等情，倘有内外人等言説，自行支解，不涉買主之事，今欲有憑，立賣契爲照。

向户納粮錢卅。

憑中　正粽（押）

徐伍（押）

光緒廿壹年乙未歲二月日立賣盡契親人　張崇龍（押）

代筆佩虞（押）

光緒二十六年胡正宗立賣並加找盡契

立賣併加找盡契親人胡正宗今因缺錢應用自心情愿將
自手山場壹疋八花合壹坐落本都七甲土名半山安着不
俱四至坵数上至周邊下垟崗田坎下為界下至大岩頭為
界底至大荒降為界外至笋坳為界併及荒熟開墾
與造俱以在内憑中立契出賣與雷胡起親邊為
業親得時價錢英洋㓊元弍角伍拾文正情契日
郎收完足分文無滯此山既賣之後悉听從胡起
邊栽種管業永為己產此係業輕價重兩想
情愿並無逼抑去後永遠無借無找無贖等
情倘有内外人等言説自行支觧不涉買主之
事今欲有憑立賣併加找盡契永遠為照

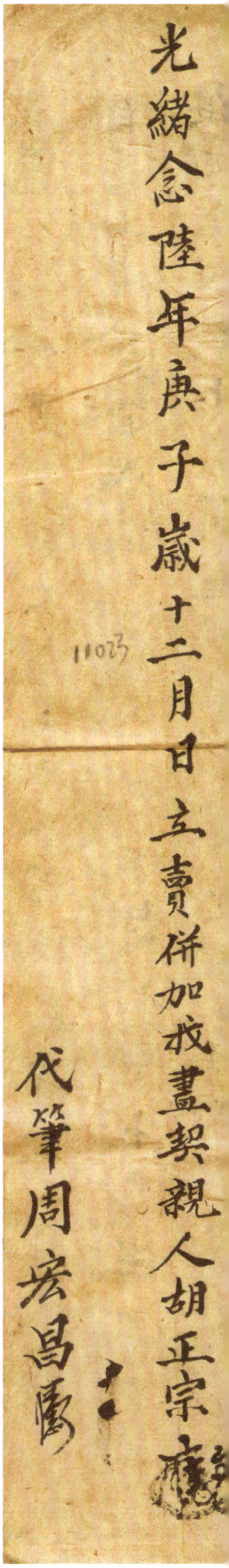
光緒念陸年庚子歲十二月日立賣併加找盡契親人胡正宗
代筆周宏昌
11023

（前頁）>>>>

立賣並加找盡契親人胡正宗，今因缺錢應用，自心情愿，將自手山塲壹疋，八花合壹，坐落本都七甲，土名半山安着，不俱四至、坵数，上至周邊下垟崗田坎下爲界，下至大岩頭爲界，底至大荒降爲界，外至笋坳爲界，並及荒熟開墾興造俱以在内，憑中立契，出賣與雷胡起親邊爲業，親得時價錢英洋肆元弍角伍拾文正，情契日即收完足，分文無滯，此山既賣之後，悉听從胡起邊栽種管業，永爲己産，此係業輕價重，兩想[相]情愿，並無逼抑，去後永遠無借無找無贖等情，倘有内外人等言說，自行支解，不涉買主之事，今欲有憑，立賣並加找盡契永遠爲照。

憑中周培皆（押）

光緒念陸年庚子歲十二月日立賣並加找盡契親人胡正宗（押）

代筆周宏昌（押）

光緒二十六年胡正宗立賣並加找盡契

立賣併加找盡契親人胡正宗今因缺錢應用
自心情愿將自手山塲壹足八花合壹坐落本都
七甲土名半山安着不俱四至坵数上至周边下坪崗
田坎下為界下至大岩頭為界底至大荒降為界外
至箏坳為界併及荒熟開墾興造俱以在内澆中
主契立賣與雷胡起親边為（業爲）親得時價錢英洋壹拾
元文正情契日郎收完足分文無滯此山既賣之
後悉聽從胡起边栽種管業永為己產此係業
輕價重兩想情愿並無逼抑去後永遠無借無
找無贖等情内外人等言說自行支解不涉買主
之事今欲有憑立賣併加找盡契永遠為照

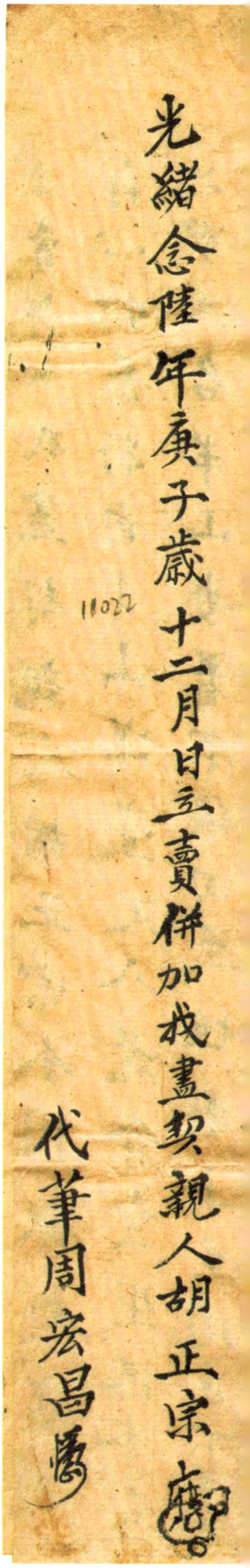
光緒念陸年庚子歲十二月日立賣併加找盡契親人胡正宗
代筆周宏昌
11022

（前頁）>>>>

立賣並加找盡契親人胡正宗，今因缺錢應用，自心情愿，將自手山場壹疋，八花合壹，坐落本都七甲，土名半山安着，不俱四至、坵数，上至周邊下垟岗田坎下爲界，下至大岩頭爲界，底至大荒降爲界，外至笋坳爲界，並及荒熟開墾興造俱以在內，憑中立契，出賣與雷胡起親邊爲業（押），親得時價錢英洋壹拾元文正，情契日即收完足，分文無滯，此山既賣之後，悉聽從胡起邊栽種管業，永爲己産，此係業輕價重，兩想［相］情愿，並無逼抑，去後永遠無借無找無贖等情，内外人等言説，自行支解，不涉買主之事，今欲有憑，立賣並加找盡契永遠爲照。

憑中周培皆（押）

光緒念陸年庚子歲十二月日立賣並加找盡契親人胡正宗（押）

代筆周宏昌（押）

光緒二十九年雷亞七立退工字

立退工字親人雷亞七上年租得雷亞九
亞郎邊山場水田壹片坐落本都七甲土名
半山安着不俱四至每年納租清訖年長
月久開墾多工憑中退與業主雷胡起
邊親收工本英洋拾玖元正分文無
欠此山既退之后悉听雷胡起邊栽
種管業雷亞七邊不許捺吝倘有內
外鄰居人等言說自行支解不涉
雷胡起邊之事此係兩相想情愿並
無返悔找借今欲有憑立退工字

為照

憑中胡正粽（押）

光緒念玖年癸卯歲十二月日立退工字親人雷亞七〇

11042

代筆葉應其（押）

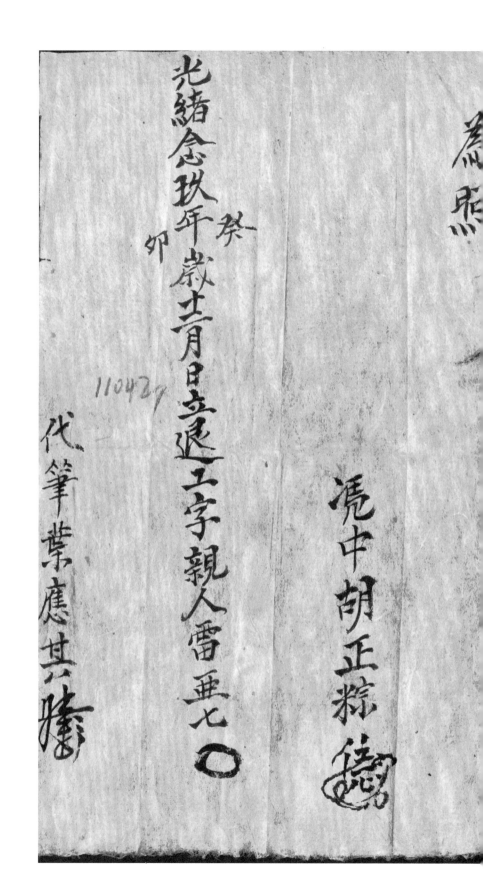

（前頁）>>>>

立退工字親人雷亞七，上年租得雷亞九、亞郎邊山塲、水田壹片，坐落本都七甲，土名半山安着，不俱四至，每年納租清訖，年長月久，開墾多工，憑中退與業主雷胡起邊，親收工本英洋拾玖元正，分文無欠，此山既退之后，悉听雷胡起邊栽種管業，雷亞七邊不許执吝，倘有内外鄰居人等言説，自行支解，不涉雷胡起邊之事，此係兩想［相］情愿，並無返悔找借，今欲有據，立退字爲照。

憑中胡正粽（押）

光緒念玖年癸卯歲十二月日立退工字親人雷亞七（押）

代筆葉應其（押）

宣統元年藍周安立賣契

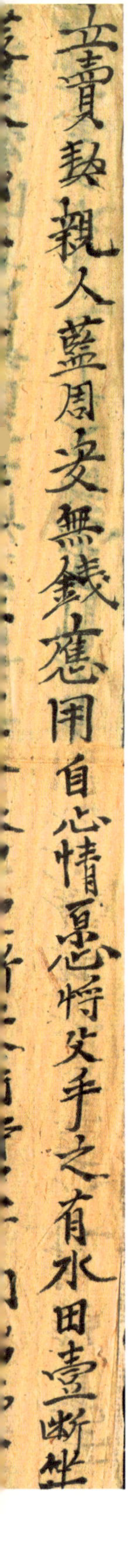

[illegible]足當面因二人全買人管業耕重當面断定是出價錢洪洋廿五千文正
即日親收完足分明去後兩相情愿人有內外言說自行支解不干買主
之事兩相情愿办逐元加回逐立賣契永遠照

憑中　藍周木（押）

宣統元年十二月　即日　立賣契

11038

親筆　藍周安（押）

（前頁）>>>>

立賣契親人藍周安，無錢應用，自心情愿，將父手之有水田壹断［段］，坐落本都七甲，土名烏岩嶺上牛豆金水田壹断［段］安將，並及才内，出賣爲兄邊藍瑞木（押）、雷亞因二人仝買管業耕重［種］，叁面断定，是出價錢洪洋廿五千文正，即日親收完足分明，去後兩想［相］情愿，人有内外言説，自行支解，不干買主之事，兩想［相］情愿，办还元［原］加［價］回还，立賣契永遠照。

憑中　藍周木（押）

宣统元年十二月即日立賣契

親筆藍周安（押）

宣統三年藍周木等立賣契

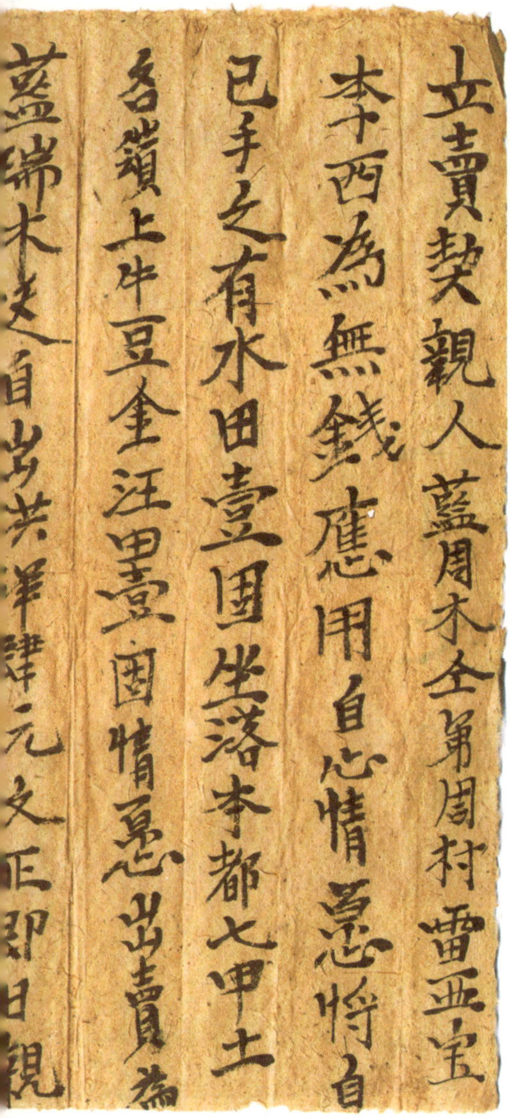

[illegible]情[illegible]其[illegible]

翻悔，今欲有憑，立賣契永遠為照。

宣統叁年正月廿六日　周村中

藍周木

雷亚宝

見憑　李西為

代筆　藍周交

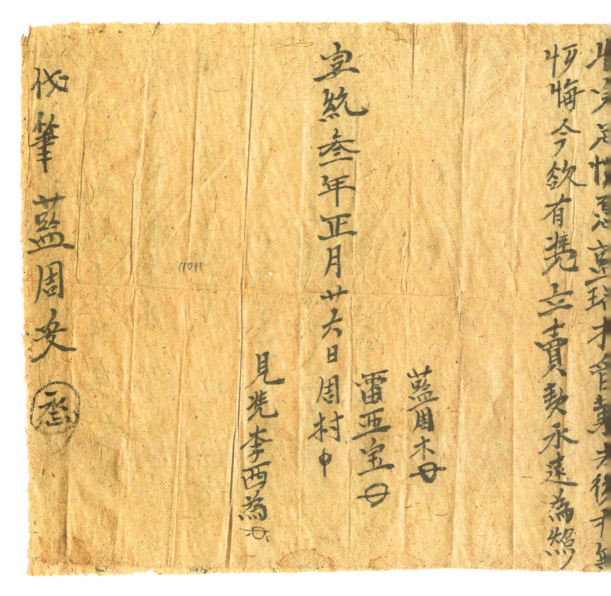

宣統三年藍瑞木立賣契

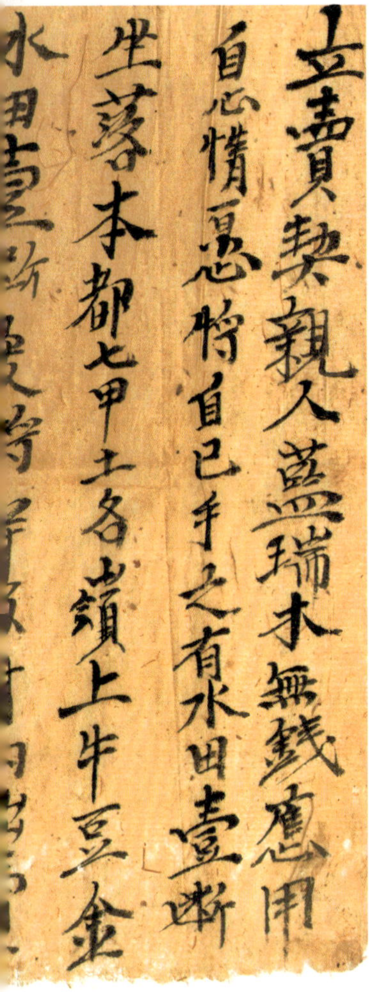

（前頁）>>>>

立賣契親人藍周木仝弟周村、雷亞宝、李西爲，無錢應用，自心情愿，將自己手之[置]有水田壹固[股]，坐落本都七甲，土名嶺上牛豆金汪田壹固，情愿出賣爲藍瑞木邊，自出洪洋肆元文正，即日親收完足，情愿藍瑞木管業，去後亦無恢[反]悔，今欲有憑，立賣契永遠爲照。

藍周木（押）

雷亞宝（押）

宣统叁年正月廿六日　周村（押）

見憑李西爲（押）

代筆藍周安（押）

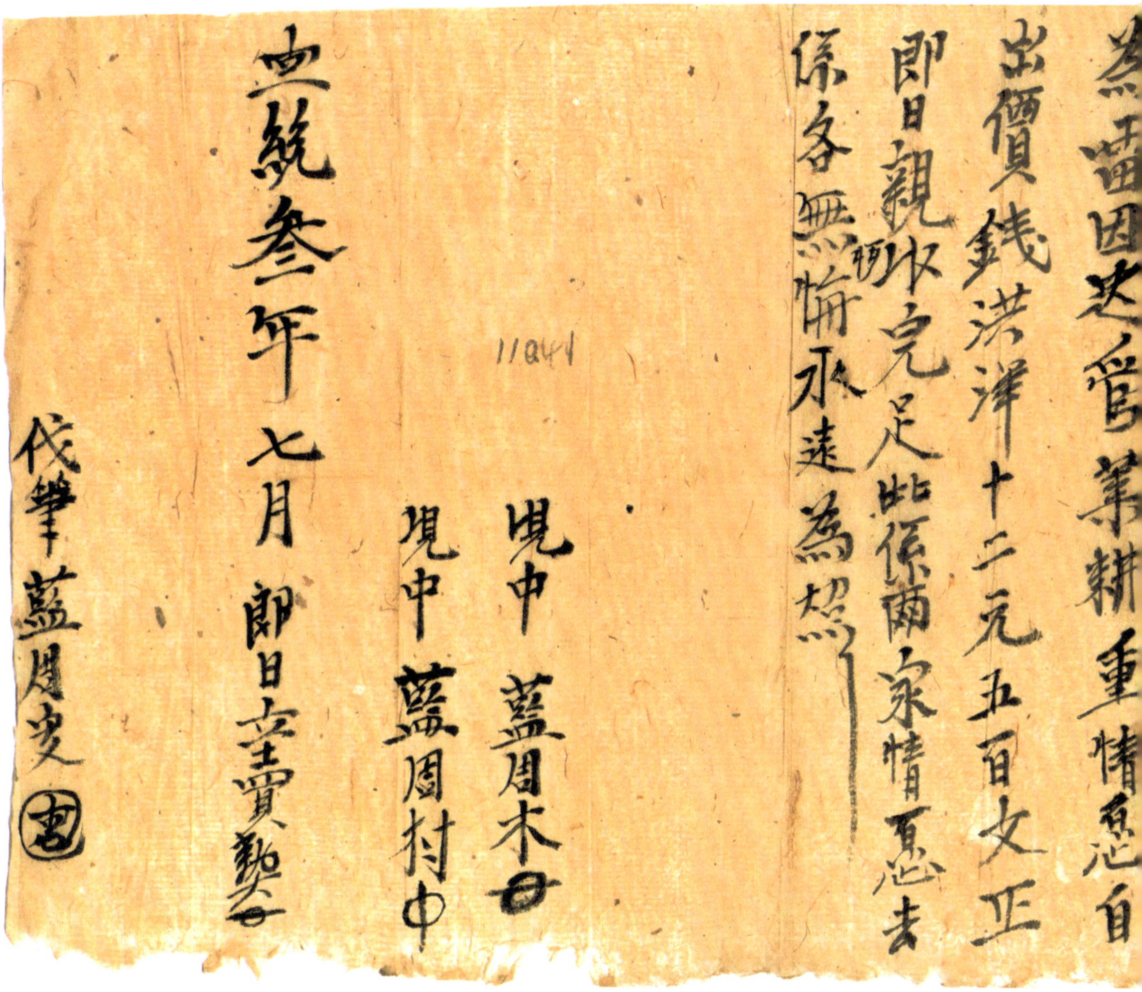
爲雷因邊管業耕重情愿自
出價錢洪洋十二元五百文正
即日親收完足此係兩家情愿去
係各無悔永遠爲照
憑中　藍周木
憑中　藍周村
宣統叁年七月　即日立賣契
代筆　藍周安

立賣契親人藍瑞木，無錢應用，
自心情愿，將自己手之有水田壹断［段］，
坐落本都七甲，土名嶺上牛豆金
水田壹断［段］安將，並及才内，出賣
爲雷亞（押）因邊管業耕重［種］，情愿自
出價錢洪洋十二元五百文正，
即日親收完足，此係兩家情愿，去
係各無恢［反］悔，永遠爲照。

憑中　藍周木（押）
憑中　藍周村（押）
宣統叁年　七月　即日立賣契（押）
代筆　藍周安（押）

宣統三年藍瑞木立賣契

立賣契親人藍瑞木今因缺錢應用自心情愿將自父手將已
手之有水田山塲屋基山塲瑞木坐落本都七甲土名嶺衣安[illegible]
不俱の至祖頓共升茶竹木欄棹宗招捌水田山塲畨徐道同子財
紫舜及在内憮勲在內覌中立賣為雷亞寧全弟雷亞因藍周木遂
三人為業親收價錢洪洋五十七元文正日即親收完足此山塲
水田并及在内去後兩想情愿無找無贖立賣契遠為据

見中　藍水土　中
見中　藍周村　中

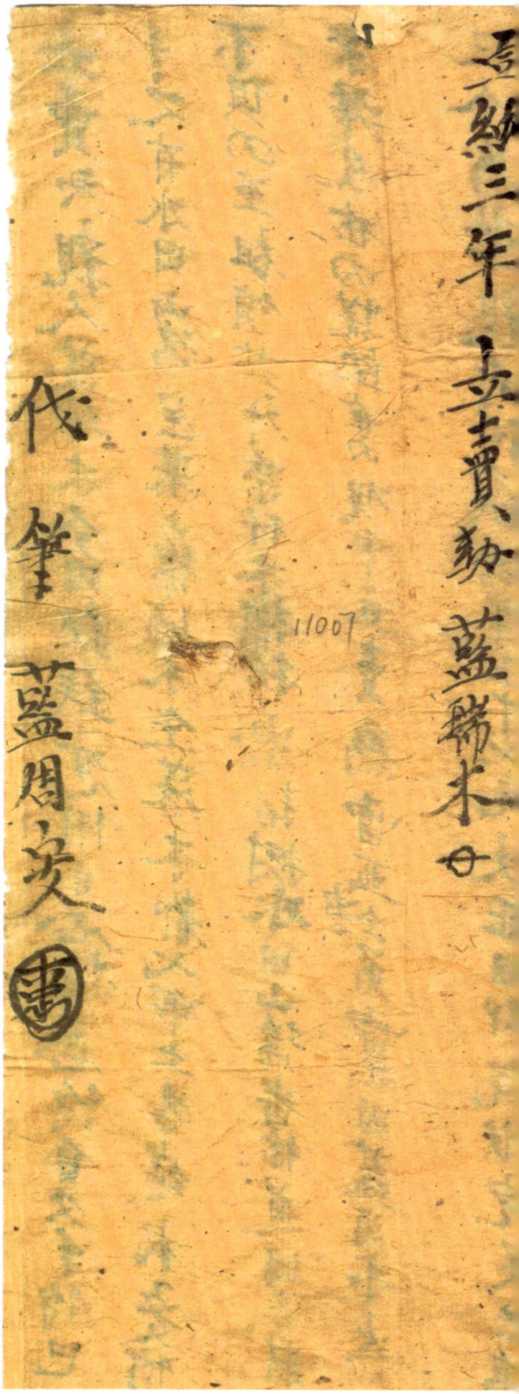

（前頁）>>>>

立賣契親人藍瑞木，今因缺錢應用，自心情愿，將自父手將己手之有水田、山塲、屋基、山塲、瑞木，坐落本都七甲，土名嶺衣安將，不俱四至、租碩，共计茶、竹、木□棒、宗招樹、水田、山塲、番徐[薯]、道同子財柴並及在内，慌[荒]熟在内，憑中立賣爲雷亞宝（押）仝弟雷亞因、藍周木邊三人爲業，親（收）時價錢洪洋五十七元文正，日即親收完足，此山塲、水田並及在内，去後兩想[相]情愿，無找無贖，立賣契（永）遠爲照。

憑中　藍水上（押）

憑中　藍周村（押）

宣統三年　立賣契　藍瑞木（押）

代筆　藍周安（押）

民國五年周定元等立賣契

立賣契親人周定元仝弟希元、希定、希會，今因缺錢應用，自心情愿將時派八分山場壹片八古合德壹分，坐落本都七甲，土名坪山安着，其俱四至如数：上至周邊下坪園田坎下為界，下至大岩豆為界，底至大荒降為界，外至笋墩為界，併及荒熟開墾興邊壹概在內，憑中立契出賣為雷亞宝仝弟亞因邊為業，親得時價英洋壹拾叁元文正，成契日即收完足，不既無滞。但粮故依照字號除收过户完納。此山既賣之後，悉聽亞宝、亞因邊為業耕種，永為己產。此係業輕價重，兩想情愿，並無反悔，去後永無加找、無贖等情，又楓子乙支合得壹佯。倘有內外人等言說，周边自行支解，不涉雷边之事。今欲有憑，立賣永遠為照。

外批：細粮廿

憑中　道傳（押）

民國伍年十二月日立賣契併加找盡契人周定元（押）
希元（押）
希定（押）
希會（押）

11004

(前頁)>>>>

立賣契親人周定元仝弟希元、希定、希會，今因缺錢應用，自心情愿，將時家分山塲壹片，八古[股]合德壹分，坐落本都七甲，土名垟山安着，不俱四至、圻数，上至周邊下垟岗田坎下爲界，下至大岩豆爲界，底至大荒埄爲界，外至笋坳爲界，並及荒熟開垦興造壹既[概]在內，憑中立契，出賣爲雷亞宝仝弟亞因邊爲業，親得時價英洋壹拾弍元文正，成契日即收完足，不既無滯，但粮畝依照字號除收过户完納，此山既賣之後，悉聽亞宝、亞因邊爲業耕種，永爲己産，(押)此係業輕價重，兩想[相]情愿，並無反悔，去後永無加找，無贖等情，又榅(櫑)子一支，合得壹佯(洋)，倘有內外人等言説，周邊自行支解，不涉雷邊之事，今欲有憑，立賣永遠爲照。

外批納粮卅

憑中道傳(押)

民國伍年十二月日立賣契並加找盡契周　定元(押)

希元(押)

希定(押)

希會(押)

代筆文松(押)

民國十一年藍瑞木立加找盡契

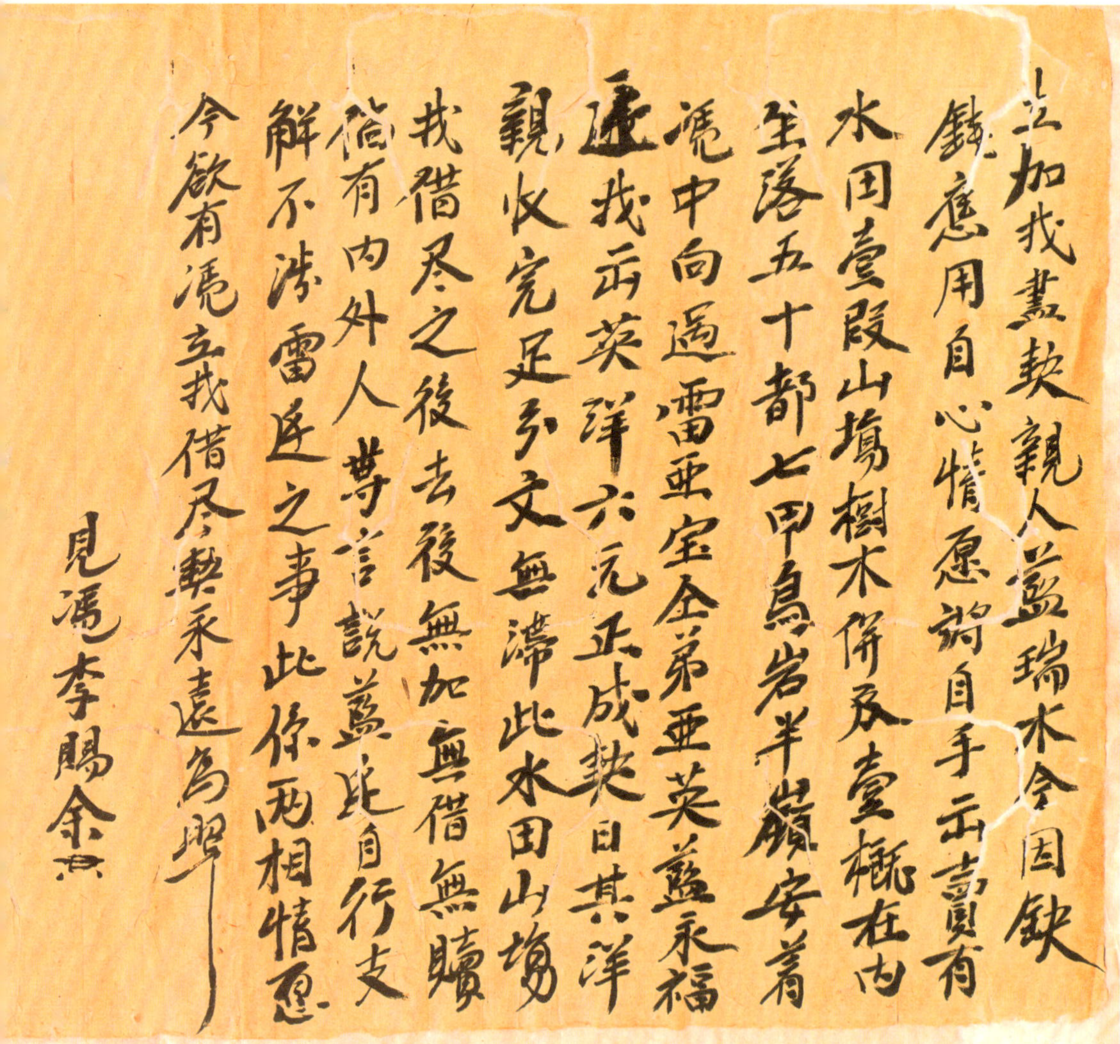
立加找盡契親人藍瑞木今因缺
錢應用自心情愿將自手置有
水田壹段山塆樹木併及壹概在内
坐落五十都七甲烏岩半嶺安着
憑中向過雷亞宝仝弟亞英藍永福
邊找出英洋六元正成契日其洋
親收完足分文無滯此水田山塆
找借盡之後去後無加無借無贖
倘有内外人等言說藍姓自行支
解不涉雷邊之事此係兩相情愿
今欲有憑立找借盡契永遠為照
見憑 李賜余（押）

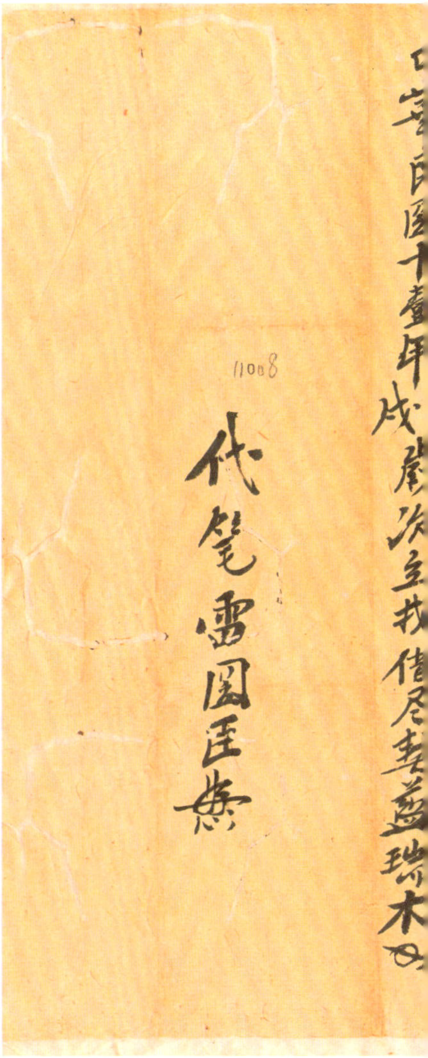

（前頁）>>>>

立加找盡契親人藍瑞木，今因缺錢應用，自心情愿，將自手出賣有水田壹段，山塲、樹木並及壹概在内，坐落五十都七甲烏岩半嶺安着，憑中向過雷亞宝仝弟亞英、藍永福邊找出英洋六元正，成契日其洋親收完足，分文無滯，此水田、山塲找借尽之後，去後無加無借無贖，倘有内外人等言説，藍邊自行支解，不涉雷邊之事，此係兩相情愿，今欲有憑，立找借尽契永遠爲照。

見憑李賜余（押）

中華民國十壹年壬戌歲次立找借尽契藍瑞木（押）

代筆雷□臣（押）

民國十一年周宏業立賣並加找盡契

立賣并加找盡契親人周宏業今因缺錢應用自心情愿將自手
承分水田壹段坐洛本都七甲土名半山安着今立四至上至
大路為界下至山為界底至宏巧田為界外至從道為界
其四至分明不俱坵數併及荒熟壹既在内其共計實祖拾肆碩肆
方正値時價銀英洋柒拾贰元文正成契日憑中立契出賣與雷亜宝
仝弟雷亜青為業三面断定親收完足分文無滞此田既賣之後
悉听雷邊起佃耕種管業其粮畝除收過户完納永
為雷邊已産周邊不得異言此係業輕價重去後無加
無找永無回贖等情倘有内外人等言説周邊自行支
解不涉雷邊之事此係兩想情愿永無反悔今欲有憑
立賣契并加找盡契永遠為照

見憑中兄周宏巧（押）
憑中周宏美（押）
憑[illegible]周[illegible]

（前頁）>>>>

立賣並加找盡契親人周宏業，今因缺錢應用，自心情愿，將自手承分水田壹段，坐洛［落］本都七甲，土名半山安着，今立四至上至大路爲界，下至山爲界，底至宏巧田爲界，外至從道爲界，其四至分明，不俱坵数，並及荒熟壹既［概］在内，其共計實租拾肆碩肆方正，值時價錢英洋柒拾貳元文正，成契日憑中立契，出賣與雷亞宝仝弟雷亞音爲業，三面断定，親收完足，分文無滯，此田既賣之後，悉听雷邊起佃耕種管業，其粮畝除收過户完納，永爲雷邊己産，周邊不得異言，此係業輕價重，去後無加無找，永無回贖等情，倘有内外人等言説，周邊自行支解，不涉雷邊之事，此係兩想［相］情愿，永無反悔，今欲有憑，立賣契並加找盡契永遠爲照。

見憑中兄周宏巧（押）

憑中周宏美（押）

憑中胡希漢（押）

民國拾壹年壬戌歲拾壹月日立賣並加找盡契周宏業（押）

代筆周宏彩（押）

民國十三年胡鋐池立賣並加找盡契

立賣併嘉找盡契讃父胡鋐池，今因缺洋應用，
自心情愿將自手買有山塲壹片，坐落本都七甲，土名
半山岑着，上至周邊下坪崗田壁下為界，下至縣
岩頭為界，底至大荒蜂為界，外至笋坳為界，
併及荒熟一槩在内，俱至分明，憑中立字賣與
讃男雷亜寶仝弟雷亜蔭邊為業，三面斷定，親
得時價大洋拾貳元文正，隨成契日收足，無滯。
既賣之後，听從雷邊扞掘興造，開墾栽揷，
樣錄管業，永為已産，如補墾水田，但糧歛另報。
倘吾家自闕，永無嘉找，亦無回贖等情，倘有内
外人等攔挑，本家自能支，不涉買主之事，兩相愿甘
愿，並非逼迫抑令，欲有憑，立賣併嘉找盡契永遠為照。

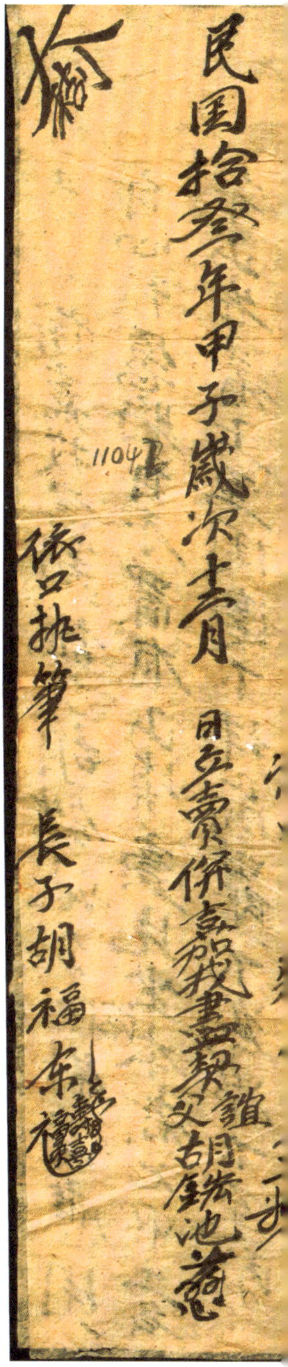

(前頁)>>>>

立賣並嘉[加]找盡契誼父胡鉉池，今因缺洋應用，自心情愿，將自手置有山場壹片，坐落本都七甲，土名半山安着，上至周邊下垟崗田塍下爲界，下至馱岩頭爲界，底至大荒垟爲界，外至笋坳爲界，並及荒熟一槩[概]在内，俱至分明，憑中立字賣與誼男雷亞寶仝弟亞蔭邊爲業，三面断定，親得時價大洋拾貳元文正，隨成契日收足無滯，既賣之後，听從雷邊扦掘興造，開墾栽插，樣録管業，永爲己産，如開墾水田，但糧畝勿報，倘吾家自悶，永無嘉[加]找，亦無回贖等情，若有内外人争執，本家自能支(解)，不涉買主之事，兩想[相]甘愿，並非逼抑，今欲有憑，立賣並嘉[加]找盡契永遠爲照。

憑中　胡從貴(押)

憑中　蔣育土(押)

民國拾叁年甲子歲次十二月日立賣並嘉[加]找盡契誼父胡鉉池(押)

依口执筆　長子胡福东(押)

民國十六年周宏業立借字

立借字親人周宏業緣因上年有水田壹段坐落本都土名半山安着又有水路田壹坵在内其四至坵数租額内照前契載明賣盡與雷阿宝仝弟阿英边為業據今因為父母安厝缺洋应用挽衆再向過雷阿宝仝弟阿英边借出英洋金捌元成借日即收完足無存三面言断既借之後去後不得再借之理如違自甘坐咎其粮畝收除過户周边不得留滞倘有内外人等言説周宅自行支解不涉雷边之事此係两造自愿並非逼抑恐口無憑立借字永遠為照

嫡兄宏圴（押）　宏彩（押）

在見房兄宏米（押）

民國拾陸年丁卯歲冬月　日　立借字親人周宏業（押）

（前頁）>>>>

立借字親人周宏業，緣因上年有水田壹段，坐落本都七甲，土名半山安着，又有水路田壹坵在内，其四至、坵数、租碩均照前契載明，賣盡與雷阿宝仝弟阿英邊爲業（押），今因爲父母安厝缺洋，应用，挽衆再向過雷阿宝仝弟阿英邊借出英洋念捌元，成借日即收完足無存，三面言断，既借之後，去後不得再借之理，如違，自甘坐咎，其粮畝收除過户，周邊不得留滯，倘有内外人等言説，周宅自行支解，不涉雷邊之事，此係兩造自愿，並非逼抑，恐口無據，立借字永遠爲照。

嫡兄宏巧（押）

在見房兄　宏彩（押）

宏米（押）

民國拾陸年丁卯歲冬月日立借字親人周宏業（押）

执笔胡克憲（押）

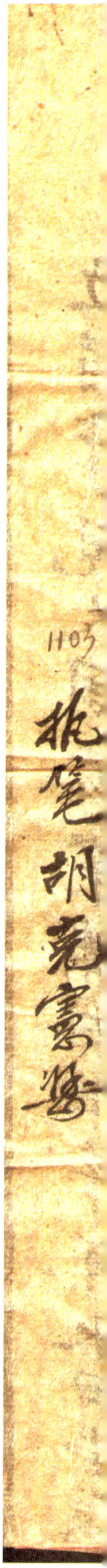

民國十九年亞寶仝永福立賣並加找盡契

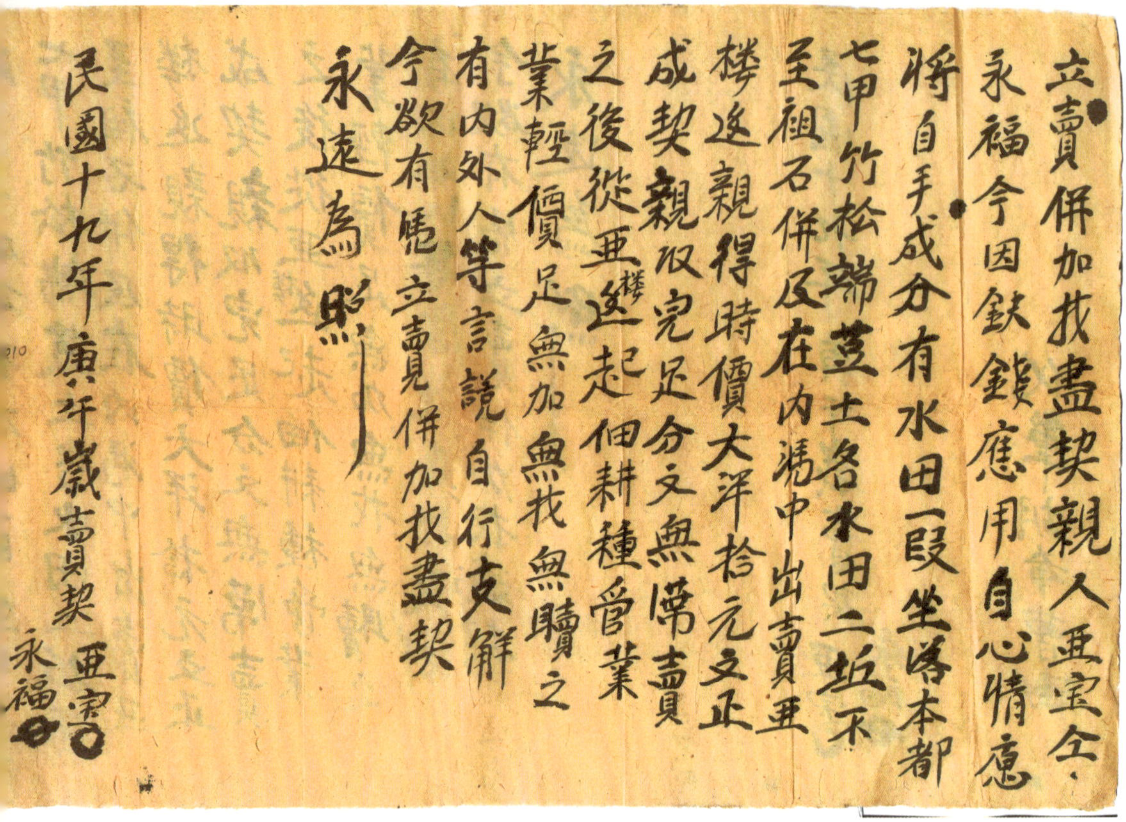

立賣並加找盡契親人亞宝仝
永福，今因缺錢應用，自心情愿，
將自手成[承]分有水田一段，坐落本都
七甲竹松端荳，土名水田二坵，不
至祖石，並及在内，憑中出賣亞
楼邊，親得時價大洋拾元文正，
成契親收完足，分文無滯，賣
之後，從亞楼邊起佃耕種管業，
業輕價足，無加無找無贖之（理），
有内外人等言說，自行支解，
今欲有憑，立賣並加找盡契
永遠爲照。

民國十九年庚午歲賣契
亞宝（押）
永福（押）
代筆胡希曹（押）

民國二十年胡克恭立賣並加找盡契

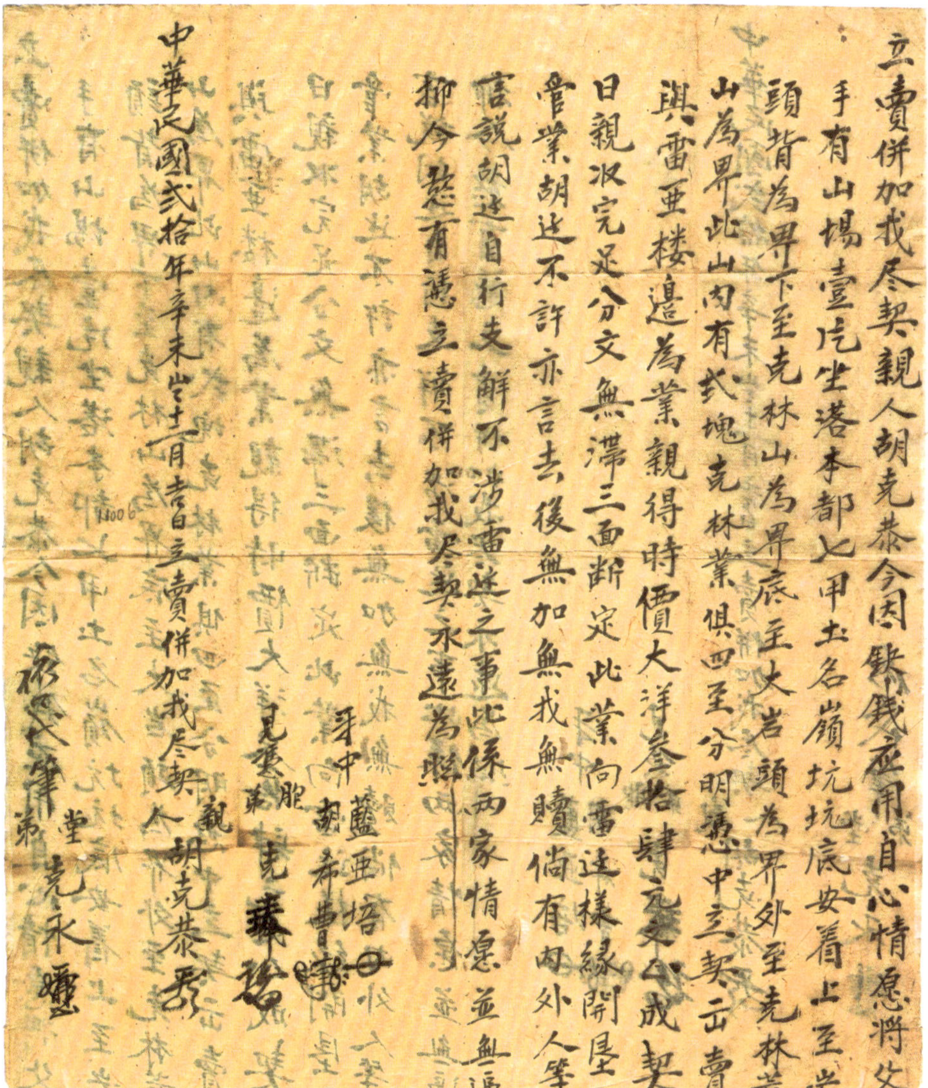

立賣併加找尽契親人胡克恭今因缺錢應用自心情愿將父手有山場壹片坐落本都七甲土名嶺坑坑底安着上至岩頭背為界下至克林山為界底至大岩頭為界外至克林荒山為界此山內有弍塊克林業俱四至分明憑中立契云賣與雷亜楼邊為業親得時價大洋叁拾肆元文正成契日親收完足分文無滯三面斷定此業向雷邊樣緣開墾管業胡邊不許亦言去後無加無找無贖倘有內外人等言說胡邊自行支解不涉雷邊之事此係兩家情愿並無逼抑今恐有憑立賣併加找尽契永遠為照

見中　藍亜培

胡希曹

見賣胞弟　克臻

中華民國弍拾年辛未十一月吉日立賣併加找尽契人　親　胡克恭

代筆堂弟　克永

代筆胡希曹

民國二十一年胡克珍立賣並加找盡契

（前頁）>>>>

立賣並加找尽契親人胡克恭，今因缺錢应用，自心情愿，将父手有山場壹片，坐落本都七甲，土名嶺坑坑底安着，上至岩頭背爲界，下至克林山爲界，底至大岩頭爲界，外至克林荒山爲界，此山内有弍塊克林業，俱四至分明，憑中立契，出賣與雷亞楼邊爲業，親得時價大洋叁拾肆元文正，成契日親收完足，分文無滯，三面断定，此業向雷邊様緑開垦管業，胡邊不許亦［異］言，去後無加無找無贖，倘有内外人等言説，胡邊自行支解，不涉雷邊之事，此係兩家情愿，並無逼抑，今恐有［無］憑，立賣並加找尽契永遠爲照。

憑中 藍亞培（押）

胡希曹（押）

見憑胞弟 克琫（押）

中華民國弍拾年辛未歲十二月吉日立賣並加找尽契親人胡克恭（押）

依口代筆堂弟克永（押）

大田下嶺迭要着岩蒼壹片并荒熟上至錫余山脚為界下
至克林山頭為界底至粽梨樹坦頭上横中克林山脚為界
外至克恭山為界又大田下嶺迭底半山并荒熟壹片上至克
藏山脚扦石為界下至克林山高坎扦石為界底至克恭山迭
扦石為界外至大路為界其開四至分明訂定四至底并荒熟
雜木并及在内憑中立契出賣與雷亞樓迭為業親得時價
大洋剅拾玖元文正成契日親收完足分文無滯三面斷定
此山塢荒熟去後無加無找永無回贖兄弟他人言說胡
迭自行支解不涉雷迭之事此係兩造情愿各無反悔今慾有
憑立賣并加找盡契永遠為照

憑中胞弟克臻
房中藍亞培
見憑陳提芝
胡希曹

中華民國念壹年壬申歲十月十四日立賣并加找盡契親人胡克珍

依口批筆堂弟克永

（前頁）>>>>

立賣並加找尽契親人胡克珍，今因缺錢應用，自心情愿，將父手承分有山塲荒熟弍片，坐落本都七甲嶺坑岩蒼安着，又大田下嶺邊安着，岩蒼壹片並荒熟，上至錫余山脚爲界，下至克林山頭爲界，底至棕梨樹坦頭上横中克林山脚爲界，外至克恭山爲界，又大田下嶺邊底半山並荒熟壹片，上至克藏山脚扞石爲界，下至克林山高坎扞石爲界，底至克恭山邊扞石爲界，外至大路爲界，具開四至分明，訂定四至底並荒熟雜木並及在内，憑中立契，出賣與雷亞楼邊爲業，親得時價大洋肆拾玖元文正，成契日親收完足，分文無滯，三面断定，此山塲荒熟去後無加無找，永無回贖，兄弟他人言説，胡邊自行支解，不涉雷邊之事，此係兩造情愿，各無反悔，今慾有憑，立賣並加找尽契永遠爲照。

憑中胞弟克琫（押）

憑中藍亞培（押）

見憑 陳挺芝（押）

胡希曹（押）

中華民國念壹年壬申歲十一月吉日立賣並加找尽契親人胡克珍（押）

依口执筆堂弟克永（押）

民國二十四年胡克藏立賣加找並盡契

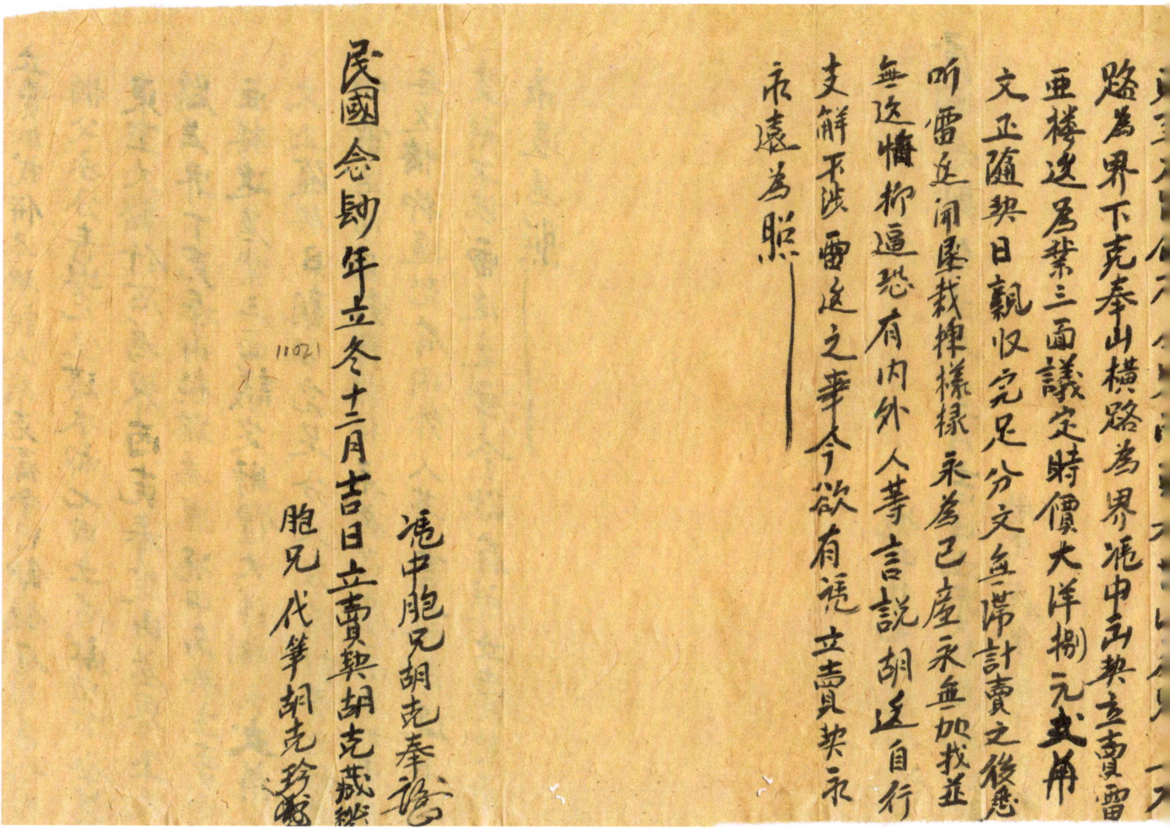

立賣加找並尽契親人胡克藏，今因缺銀應用，自心情（願），
將父承分青山一片，坐落本都七甲，土名駄田下安着，
東至大路仟石爲界，西（至）克奉荒山爲界，上（至）大
路爲界，下（至）克奉山横路爲界，憑中出契，立賣雷
亞楼邊爲業，三面議定，時價大洋捌元弍角
文正，隨契日親收完足，分文無滯，計［既］賣之後，悉
听雷邊開墾栽插樣椂［籙］，永爲己産，永無加找，並
無返悔抑逼，恐有内外人等言説，胡邊自行
支解，不涉雷邊之事，今欲有憑，立賣契永
永遠爲照。

憑中胞兄胡克奉（押）

民國念肆年立冬十二月吉日立賣契胡克藏（押）

胞兄代筆胡克珍（押）

民國三十二年胡從桃立劄字

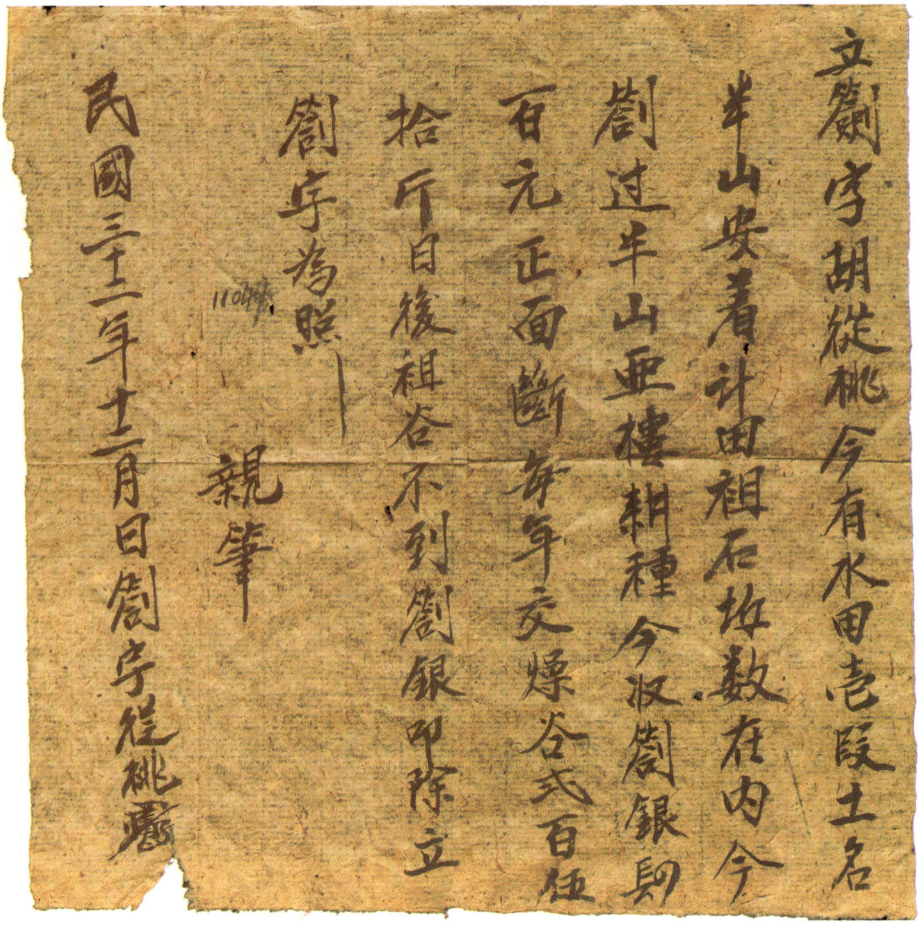

立劄字胡從桃，今有水田壹段，土名半山安着，计田租石、坵数在内，今劄过半山亞樓耕種，今收劄銀肆百元正，面斷每年交燥谷弍百伍拾斤，日後租谷不到，劄銀叩[扣]除，立劄字爲照。

親筆

民國三十二年十二月日劄字從桃（押）

一九五五年雷成體立賣並加找盡契

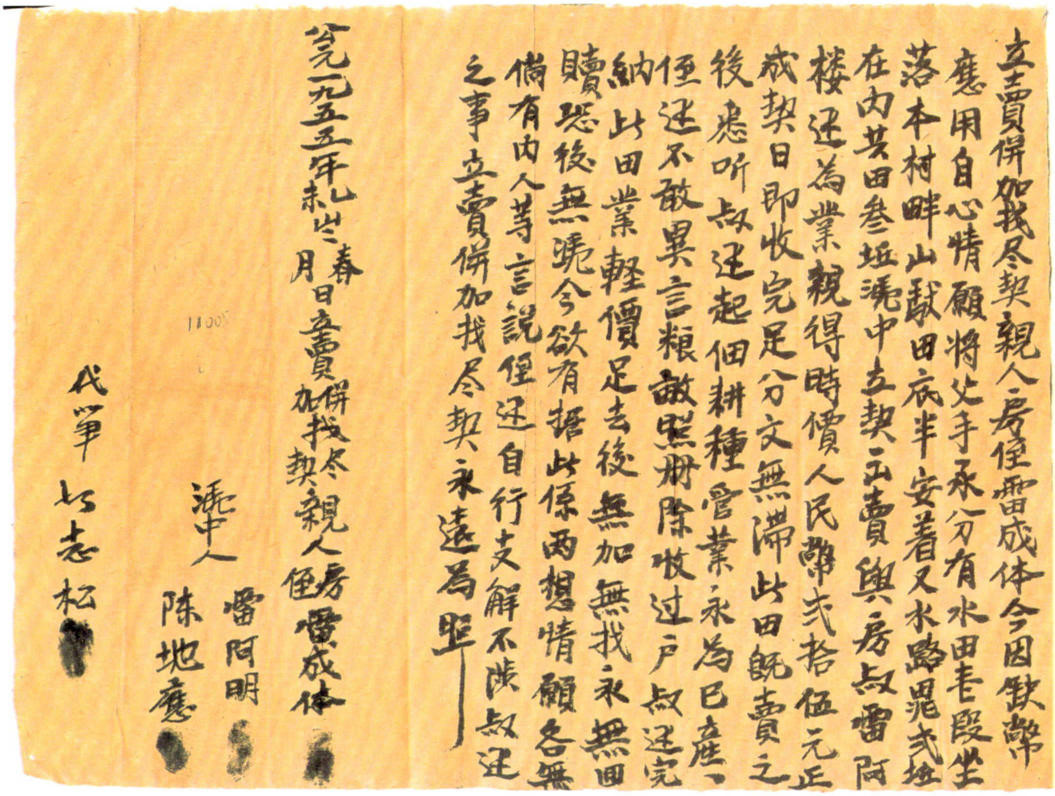

立賣並加找尽契親人房侄雷成体，今因缺幣應用，自心情願，將父手承分有水田壹段，坐落本村畔山駄田底半安着，又水路晃弍坵在内，共田叁坵，憑中立契，出賣與房叔雷阿楼邊爲業，親得時價人民幣弍拾伍元正，成契日即收完足，分文無滯，此田既賣之後，悉听叔邊起佃耕種管業，永爲己産，侄邊不敢異言，粮畝照册除收过户，叔邊完納，此田業輕價足，去後無加無找，永無回贖，恐後無憑，今欲有据，此係兩想［相］情願，各無（反悔）倘有内（外）人等言説，侄邊自行支解，不涉叔邊之事，立賣並加找尽契永遠爲照。

公元一九五五年乙未歲春月日立賣並加找尽契親人房侄雷成体（押）

憑中人　雷阿明（押）

陈地應（押）

代筆　胡志松（押）

藍成玉、雷阿法立分據

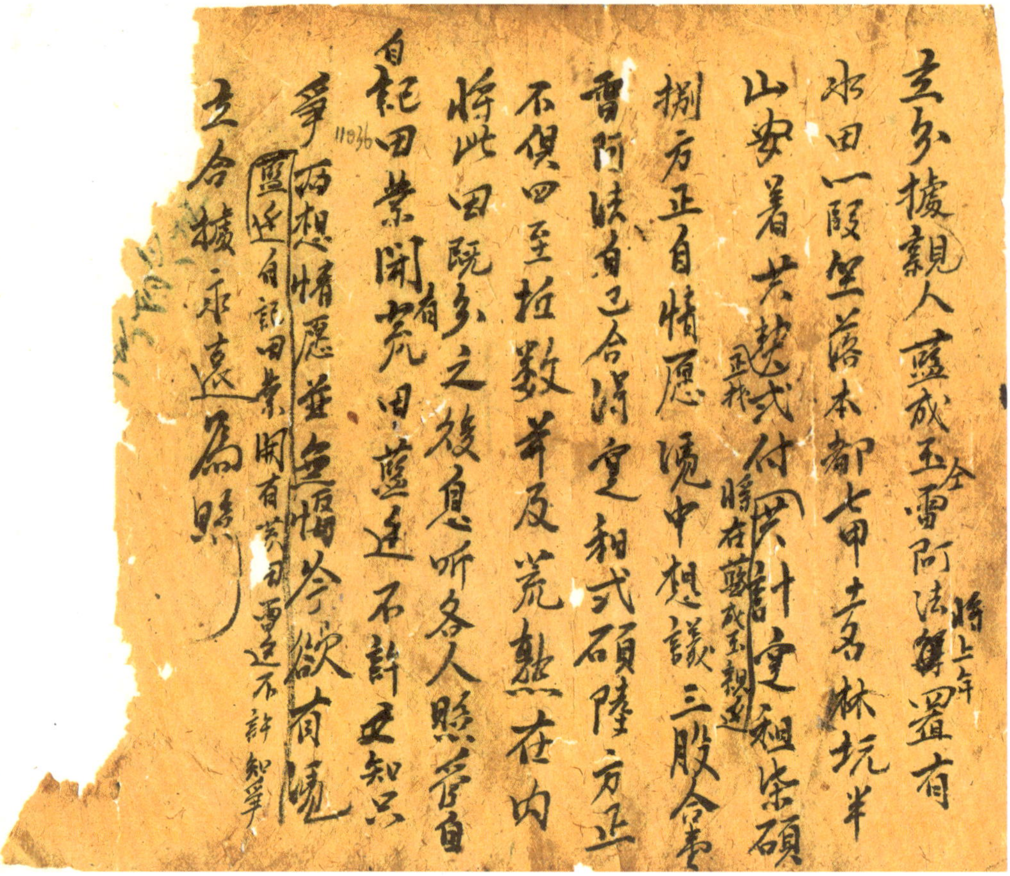

立分據親人藍成玉仝雷阿法，將上年置有
水田一段，坐落本都七甲，土名林坑半
山安着，共契正、找弍付，將在藍成玉親邊，共計寔租柒碩
捌方正，自情愿，憑中想[相]議，三股合壹，
雷阿法自己合得寔租弍碩陸方正，
不俱四至坵数，並及荒熟在内，
將此田既分之後，息[悉]听各人照管『自』
自己田業，開有荒田，藍邊不許知『只』[執]
争，藍邊自記田業，開有荒田，雷邊不許知[執]争，兩想
[相]情愿，並無反悔，今欲有憑，
立合據永遠爲照。

西坑畲族鎮雙山民族村雷然高户

道光二十九年雷東開碎等立賣契

今立賣契雷東開碎仝兄弟二人父手置有山塲
一片土名坐落八都伍源卓山三垟田坎安着
上至山頂為界下至田坎為界左至刘廷圓為
界右至大岩降分水為界俱立四至分明今因
缺□應用自心情愿不便其山賣與本家堂
碎燈兄廷賣出價陸佰文其價即日收訖分
文無滯未賣之先并無文墨交并起賣之
後種布藍廷自能栽種松杉竹木掌管
蓀蘇管業去後無找無贖雷廷伯叔兄
弟子侄不得異言等情如有此色自能知
解不若賣主之事憑無逼迎此出兩家情
願恐口無憑立賣契永遠為照

道光弍拾玖年十二月日立賣契雷東開碎仝

在見兄子丁○

代筆兄雷天起親

（前頁）>>>>

今立賣契雷東開、碎全兄弟二人，父手有山場一片，土名坐落八都伍愿［源］卓山三坵田坎安着，上至山頂爲界，下至田坎爲界，左至刘邊圓［園］爲界，右至大岩垶分水爲界，俱立四至分明，今因缺□（錢）應用，自心情愿，不便其山賣與□宅碎燈兄邊，賣出錢陸佰文，其錢即日收訖，分文無滯，未賣之先，平［並］無文墨交干，記［既］賣之後，種與藍邊自能栽種松杉竹木掌管樣籙管樣，去後無找無贖，雷邊伯叔兄弟至［子］侄不得異言等情，如有此色，自能知［支］解，不若賣主之事，憑［並］無逼迎［抑］，此出兩家情原［願］，恐口無憑，立賣契永遠爲照。

道光□（貳）拾玖年十二月日立賣契雷東開（押）

碎仝（押）

在見兄子丁（押）

代筆兄雷天起（押）

光緒二十一年鍾堂廟立賣契

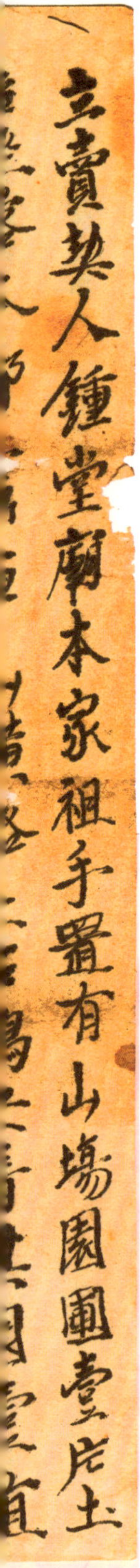

[illegible]

四至分明今因缺錢應用自心情愿凭中立出賣契壹紙向

與藍宅亞刁親邊與業三面斷定賣出時價錢肆千弍百

文正其錢隨契即日收訖分文無滞將此園既賣之後壹听

藍邊自行耕種栽插様録永遠管業並無內外人等文

干此園業輕價重契尽價足異無找借取贖之理五進伯

叔兄弟子侄不許言三語四如有此色自能支解不涉藍邊

之事此係兩相情愿並非逼抑返悔等情今欲有據恐口無憑

立賣契永遠為照

光緒貳拾壹年十一月 日 立賣契鍾堂廟（押）

在見弟 碎廟（押）

為中兄 堂朝

依口代筆鍾瑞里堂據

（前頁）>>>>

立賣契人鍾堂廟，本家祖手置有山塲園圃壹片，土名坐落本都五源卓山横路上石鷄安着，其園壹直上至鍾方管山，下至路，左至藍邊園，右至鍾邊園與界，俱立四至分明，今因缺錢應用，自心情愿，憑衆立出賣契壹紙，向與藍宅亞刁親邊與業，三面断定，賣出時價錢肆千弍百文正，其錢隨契即日收訖，分文無滯，將此園既賣之後，壹听藍邊自行耕種栽插様録，永遠管業，並無内外人等文[交]干，此園業輕價重，契尽價足，異[亦]無找借取贖之理，五[吾]邊伯叔兄弟子侄不許言三語四，如有此色，自能支解，不涉藍邊之事，此係兩相情愿，並非逼抑返悔等情，今欲有據，恐口無憑，立賣契永遠爲照。

光緒貳拾壹年十一月日　立賣契鍾堂廟（押）

在見弟碎廟（押）

爲衆兄堂朝

依口代筆鍾瑞墨（押）

光緒二十二年鍾干倉立賣契

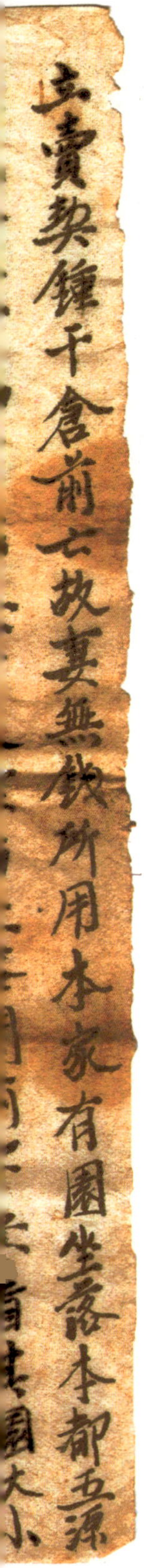

叁坵內有桃樹叁支并有茶樹在內并有小田壹處在
內叒壹号石壁腳安着上至方豊園下至方豊左至坑右至周廷與界
又式号上至路下至坑左至堂朝園右至坑與界俱立四至分
明今因缺錢應用自心情愿凂中立出賣契壹帋向與兴盛
宅亚刁親廷邊與業三面斷定賣出時價錢壹千叁百伍拾十文
其錢即日收訖分文無滞並無內外人等交子己賣之後壹听盛
廷自行耕種栽插樣錄永遠管業吾廷伯叔兄弟子侄不許言三
語四如有此色自能支解不涉盛廷之事此係兩相情愿並非逼抑
返悔等情今欲有據恐口無憑立賣契永遠為照

光緒貳拾貳年十二月日　立賣契子鐘肆賢○

在見伯　可賦○

為中兄　鐘永毫

依口代筆　鐘瑞墨海

光緒二十七年藍茂漢立賣契

（前頁）>>>>

立賣契鍾干倉，前亡故妻，無錢所用，本家有園，坐落本都五源卓山老屋對面岩壁脚安着，又壹号坐落門前下安着，其園大小叁塊，内有榅樹叁支，並及茶棕在内，並及有小田壹應在内，又壹号石壁脚安着，上至方管園，下至方管，左至坑，右至周邊與界，又弍号，上至路，下至坑，左至堂朝園，右至坑與界，俱立四至分明，今因缺錢應用，自心情愿，憑衆立出賣契壹紙，向與藍宅亞刁親邊與業，三面断定，賣出時價錢壹千叁百伍拾十文，其錢即日收訖，分文無滯，並無内外人等交干，已賣之後，壹听藍邊自行耕種栽插様録，永遠管業，吾邊伯叔兄弟子侄不許言三語四，如有此色，自能支解，不涉藍邊之事，此係兩相情愿，並非逼抑返悔等情，今欲有據，恐口無憑，立賣契永遠爲照。

光緒弍拾弍年十二月日　立賣契子鍾肆賢（押）

在見伯　可財（押）

爲衆兄鍾永毫（押）

依口代筆鍾瑞墨（押）

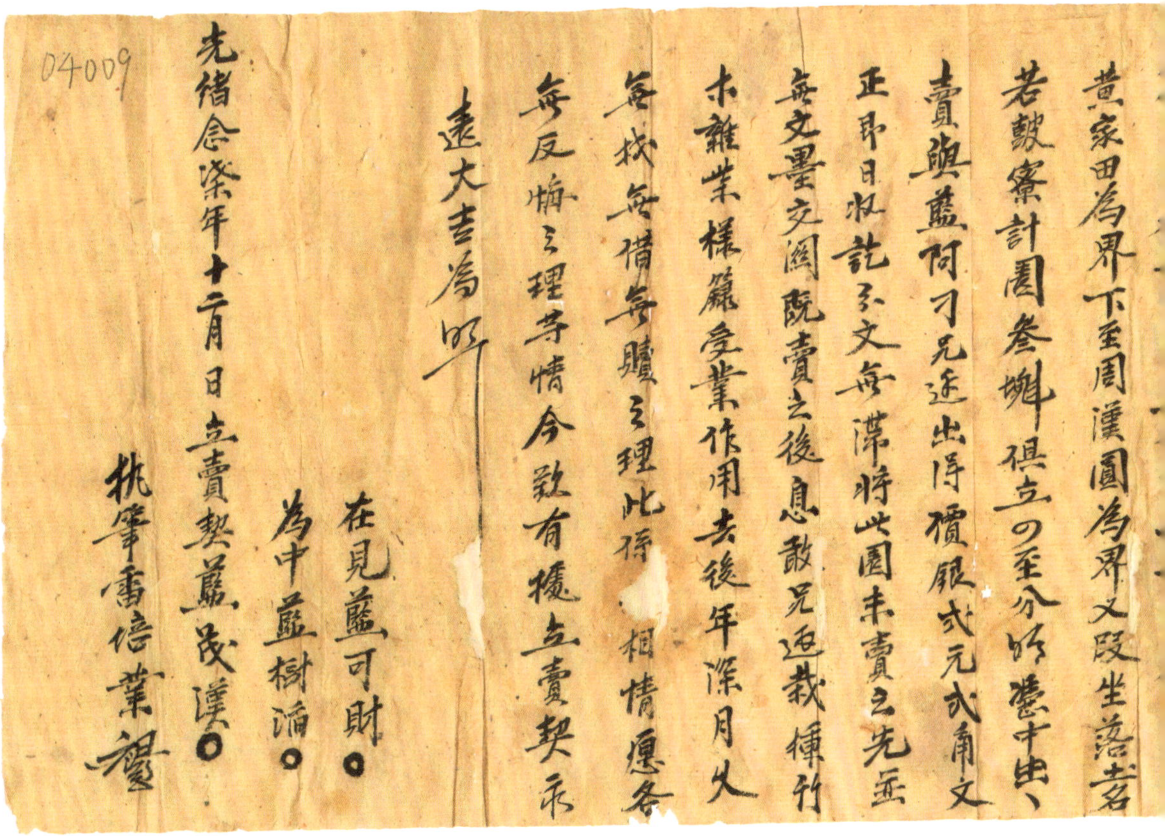

立賣契藍茂漢，本家自手承分置有園地壹
片，坐落八都五源卓山，土名馱田下安着，右至南坑
黄家田爲界，下至周漢圓［園］爲界，又段坐落土名
若□寮，計園叁塊，俱立四至分明，憑中出
賣與藍阿刁兄邊，出得價銀弍元弍角文
正，即日收訖，分文無滯，將此園未賣之先，並
無文墨交關，既賣之後，息［悉］敢兄邊栽插竹
木雜柴，樣籙受業作用，去後年深月久，
無找無借無贖之理，此係□（兩）相情愿，各
無反悔之理等情，今欲有據，立賣契永
遠大吉爲照。

在見藍可財（押）

爲中藍樹滔（押）

光緒念柒年十二月日立賣契藍茂漢（押）

執筆雷培業（押）

民國三年傅志望立正找退截借契

立正找退截借契傅志望，上本家有水田乙處，

八外都五源阜山磨坳安着（嘴岩頭），計租叁石叁方，早計

畝壹錢叁分弍厘正，界上至周姓田，下至藍姓田，左至山，

右至周姓田為界，具立四至分明，今因缺錢應用，自愿

立賣契出賣與藍亞標，三面斷作價英洋

叁拾元正，共銀即日收訖，分文無滯，共口直

趣田耕種，永遠管業，去後不許找借，亦無贖

文，里亭家伯叔兄弟子侄不許言三語四，如有

皂自能知當，不涉錢主之事，恐口無憑，立

契為照

民國叁年陸月日立賣契傅志望親

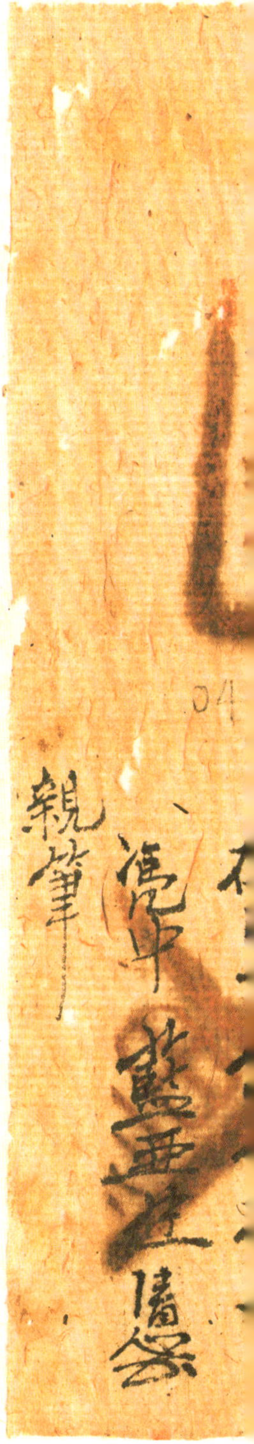

（前頁）>>>>

立正找退截借契傅志望，本家有水田一段，□□八外都五源卓山磨坳岩豆公安着，計租叁石叁方早，计畝壹錢叁分弍厘，其界上至周邊田，下至藍邊田，左至山，右至周邊田爲界，具立四至分明，今因缺錢應（用），自愿立賣契一紙，賣爲藍亞標，三面断作價英洋念陸元正（印），其銀即日收訖，分文無滯，其□□□□□起田耕種，永遠管業，去後不许找借，亦無去[取]贖之里[理]，本家伯叔兄弟子侄不許言三語四，如有□色，自能知[支]當，不涉錢主之事，恐口無憑，立□契爲照。

民國叁年陸月日（印）立賣契傅志望（押）

在見傅体仁（押）

憑中藍亞廷（押）

親筆（印）

民國八年周志漁等立賣契

立賣契本家有水田壹段坐落八都八源土名
馬坳坑頭安着計租伍石内抽弍石五方
計畝弍畝正其界上至坐山下至本家長
界左至坑右至白山岩皮為界今因缺用自愿立
字出賣三面斷作價銀弍拾弍元正其洋即
日收訖廿少其田就賣之後任听芝秀佳兄
送去佃耕種管業日後不論年深月久
無還原價取贖錢主不得看挽之理去後
本家伯叔兄弟子侄不得异言如有此色
自能支解不涉錢主之事所賣所受出
於兩愿並無逼抑情由恐口難憑立賣契為照
民國八年十二月日立賣契周志漁

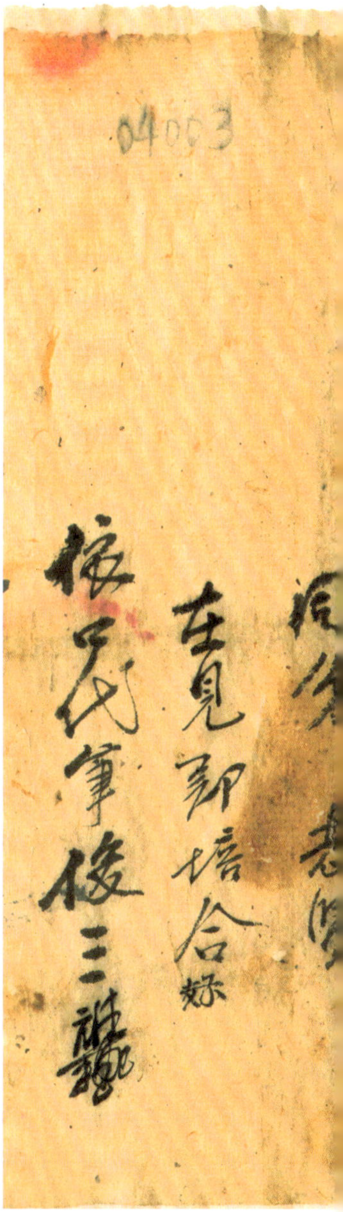

（前頁）>>>>

立賣契，本家有水田壹坵，坐落八都八源，土名馬坳坑頭安着，计租伍石，内抽弍石五方，计畝弍畝正，其界上至兰邊山，下至本家長毘，左至坑，右至白山岩皮爲界，今因缺用，自愿立字一紙，三面断作價銀弍拾弍元正，其洋即日收訖，無少，其田既賣之後，任听兰永生兄邊起佃耕種管業，日後不論年深月久，办还原價取贖，錢主不得霸执之理，去後本家伯叔兄弟子侄不得异言，如有此色，自能支解，不涉錢主之事，所賣所受出於兩愿，並無逼抑情事，恐口难憑，立契爲照。

民國八年己未歲十月日立契周志漁（押）

同弟　志賢（押）

在見　鄭培合（押）

依口代筆俊三（押）

百丈漈镇長壟民族村鍾文海户

道光二十一年金碎田立賣契

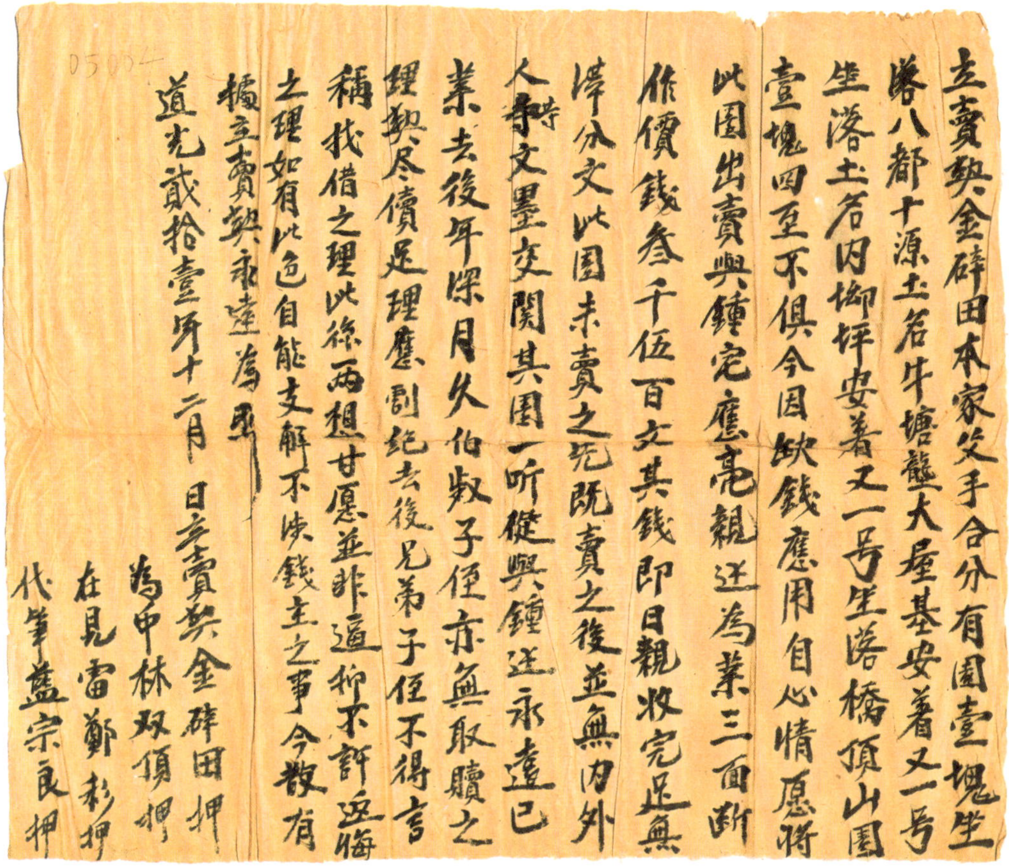

立賣契金碎田，本家父手合分有園壹塊，坐落八都十源，土名牛塘壟大屋基安着，又一号坐落土名内坳坪安着，又一号坐落橋頂山園壹塊，四至不俱，今因缺錢應用，自心情愿，將此園出賣與鍾宅應亮親邊爲業，三面断作價錢叁千伍百文，其錢即日親收完足，無滯分文，此園未賣之先，既賣之後，並無内外人等文墨交關，其園一听從與鍾邊永遠己業，去後年深月久，伯叔子侄亦無取贖之理，契尽價足，理應割绝，去後兄弟子侄不得言稱找借之理，此係兩想[相]甘愿，並非逼抑，不許返悔之理，如有此色，自能支解，不涉錢主之事，今欲有據，立賣契永遠爲照。

道光貳拾壹年十二月　日立賣契金碎田（押）

爲衆林双頂（押）

在見雷鄭彩（押）

代筆藍宗良（押）

民國五年鍾樹君等立賣字

立賣字胞下弟鍾樹君等本家自手置有
園一塊坐落本都長壟土名地主殿坳安着
四至不具又一号竹園土名对面坳垮心安着
計园大小五塊四至不具松杉竹木雜柴一應
并及在内今因缺銀應用自心情愿憑中立
字賣与鍾樹豐兄邊為業三面訂定價銀
英洋陸元正其艮即收清訖無滯將此園
尽听兄邊自能開坎栽揷樣樣永遠管業
日后弟邊子姪永遠無找無贖之理如有
此色自能支当不及兄邊之事兩造甘愿
今欲有據口説無憑立賣字永遠為照

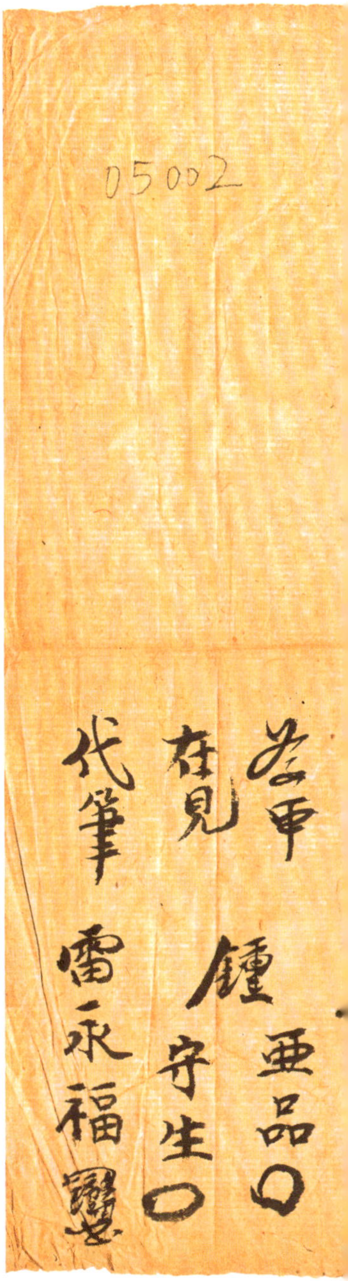
05002
爲衆 鍾亞品（押）
在見 守生（押）
代筆 雷永福（押）

（前頁）>>>>

立賣字胞下弟鍾樹君等，本家自手置有園一塊，坐落本都長壟，土名地主殿坳安着，四至不具，又一号竹園，土名对面坳塆心安着，計园大小五塊，四至不具，松杉、竹木、雜柴一应並及在內，今因缺银應用，自心情愿，憑衆立字，賣與鍾樹豐兄邊爲業，三面訂定，價銀英洋陸元正，其艮[銀]即收清訖無滯，將此園尽听兄边自能開坎栽插樣椂，永遠管業，日後弟邊子姪永遠無找無贖之理，如有此色，自能支当，不及兄邊之事，兩造甘愿，今欲有據，口说無憑，立賣字永遠爲照。

中華民國五年十二月　日立賣字鍾樹君（押）

爲衆鍾亞品（押）

在見守生（押）

代筆雷永福（押）

民國二十年鍾亞品等立招子續嗣憑據

立招子續嗣憑據鍾亞品等夫妻年老六旬以外無子傳後今
憑族戚謫議擇取房弟鍾瑞財次子名壽禄年方壹拾六
歲娶媳藍氏壹拾叁歲招集為嗣以作螟蛉之子兼養過
老今將房屋田園世業山場樹木輪流祭產將自服份
一應世業付汝耕種掌管生作口粮奉養子不忤逆不
孝親不欺叔逆凌子父慈子孝永以為好百年去世之後
功果坟墓送老歸山興家發族桂子蘭芳此係兩相甘
願無得異言返悔之理今欲有據恐口無憑立招子續
嗣合同公據永遠為照

中華民國式拾年辛未歲次式月日立招子續嗣憑據人鍾亞品

見據侄　鍾亞喜

鍾崇培

代筆象之

（前頁）>>>>

立招子續嗣憑據鍾亞品等，夫妻年老，六旬以外無子傳後，今憑族戚謪議，擇取房弟鍾瑞財次子名壽祿，年方壹拾六歲，娶媳藍氏，壹拾叁歲，招集爲嗣，以作螟蛉之子，靠養過老，今將房屋、田園世業、山場樹木、輪流祭産將自股份一應世業付汝耕種掌管，生作口粮奉養，子不忤逆，不孝親，不欺逐凌子，父慈子孝，永以爲好，百年去世之後，功果坟墓送老歸山，興家發族，桂子蘭芳，此係兩相甘願，無得異言返悔之理，今欲有據，恐口無憑，立招子續嗣合同公據永遠爲照。

中華民國弍拾年辛未歲次弍月日立招子續嗣公據人鍾亞品（押）

見據姪　鍾亞喜（押）

鍾崇培（押）

憑中　鍾壽生（押）

依口代筆　黃慶鴻（押）

民國二十六年藍開俊立公議憑字據

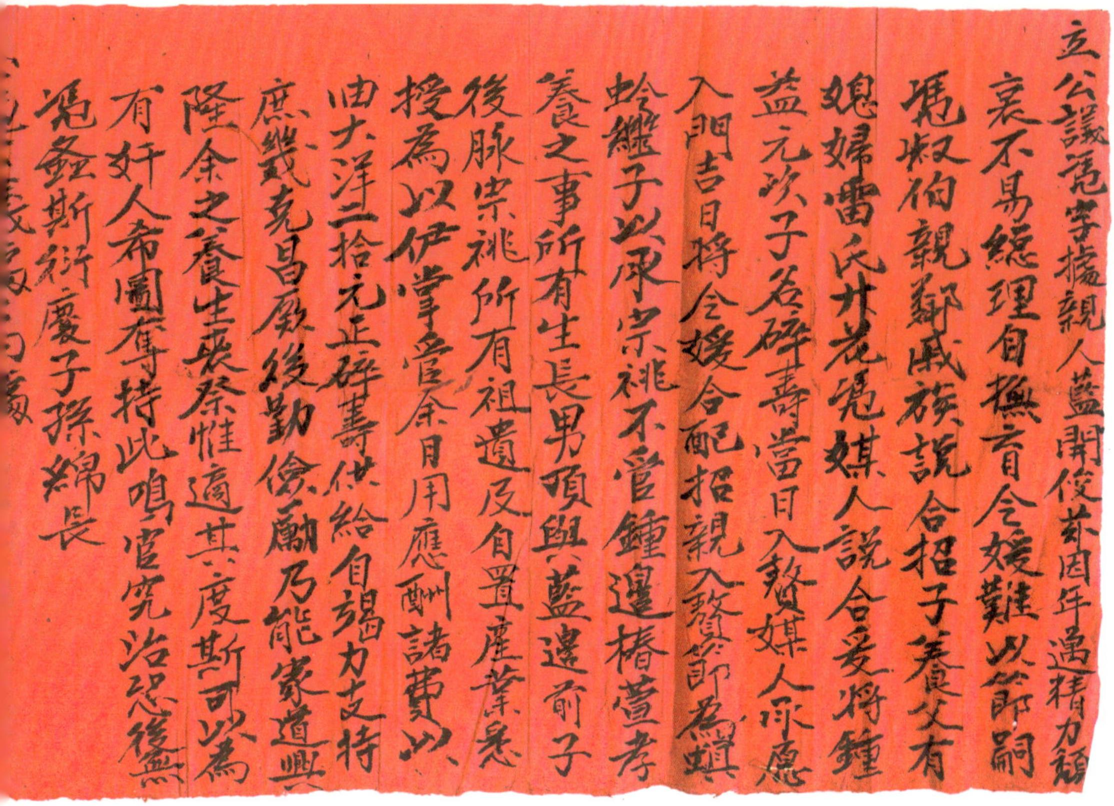

立公議憑字據親人藍開俊，兹因年邁，精力頹
衰，不易總理，自撫育令嫒難以節嗣，
憑叔伯親鄰戚族説合，招子養父有
媳婦雷氏井花，憑媒人説合，爰將鍾
益元次子名碎壽，當日入贅，媒人承愿，
入門吉日，將令嫒合配招親入贅，節爲螟
蛉繼子，以承宗祧，不管鍾邊椿萱孝
養之事，所有生長男頂與藍邊，前子
後脉宗祧，所有祖遺及自置産業，悉
授爲以伊掌管，余月用應酬諸費，以
旧大洋二拾元正，碎壽供給，自竭力支持，
庶幾克昌厥後，勤儉勵，乃能家道興
隆，余之養生喪祭，惟適其度，斯可以爲，
有奸人希圖奪，持此鳴官究治，恐後無
憑，螽斯衍慶，子孫綿長，
立憑公議據爲據。
外批，以後□遊蕩懶惰，忤逆不孝，不成
子職，着雖補聘金大洋壹伯元正，着
聘金不足，僅得自己一身歸鍾家，媳
婦退還藍家自能作主，此訂内有水田
三坵，坐砲田下毘一坵，又路下一坵，又水苧田
一坵，又屋後青山三壠，抽與胞弟藍亞

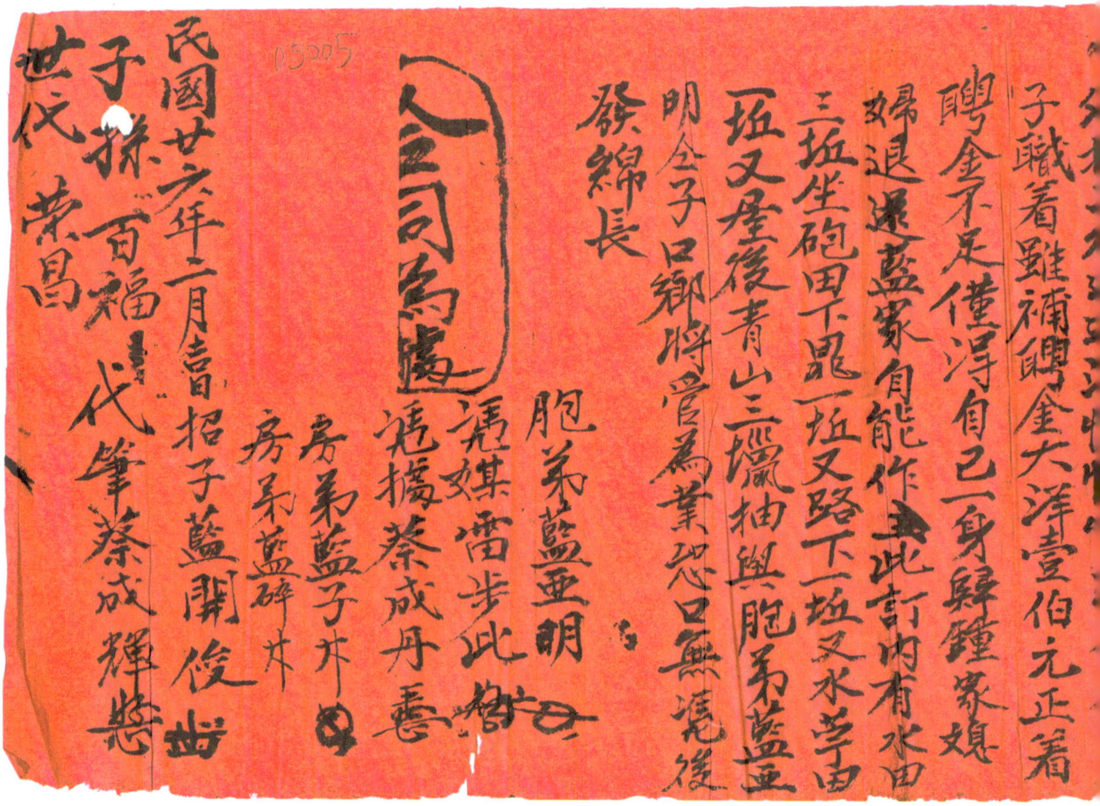

胞弟藍亞明（押）
合同爲據
憑媒雷步此（押）
憑據蔡成丹（押）
房弟藍子廾（押）
房弟藍碎廾（押）
民國廿六年二月吉日　招子藍開俊（押）
子孫百福　代筆　蔡成輝（押）
世代荣昌

民國二十八年鍾守生立賣契

立賣契親人鍾守生本家祖手承分有水
田四段坐落八都拾源長壠土名丹丘安着計
田壹坵四至不具又号坐落多頭業門前山計
田壹坵上至趙邊山下至林邊山右至趙山右至趙
邊山計租伍方正又号土名天擋硐安着田一
壹坵計租陸方正上至園下至田左至路右至田〃
又壹号田土名東壠坡塆安着計田壹坵計租
肆方正具立四至分明為界共田四坵共租壹
碩伍方正計畝四分五厘今因缺銀應用自心情
愿浼中立賣契壹紙數邊出賣與侄邊鍾碎
喜出得價銀英洋肆拾貳元正其銀即日親
收完足分文無滯此田未賣之先賣與之后侄
邊任听起田耕種管業推收过户前有老契載

05003

憑邊中立賣契壹紙敘述立賣與侄逐鍾碎
喜立得價銀英洋肆拾貳元正其銀即日親
收完足分文無滯此田未賣之先賣與之后侄
逐任聽起田耕種管業推收过户前有老契載
明完來賣與侄逐已業如意任聽造為作用
永無兄弟子侄永無找借無贖兩甘自心情愿
不涉內外人等伯叔兄弟子侄不得言三語四
隨有此色自能支當不涉侄逐之事不敢返悔
之理兩情甘愿並非逼抑等情今欲有據恐口
無憑立賣契永遠為照

中華民國貳拾捌年　月　日立賣契人鍾守生○

在見
憑中　鍾亞崇○
代筆　鍾金棠集

（前頁）>>>>

立賣契親人鍾守生，本家祖手承分有水田四段，坐落八都拾源長壟，土名丹工安着，計田壹坵，四至不具，又号坐落多頭業門前山，計田壹坵，上至赵邊山，下至林邊山，左至赵山，右至赵邊山，計租伍方正，又一号土名瓦摇硐安着，田壹坵，計租陸方正，上至園，下至田，左至路，右至田，又壹号田土名東壟坟塆安着，計田壹坵，計租肆方正，具立肆至分明爲界，共田肆坵，共租壹碩伍方正，計亩四分五厘，今因缺銀應用，自心情愿，憑中立賣契壹紙，叔邊出賣與侄邊鍾碎喜，出得價銀英洋肆拾貳元正，其銀即日親收完足，分文無滯，此田未賣之先，賣與之后，侄邊任听起田耕種管葉〔業〕，推收过户，前有老契載明完來，賣與侄邊己業，如意任听造爲作用，永無兄第〔弟〕子侄，永無找借無贖，兩甘自心情愿，不涉内外人等，伯叔兄第〔弟〕子侄不得言三語四，隨有此色，自能支当，不涉侄邊之事，不敢返悔之理，兩情甘源〔願〕，並非逼抑等情，今欲有據，恐口無憑，立賣契永遠爲照。

中華民國貳拾捌年月日立賣契人鍾守生（押）

在見

憑中　鍾亞崇（押）

代筆　鍾金崇（押）

西坑畲族鎮讓川民族村半嶺雷元緑户

嘉慶十三年聰梁立賣契

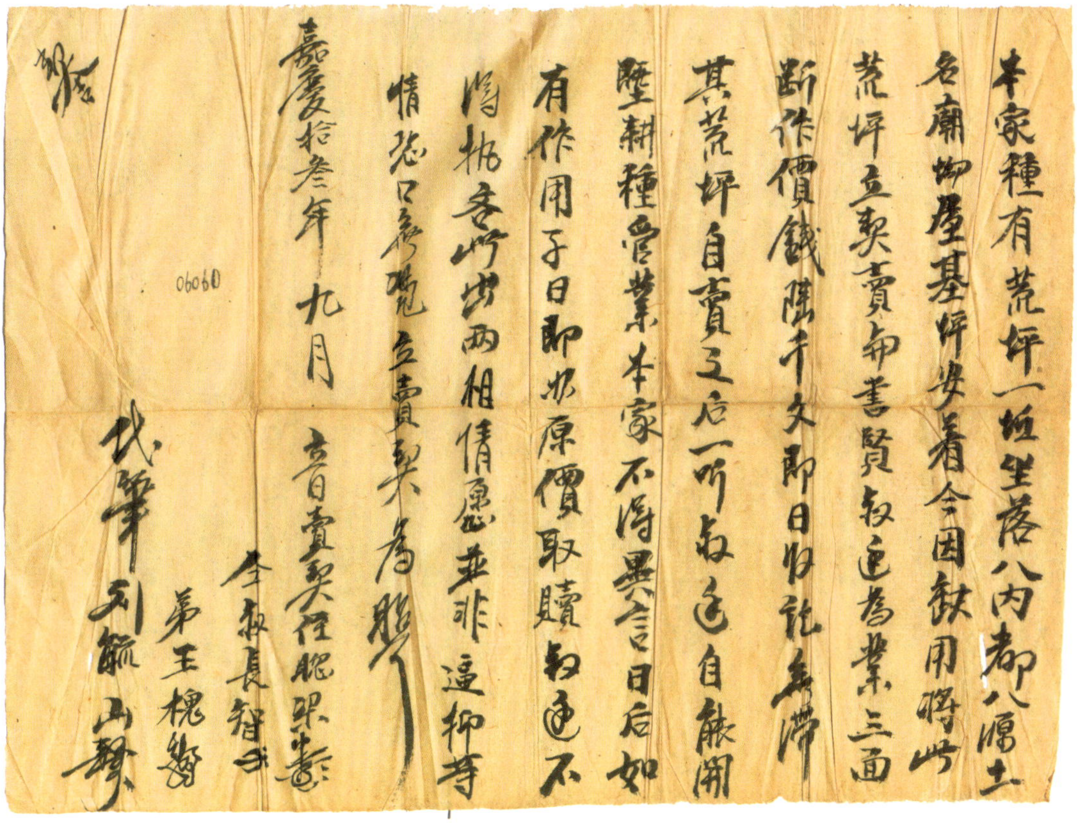

本家種有荒坪一坵，坐落八内都八源，土名廟坳屋基坪安着，今因缺用，將此荒坪立契賣與善賢叔邊爲業，三面斷作價錢陸千文，即日收訖無滯，其荒坪自賣之后，一听叔邊自能開塈[墾]耕種管業，本家不得異言，日后如有作用子日，即办原價取贖，叔邊不得执吝，此出兩相情愿，並非逼抑等情，恐口無憑，立賣契爲照。

嘉慶拾叁年　九月　立日賣契侄聰梁(押)

仝叔長智(押)

弟王槐(押)

代筆　刘毓山(押)

嘉慶十五年葉旺根立當契

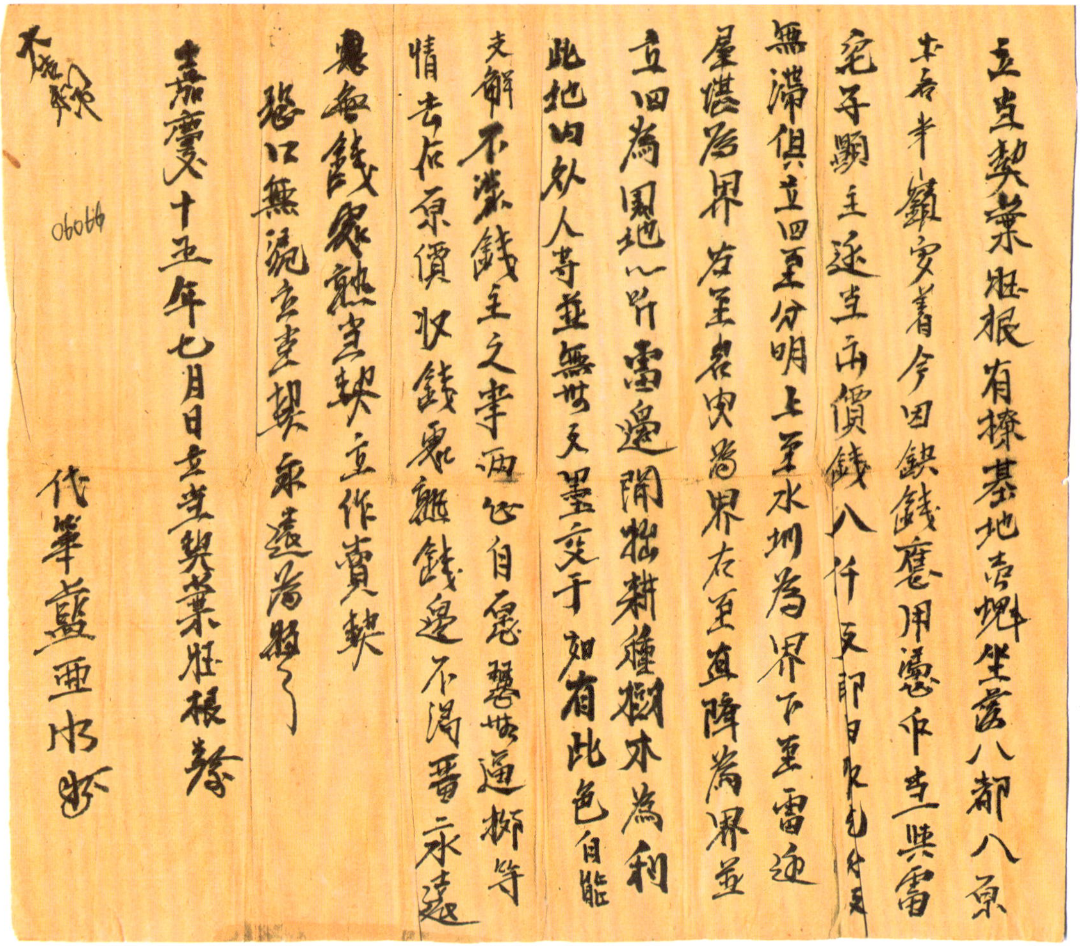

立当契葉旺根，有橑［寮］基地壹塊，坐落八都八原［源］，
土名半嶺安着，今因缺錢應用，憑衆当與雷
宅子顯主邊，当出價錢八仟文，即日收乞［訖］，分文
無滯，俱立四至分明，上至水圳爲界，下至雷邊
屋堪爲界，左至岩皮爲界，右至直降爲界，並
立四爲［圍］園地，一听雷邊開拙［掘］耕種，樹木爲利，
此地内外人等並無無文墨交干，如有此色，自能
支解，不涉錢主之事，兩心自愿，憑［並］無逼抑等
情，去后原價收錢處熟，錢邊不得留，永遠
無錢處熟，当契立作賣契，
恐口無憑，立当契永遠爲照。

嘉慶十五年七月日立当契葉旺根（押）

代筆藍亞水（押）

嘉慶二十年劉芝山立當字

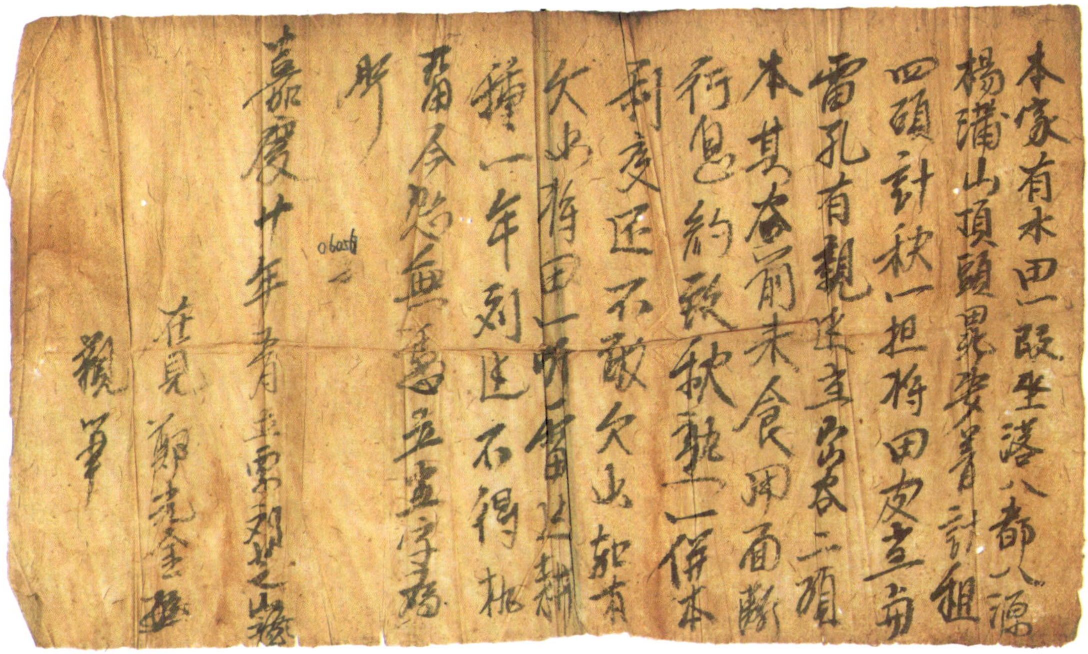

本家有水田一段，坐落八都八源
楊蒲山頂頭晃安着，計租
四碩，計秧一担，将田皮当與
雷孔有親邊，当出谷二碩
本，其谷前來食用，面断
行息，约致[至]秋熟一併本
利交还，不敢欠少，如有
欠少，将田一听雷邊耕
種一年，刘邊不得执
留，今恐無憑，立当字爲
照。

嘉慶廿年五月立票刘芝山（押）
在見鄭光金（押）
親筆

嘉慶二十年葉旺根立當契

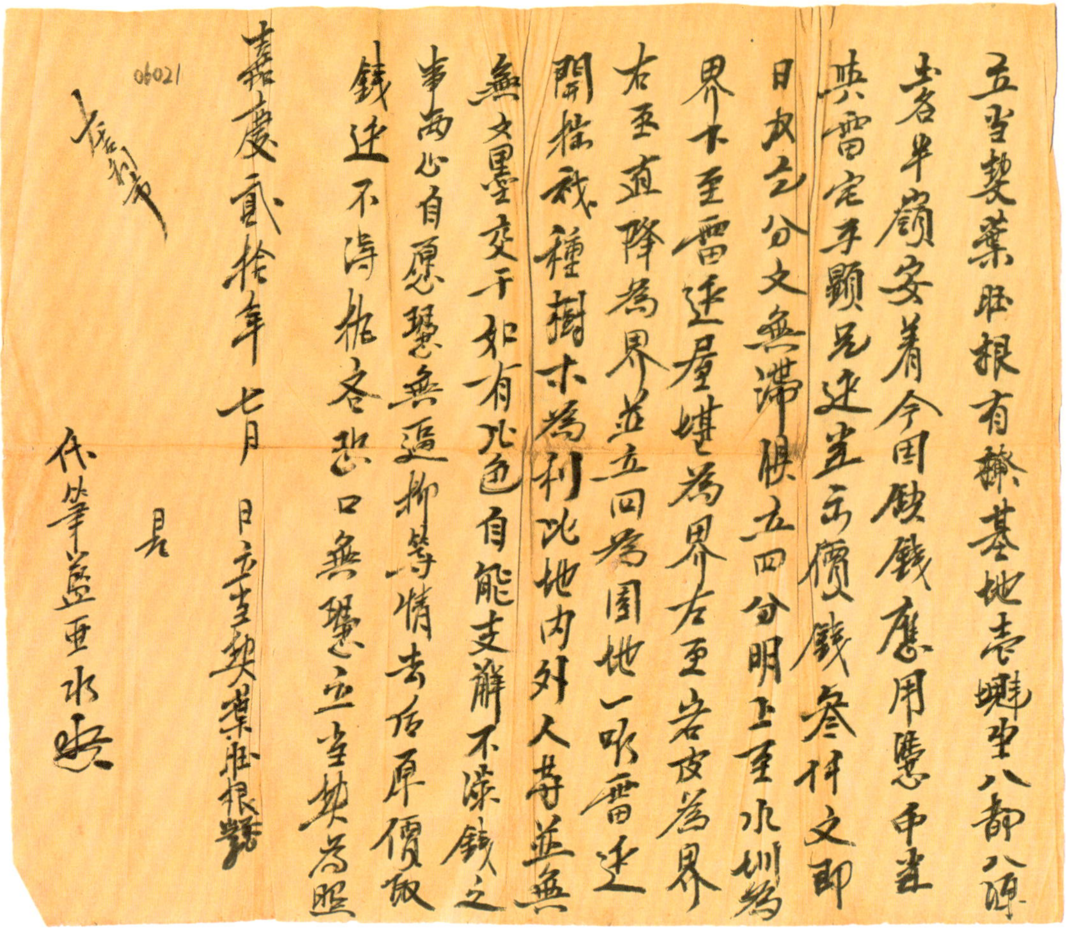

立当契葉旺根，有橑［寮］基地壹塊，坐八都八源，
土名半嶺安着，今因缺錢應用，憑衆当
與雷宅平顯兄邊，当出價錢叁仟文，即
日收乞［訖］，分文無滯，俱立四（至）分明，上至水圳爲
界，下至雷邊屋堪爲界，左至岩皮爲界，
右至直降爲界，並立四爲［圍］園地，一听雷邊
開拙［掘］栽種樹木爲利，此地内外人等並無
無文墨交干，如有此色，自能支解，不涉錢之
事，兩心自愿，憑［並］無逼抑等情，去后原價取（贖），
錢邊不得执吝，恐口無憑，立当契爲照。

嘉慶貳拾年七月　日立当契葉旺根（押）

見

代筆藍亞水（押）

今立當契本家有撩其一所坐落八都八保半山嶺
安着葉旺根兄弟邊出錢因用當如雷宅兄邊
雷子顯當出洞錢叁千文前來因用上
至水逮為界下至大路為界右至岩安為界
左至直為界前後四至為見地雷宅開拙耕
種秦禄壹年為利下亂年辰月九元錢
如贖雷宅不得執留如是無錢作贖雷宅因
士還耕錢照錢門房叔前子侄等得異言之理
如有重疊本家自能支解不涉主之事
兩家情愿照例無悔立當契為照
嘉慶貳拾二年七月日立當契
號號號號
葉旺根（押）
葉[illegible]增
代筆　藍亞林（押）

（前頁）>>>>

今立堂［當］契，本家有橑［寮］其［基］一所，坐落八都八滐（源）半嶺安着，葉旺根兄邊吃錢因［應］用，當如雷宅兄邊雷子顯，當出洞［銅］錢叁千文前來因［應］用，上至水遠爲界，下至大路爲界，右至岩皮爲界，左至直爲界，並急［及］四至爲［圍］园地，雷邊開拙［掘］耕種，養籙查［茶］木爲利，不亂［論］年長月九［久］，元［原］錢處贖，雷邊不得執留，如是無錢處贖，雷宅因［永］遠耕鍾［種］，恐後門房叔伯子侄不得異言之理，如有無［此］色，本家自能支解，不当主之事，兩家情愿，恐口無憑，立当契爲照。

嘉慶貳拾二年　七月日　立当契　葉旺根（押）

葉萼埩

代筆　藍亞水（押）

嘉慶二十三年葉石福立賣契

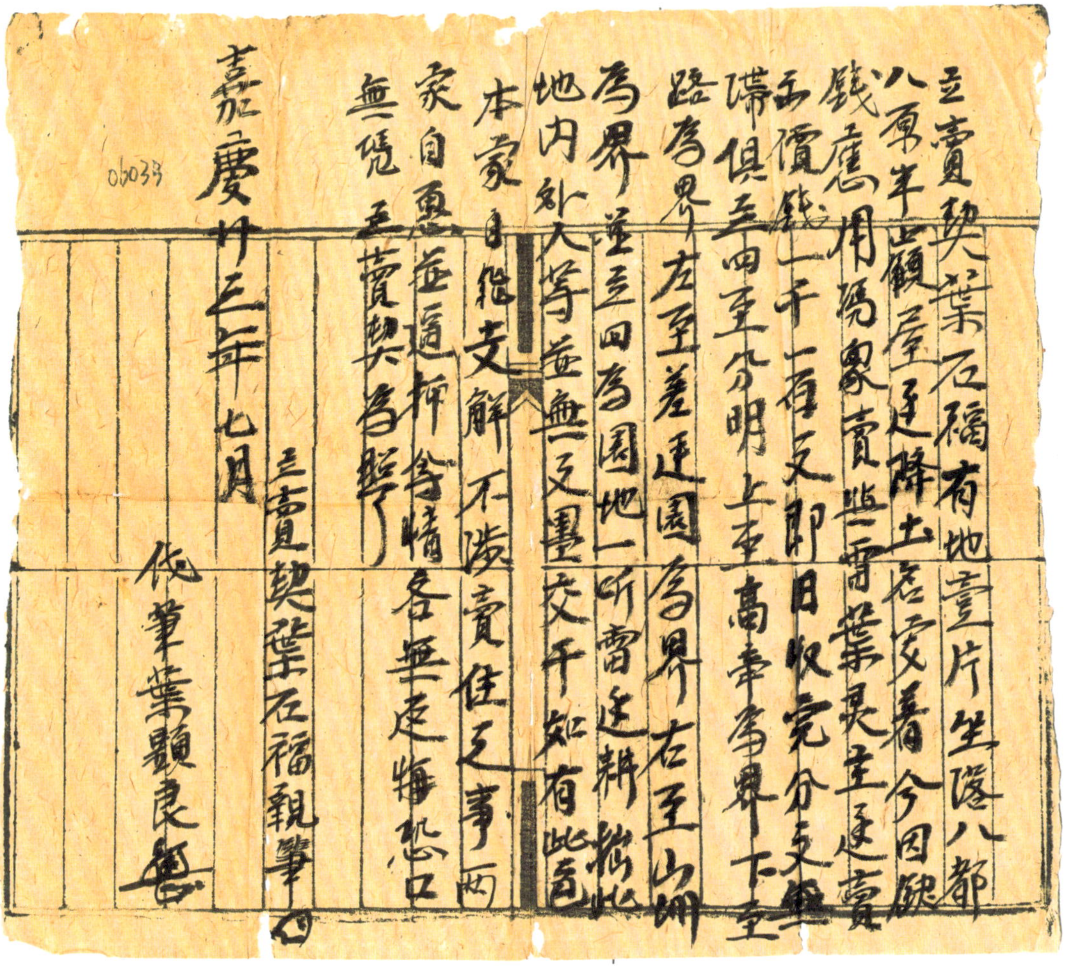

立賣契葉石福，有地壹片，坐落八都八原［源］半嶺屋邊降土名安着，今因缺錢應用，憑衆賣與雷葉灵主邊，賣出價錢一千一百文，即日收完，分文無滯，俱立四至分明，上至高牽爲界，下至路爲界，左至差廷園爲界，右至山圳爲界，並立四爲［圍］園地，一听雷邊耕拙［掘］，此地内外人等並無文墨交干，如有此色，本家自能支解，不涉賣住［主］之事，兩家自愿，並（無）逼抑等情，各無返悔，恐口無憑，立賣契爲照。

嘉慶廿三年　七月

立賣契葉石福親筆（押）

代筆葉顯良（押）

嘉慶二十四年葉旺根立截找

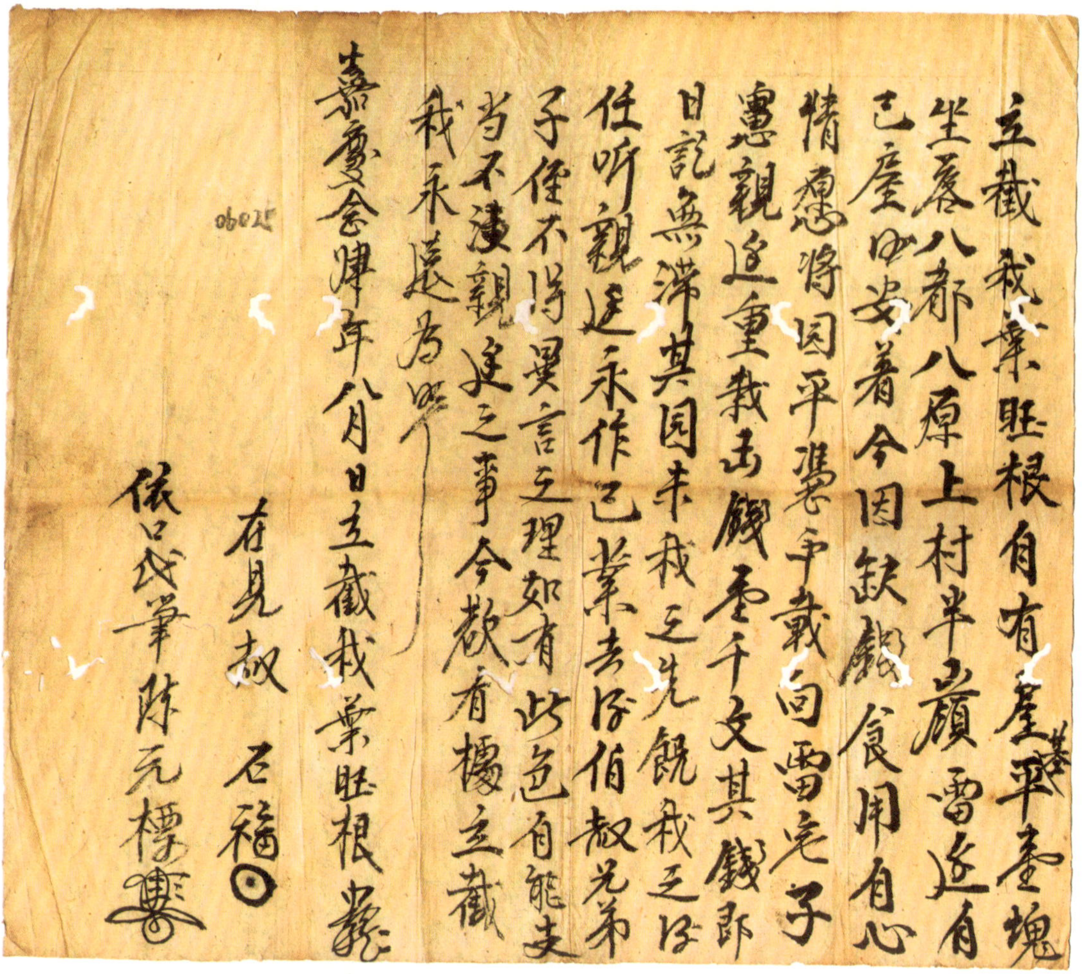

立截找葉旺根，自有屋基平［坪］壹塊，坐落八都八原［源］上村半嶺雷邊自己屋内安着，今因缺錢食用，自心情愿，將园平［坪］憑衆載向雷宅子憲親邊重找出錢壹千文，其錢即日(收)訖無滯，其园未找之先，既找之後，任听親邊永作已業，去後伯叔兄弟子侄不得異言之理，如有此色，自能支当，不涉親邊之事，今欲有據，立截找永遠爲照。

嘉慶念肆年八月日立截找葉旺根(押)

在見叔　石福(押)

依口代筆陈元標(押)

嘉慶二十四年葉亞蒼立賣契

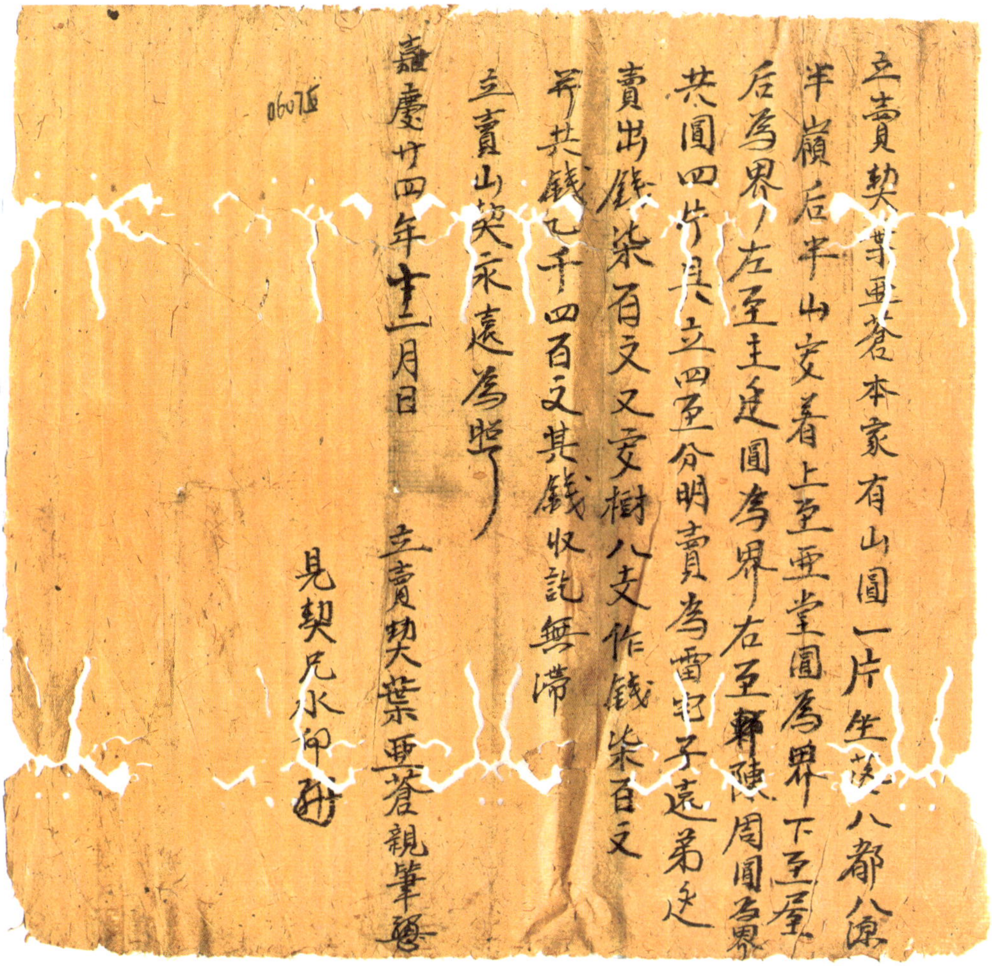

立賣契葉亞蒼，本家有山圓［園］一片，坐落八都八源
半嶺后半山安着，上至亞堂圓［園］爲界，下至屋
后爲界，左至主邊圓［園］爲界，右至陳周圓［園］爲界，
共圓［園］四片，具立四至分明，賣爲雷宅子遠弟邊，
賣出錢柒百文，又安樹八支，作錢柒百文，
並共錢一千四百文，其錢收訖無滯，
立賣山契永遠爲照。
嘉慶廿四年十二月日　立賣契葉亞蒼親筆（押）
見契兄水仰（押）

道光元年葉石福立賣山契

立賣山契葉石福，本家有園一段，坐落八都八槼上
村半嶺石清屋后安着，有園一片，坐內外有山壹半
園坐內延首材山園頭并內。今因缺錢應用，賣與雷
宅石有兄廷[illegible]賣出錢壹千文，其錢即日親收。
此地一所，雷廷曾葉上至山頂，下至陳高為界，左至雷廷園
為界，右至陳高園為界，俱立四至分明，一所雷廷耕種，照契
當長木葉廷不得執刻，自心情愿，各無反悔，恐口無憑，
立賣山契宋遠為照。

（前頁）>>>>

立賣山契葉石福，本家有圓[園]一段，坐落八都八原[源]上
村半嶺石清屋后安着，有圓[園]一片坐内，外有山查莊
圓[園]坐内，还有材山圓[園]頭並内，今因缺錢應用，賣與雷
宅石有兄邊，賣出錢壹千文，其錢即日親收，
此地一听雷邊管業，上至山頂，下至陳高爲界，左至雷邊圓[園]
爲界，右至陳高園爲界，俱立四至分明，一听雷邊耕種，照契
管業，葉邊不得執刘[留]，自心精[情]愿，各無反非[悔]，恐口無憑，
立賣山契永遠爲照。

道光元年六月日立契葉石福（押）
代筆葉顯良（押）
在見葉連雲（押）

一

道光七年葉立成立當字

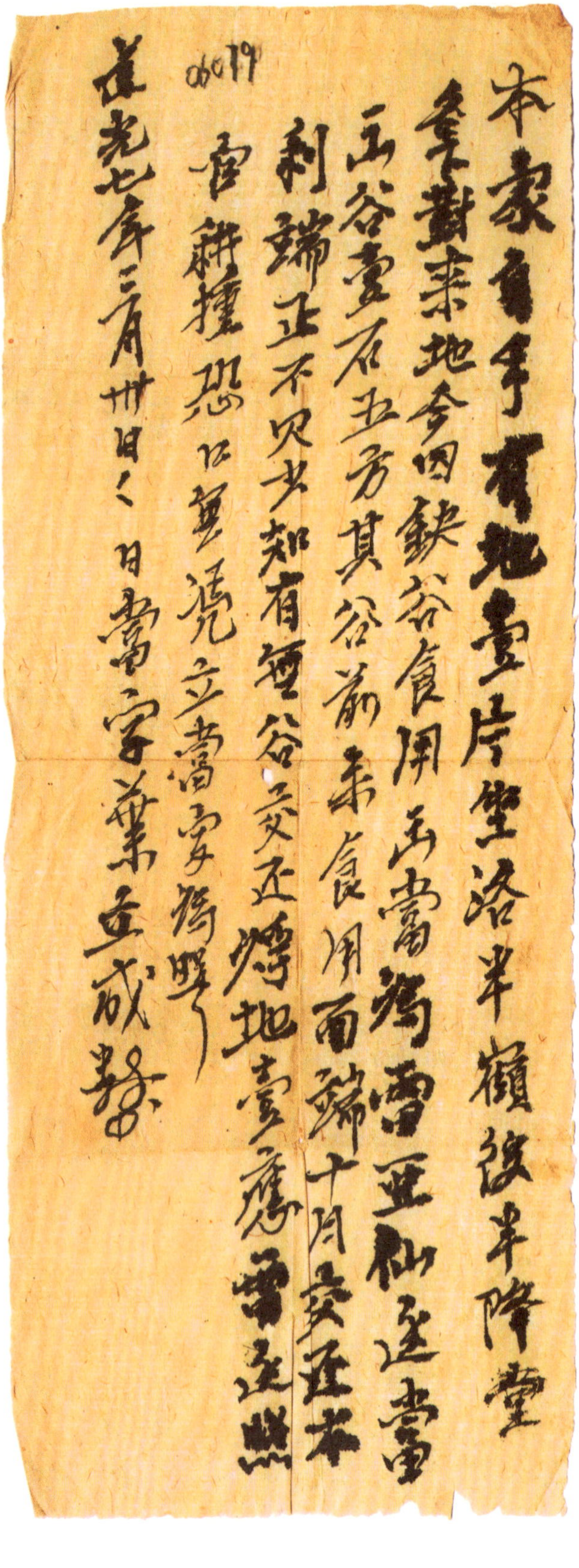

本家自手有地壹片，坐洛〔落〕半嶺后半降堂
各下對來地，今因缺谷食用，出當爲雷亞仙邊，當
出谷壹石五方，其谷前來食用，面端〔斷〕十月交还本
利端正，不欠少，如有無谷交还，将地壹應雷邊照
管耕種，恐口無憑，立當字爲照。

道光七年三月卅日　日當字葉立成（押）

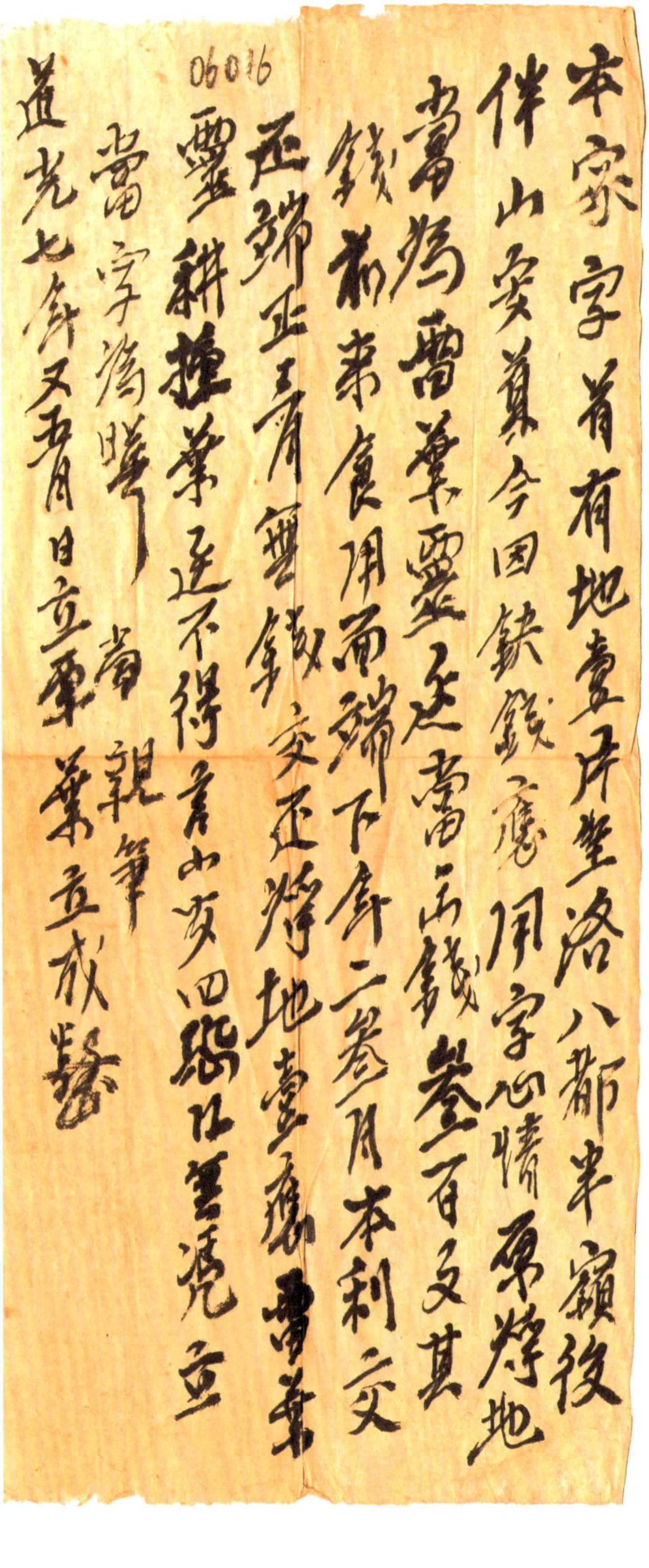

本家字〔自〕首〔手〕有地壹片，坐洛〔落〕八都半嶺後
伴山安着，今因缺錢應用，字〔自〕心情原〔願〕，將地
當爲雷葉靈邊，當出錢叁百文，其
錢前來食用，面端〔斷〕下年二叁月本利交
还端正，三月無錢交还，將地壹應雷業
靈耕種，葉邊不得言山〔三〕女〔語〕四，恐口無憑，立
當字爲照。

親筆

道光七年又五月日立當票葉立成（押）

道光十四年雷亞清立當字

立當字雷亞清，今手開有田二片，坐落後坑一片，坐
領脚安着，坐落左至銀方田為界，右至大坑為界，上至
銀方田為界，下至子顯田為界，其立四分明。又一片
坐落外充安着，左至子顯田為界，右至子顯田
為界，上至子遠园為界，下至田為界，其立四至分明。
今因缺谷食用，其园二片出當雷宅兼灵舅邊
借出谷四石，作錢二千六百文，其谷前來食用，面
斷照鄉行息，約至本冬交還谷，不敢欠少，如期
（無谷交还母）當字立作賣契，其园二片一并雷兼灵照契耕
業，雷亞清不得支吾。如期外人交埠自己能支當，
不敢錢佳之事，各出送海，恐口無憑，立當字
為照。

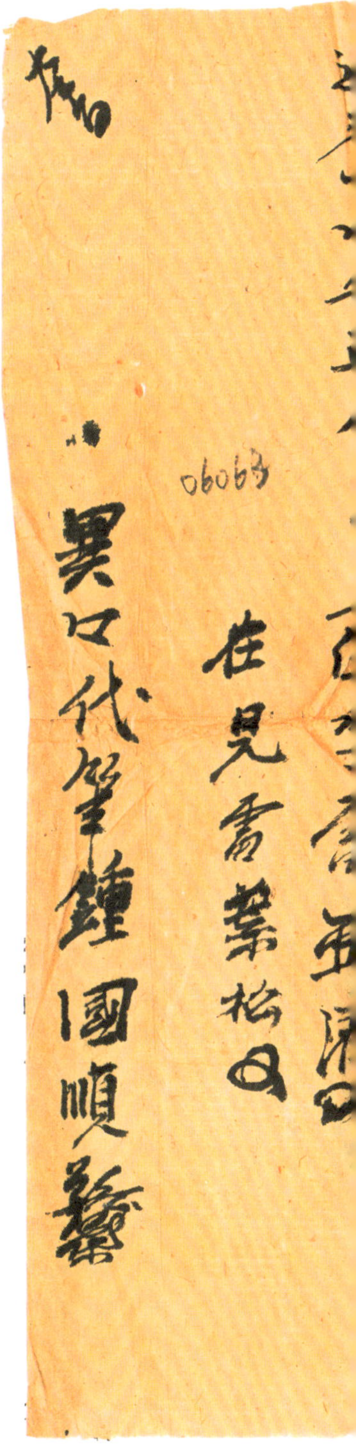

（前頁）>>>>

立当字雷亞清，士手開有圓［園］二片，坐落後坑一片，坐
領脚安着，坐落左至銀方圓［園］爲界，右小坑爲界，上至
銀方圓［園］爲界，下至子顯圓［園］爲界，其立四（至）分明，又一片
坐落外坑安着，左至子顯圓［園］爲界，右至子顯圓［園］
爲界，上至子遠园爲界，下至田爲界，其立四至分明，
今因缺谷食用，其园二片出当雷宅葉灵弟邊，
㑇［當］出谷四石，作錢三千六百文，其谷前來食用，面
断照鄉行息，約至本冬交还瑞［端］正，不敢欠少，如期
無谷交还（押），当字立作賣契，共园二片一听雷葉灵照契管
業，雷亞清不得支［執］留，如期外人交埲［争］，自能支当，
不叔［涉］錢住［主］之事，各無返悔　恐口無憑，立当字
爲照。

道光十四年正月　　日立㑇［當］字雷亞清（押）

在見　雷葉松（押）

異［依］口代筆鍾國順（押）

道光十四年雷亞遠立當字

本家承分有房屋壹不落八都八章土名半
嶺安着其屋合左手中間中半直出為界
上至耗片椽行下并地伏板片在内立出
當字一帋当与業宅亞妹主邊又有欄
下養有白柈數株具在内又有櫚樹數枝
坐落半嶺頂處安着一、處在内出当与業
邊其、当出價捌千伍百文其價前来食
用照鄉行息約至下年冬本利交還青楚
不敢欠少分若欠少、其、房屋一、听業邊掌管
依用其白柈相樹一、听業邊發賣本家伯叔兄弟

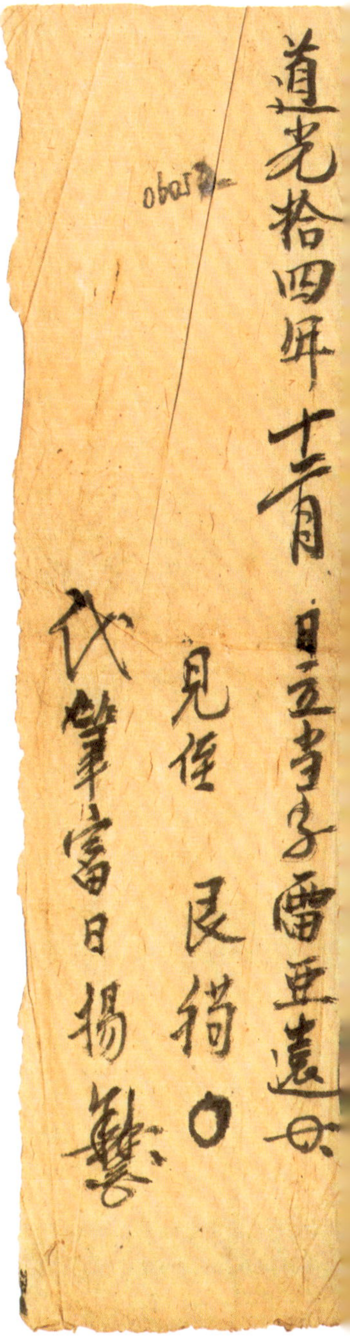

(前頁)>>>>

本家承分有房屋壹不(坐)落八都八原[源]，土名半嶺安着，其屋合左手中間中半直出爲界，上至秏片、榑行，下並地仗、板片在内，立出𫢸字一紙，出当與葉宅亞妹主邊，又有欄下养有白垟[羊]数隻具在内，又有柏樹数枝，坐落半嶺頂處安着，一应在内，出当與葉邊，共当出錢捌千伍百文，其錢前來食用，照鄉行息，約至下年冬本利交还青[清]楚，不敢欠少，如若欠少，其房屋一听葉邊掌管作用，其白垟[羊]、柏樹一听葉邊發賣，本家伯叔兄弟子侄不得異言之理，恐口無憑，立当字为照。

道光拾四年　十二月　日立当字雷亞遠(押)

見侄　艮荷(押)

代筆富日揚(押)

道光十五年雷亞圳立當字

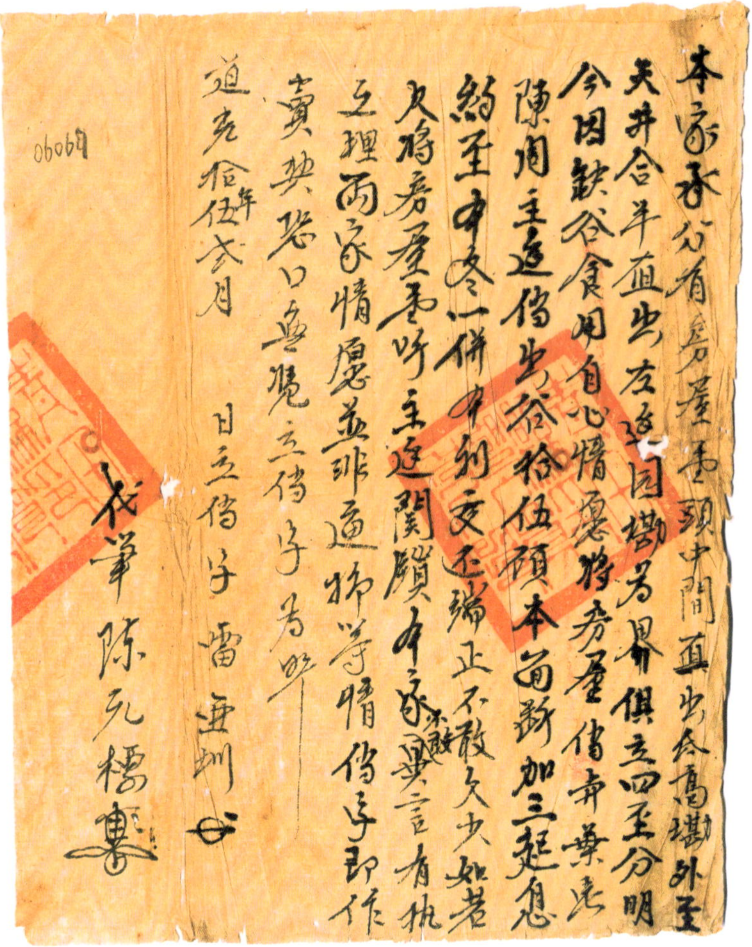

本家承分有房屋，壹頭中間直出底高坳，外至
天井合半直出左邊园坳爲界，俱立四至分明，
今因缺谷食用，自心情愿，將房屋𫢸[當]與葉宅
陳周主邊，𫢸[當]出谷拾伍碩本（印），面断加三起息，
約至本冬一併本利交还端正，不敢欠少，如若
欠，将房屋壹听主邊關鎖，本家不敢異言有执
之理，兩家情愿，並非逼抑等情，𫢸[當]字即作
賣契，恐口無憑，立𫢸[當]字爲照。

道光拾伍年弍月　日立𫢸[當]字雷亞圳（押）

（印）代筆陈元標（押）

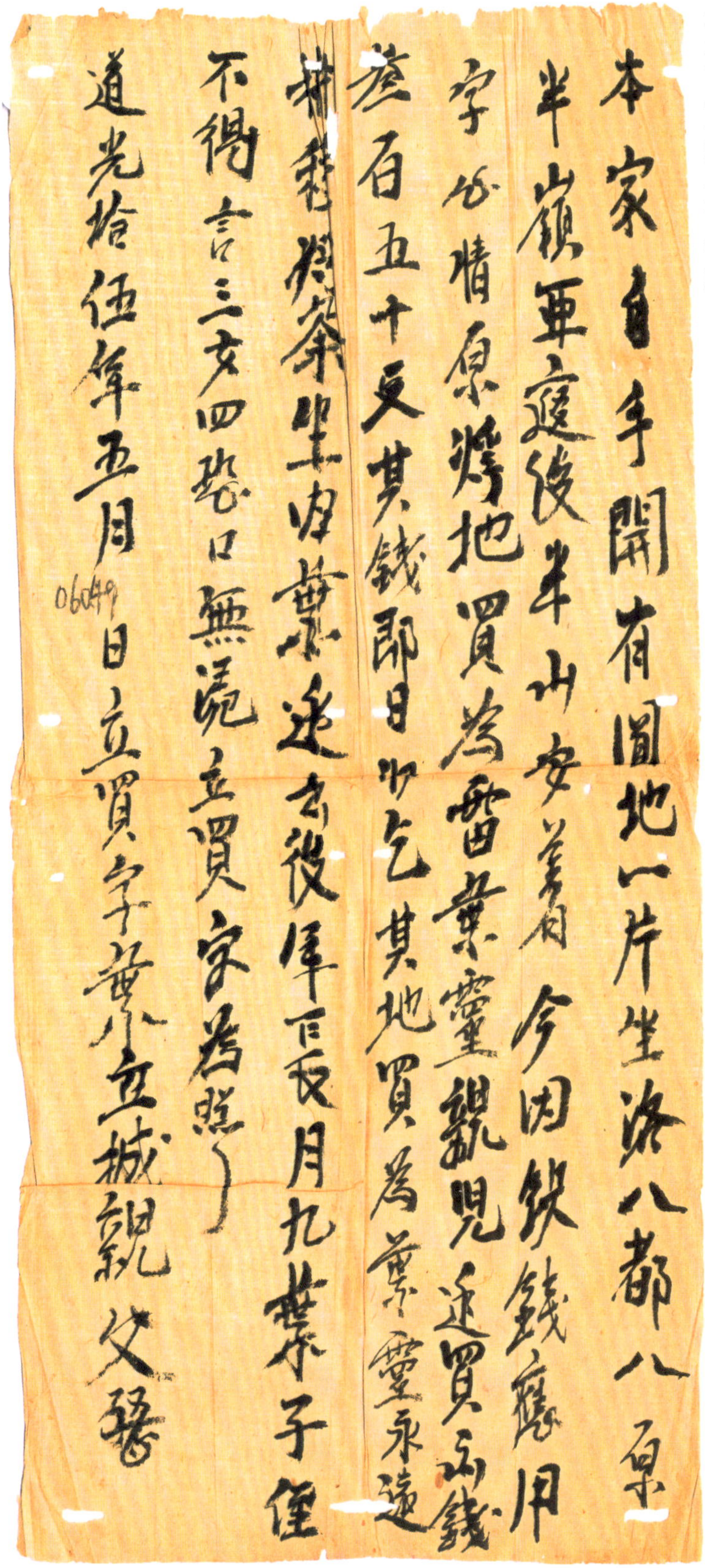

本家自手開有圓［園］地一片，坐洛［落］八都八原［源］半嶺亞庭後半山安着，今因缺錢應用，字［自］心情原［願］，將地買爲雷業靈親兒邊，買出錢叁百五十文，其錢即日收乞［訖］，其地買爲葉靈永遠耕種，將茶坐内，葉邊去後年長月九［久］，葉子侄不得言三女［語］四，恐口無憑，立買字爲照。

道光拾伍年五月　日立買字葉立城親父（押）

道光十八年雷亞遠立找截契

立找截契雷亞遠本家合分有房屋壹不坐落土名半嶺安
着計屋壹不先年出賣与業宅亞妹主邊其回贖錢數前有
正契再明今因缺鈔應用憑衆再向業宅亞佛主邊找出
壹拾式千文其錢即日如找契收乞清楚邊無滯其房屋
未找之先並無內外人等既找之后其房屋真退遠業邊
掌管作用永遠退業如有伯叔兄弟子侄不得異言
打拆又有相樹坐落〔半塝〕頭頂安着一併在內又茶園來
園水壹井欄欣廠一併在內如有此色本家自能支當
不涉業邊之事今欲有據立找截退字永遠為照

道光拾八年十一月　日　立找截退字雷亞遠（押）

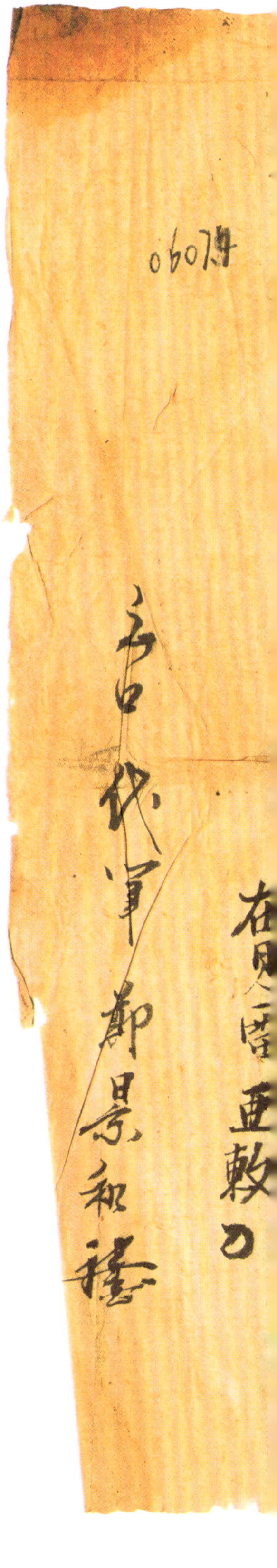

（前頁）>>>>

立找截契雷亞遠，本家合分有房屋壹不坐落土名半领安着，计屋壹不先年出当與葉宅亞妹主邊，其四至、錢数前有正契再[載]明，今因缺錢应用，憑衆再向葉宅亞妹主邊找出壹拾弍千文，其錢即日如找契收乞[訖]，清楚無滞，其房屋未找之先並無内外人等，既找之后，其房屋愿退葉邊掌管作用，永遠管業，如有伯叔兄弟子侄，不得異言打执，又有柏樹，坐落半（押）領顶處安着，一併在内，又茶園、采[菜]園、水堂、牛欄、灰廠一併在内，如有此色，本家自能支当，不涉葉邊之事，今欲有據，立找截退字永遠爲照。

道光拾八年十一月　　日立找截退字雷亞遠（押）

在見雷亞敕（押）

衣[依]口代筆鄭景和（押）

道光二十年富日陞立發劄

本家置有水田一墩，坐落本都五源土名
破雷山安着，計田一墩，計租弍石五方。今
因雷亞碯父祖將田另佃雷圣萬為
去耕種，即日收得佃穀弍石五方。自佃之
後不拘荒旱，照劄完租，不敢欠少。如若
欠少，其田一听業主另佃改耕，雷邊不得
有挑〻數。有據，立發劄為照。
其租穀送宅過扇晒穀再照
道光弍拾年十弍月立劄富日陞（押）

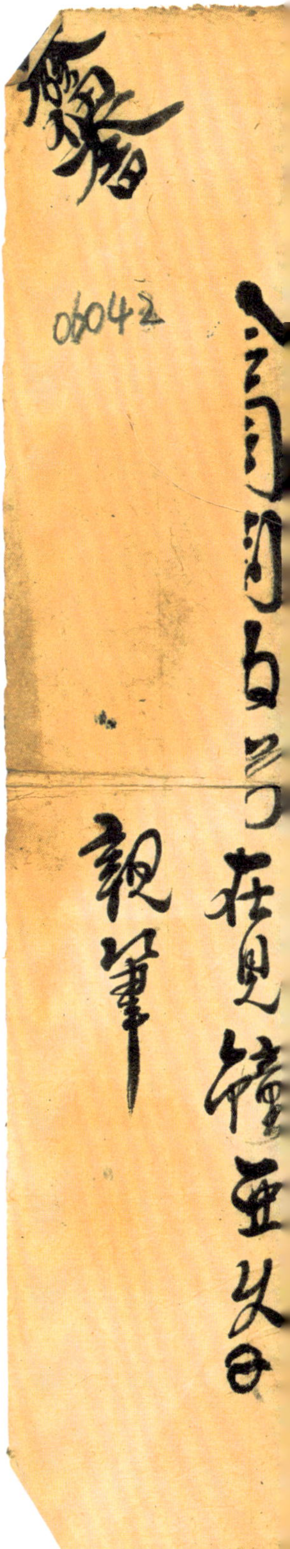

（前頁）>>>>

本家置有水田一坵[段]，坐落本都五源，土名破雪山安着，计田一坵[段]，计租弍石五方，今因雷亞欄欠租，將田易佃雷圣萬邊前去耕種，即日收得佃穀弍石五方，自佃之後，不拘荒旱，照劄完租，不敢欠少，如若欠少，其田一听業主易佃改耕，雷邊不得有执，今欲有據，立發劄爲照。

其租穀送宅過扇好穀，再照。

道光弍拾年　十弍月立劄富日陞（押）

□□□□□　在見鍾亞久（押）

親筆

道光二十七年葉學釧仝弟夢釧立當字

本家立當字壹帋葉學釧仝弟夢釧
本家祖父手有水田壹假坐落八都八源
上村半嶺葉靈屋後安着計租伍石早
計田叁坵今因缺錢應用自心情願將此田
出當與訓光侄邊當出價錢叁千文其錢
即日收訖分文無滯面斷冬下壹并本利
交還清楚不敢欠少如若無錢交還自心情
願將此田壹听訓光侄邊起佃耕種推收過
戶伯叔兄弟子侄不得執留之理當字即作
賣契永遠為業恐口無憑立當字為照
道光念七年三月　日立當字　葉學釧（押）

（前頁）>>>>>

本家立佁[當]字壹紙葉學釧仝弟梦釧，本家祖父手有水田壹假[段]，坐落八都八源上村半嶺葉靈屋後安着，計租伍方早，計田叁坵，今因缺錢應用，自心情願，將此田出佁[當]與訓光侄邊，佁[當]出價錢叁千文，其錢即日收訖，分文無滯，面断冬下壹併本利交还清楚，不敢欠少，如若無錢交还，自心情願，將此田壹听訓光侄邊起佃耕種，推收過户，伯叔兄弟子侄不得执留之理，佁[當]字即作賣契，永遠管業，恐口無憑，立佁[當]字爲照。

道光念柒年　三月　日立佁[當]字　葉學釧（押）

仝弟葉梦釧（押）

代筆　徐有政（押）

道光二十九年葉春光立截借字

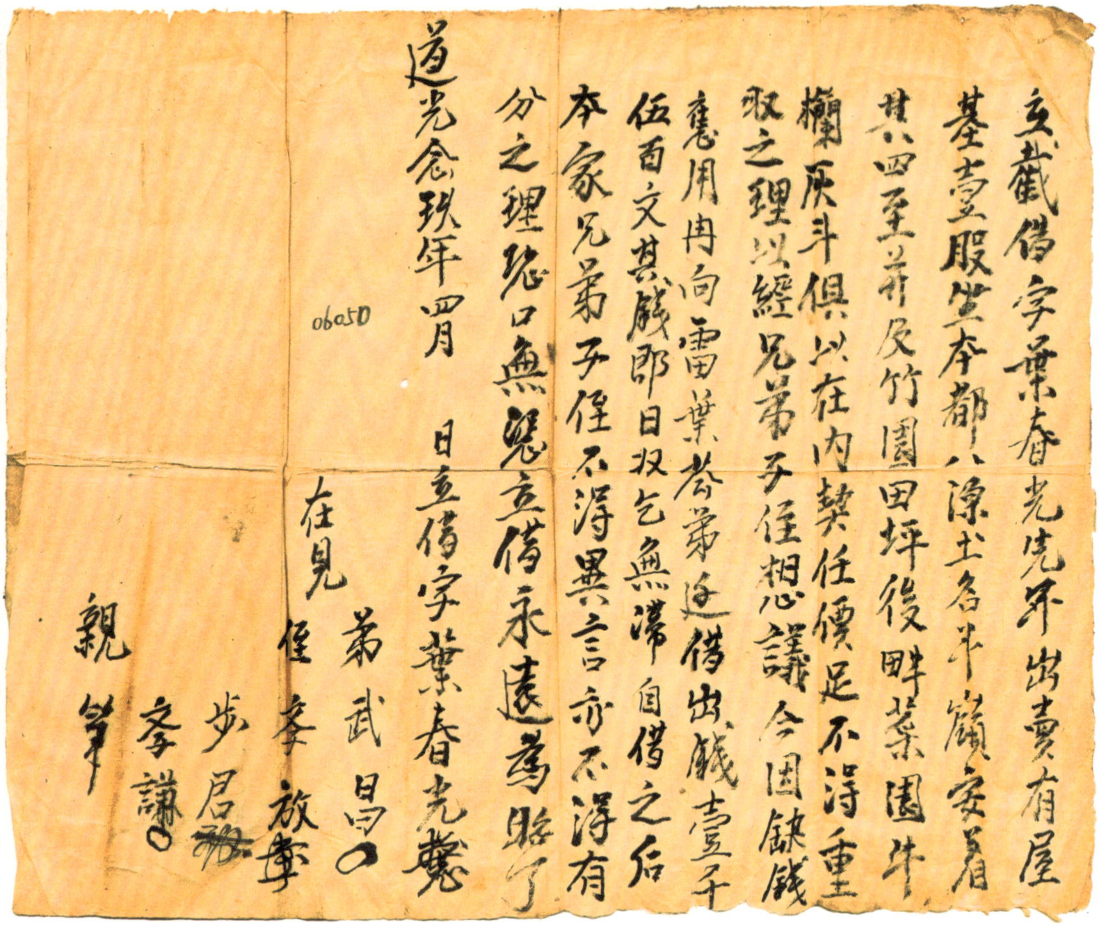

立截借字葉春光，先年出賣有屋基壹股，坐本都八源，土名半嶺安着，其四至並及竹園、田坪後畔、菜園、牛欄、灰斗俱以在內，契任價足，不得重取之理，以經兄弟子侄想［相］議，今因缺錢應用，冉［再］向雷葉荟弟邊借出錢壹千伍百文，其錢即日收乞［訖］無滯，自借之后，本家兄弟子侄不得異言，亦不得有分之理，恐口無憑，立借永遠爲照。

道光念玖年四月　日立借字葉春光（押）

弟武昌（押）

在見　侄學放（押）

步君（押）

學謙（押）

親筆

道光二十九年周上泮立收字

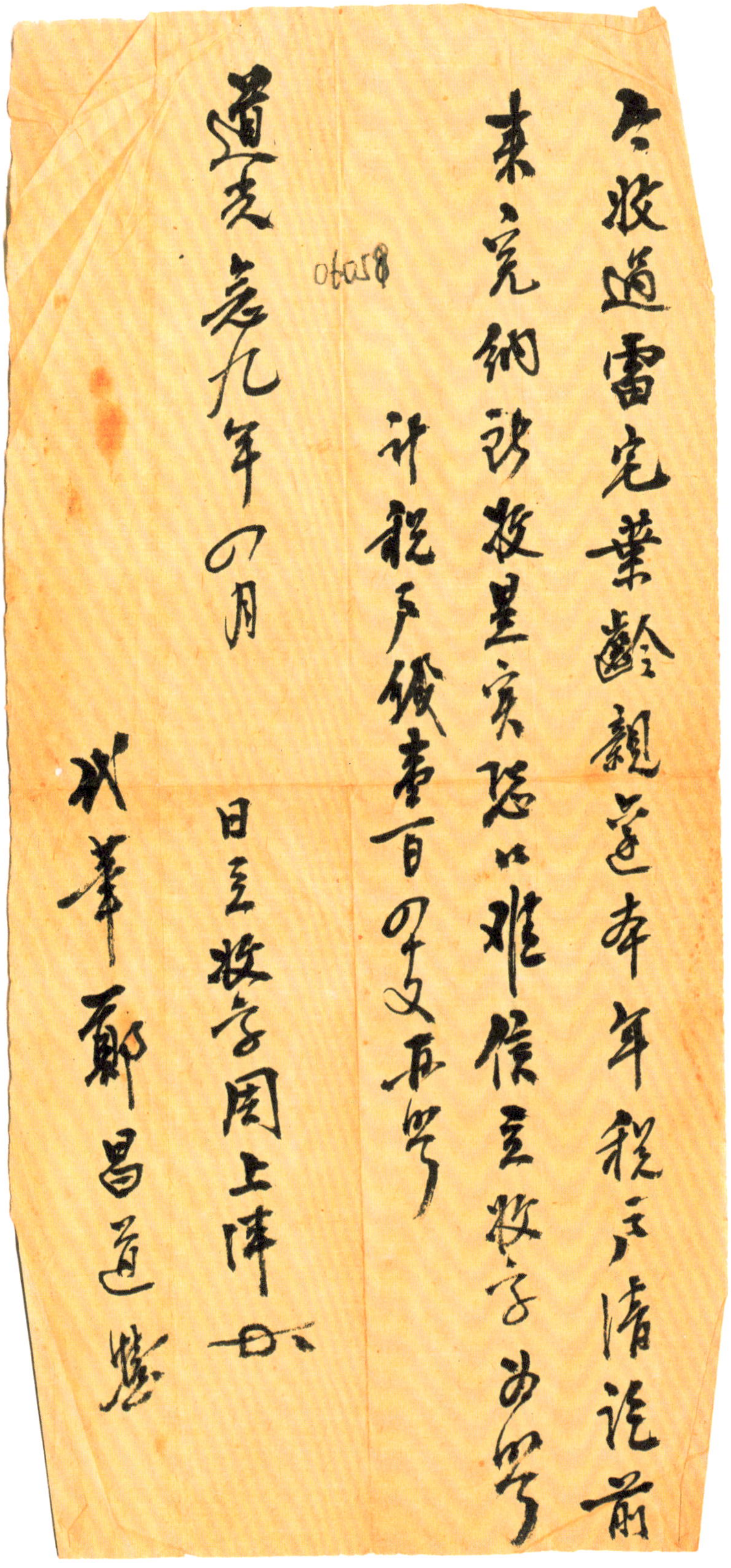

今收過雷宅葉齡親邊本年税户清訖，前
來完纳，所收是实，恐口难信，立收字为照。
　　计税户錢壹百四十文，再照。

道光念九年四月　日立收字周上泮（押）
　　　　　　　　　代筆鄭昌道（押）

道光三十年葉就封立賣契

立賣字葉就封本家有園數片坐本都八
源上村半嶺雷宅屋边安着左右共園五
片又一片坐屋右長塆安着上至山頂下至
雷宅園左至陳高園右至本家山司為界今自
缺錢應用自心成愿立出賣字一帋賣為
雷聖萬弟边為業三面斷定價錢四千八百文
即收清訖無滯其園未賣之先並無内外人等
文墨交干既賣之後一所雷宅栽種竪造作用養
祿去後不得取贖本家伯叔兄弟子侄不得異言
如有此色自能支当不涉雷边之事恐口無憑
立賣契永遠為照

在見弟　作圭（押）

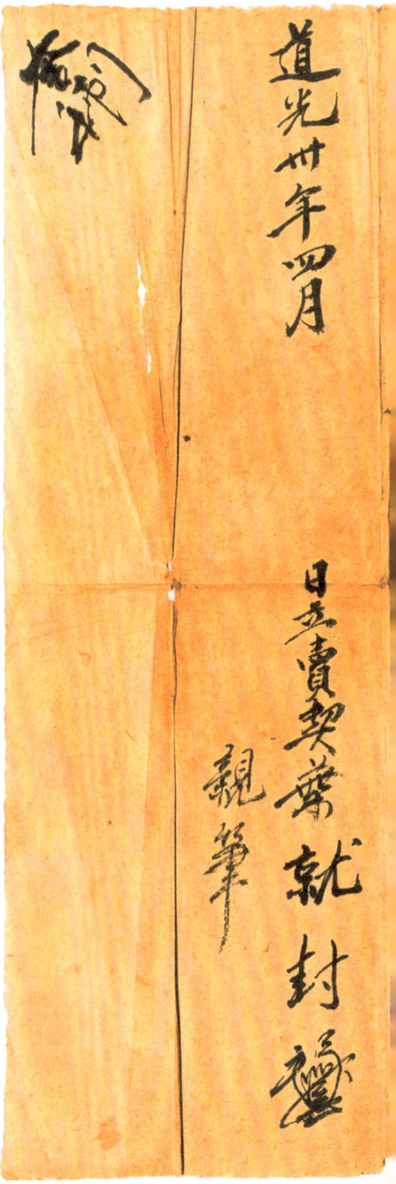
道光卅年四月
日立賣契葉就封(押)
親筆

(前頁)>>>>

立賣字葉就封，本家有園数片，坐本都八
源上村半嶺雷宅屋邊安着，左右共园五
片，又一片坐屋后長塆安着，上至山頂，下至
雷宅园，左至陳高园，右至本家山岡爲界，今因
缺錢應用，自心成愿，立出賣字一紙，賣爲
雷聖萬弟邊爲業，三面断定，價錢四千八百文，
即收清訖無滯，其园未賣之先，並無内外人等
文墨交干，既賣之後，一听雷宅栽種竪造作用養[樣]
禄，去後不得取贖，本家伯叔兄弟子侄不得異言，
如有此色，自能支当，不涉雷邊之事，恐口無憑。
立賣契永遠爲照。

在見弟　作圭(押)

道光卅年四月　日立賣契葉就封(押)

親筆

咸豐二年葉學釧立截借退

立截借退葉學釧本家先年出賣有水田壹
坵坐落八都八源土名半嶺屋後安着計田
三坵計租五方早前立正找契共得價錢捌
千肆百文俱收完足今因缺錢應用凂衆自
願立截借錢壹佰再向雷聖萬兄邊重
借出錢貳千文其錢即日收訖無滯分文其
田自借之後退還雷邊永遠耕種管業去
後本家伯叔兄弟子侄不許言種找借亦
無取贖之理等情如有此色不涉雷邊之
事此出自心情愿並非逼抑等情今欲有
憑立截退永遠為照
咸豐貳年十貳月　日立截借退葉學釧（押）

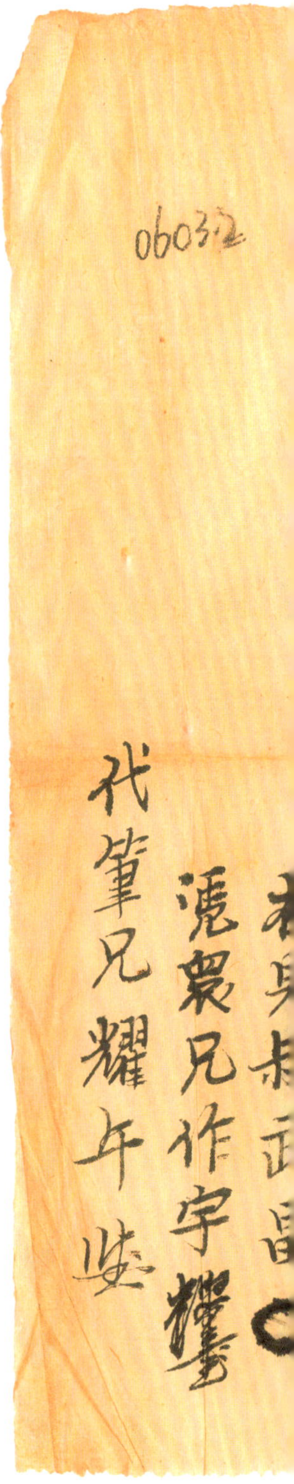

（前頁）>>>>

立截借退葉學釧，本家先年出賣有水田壹坵，坐落八都八源，土名半嶺屋後安着，計田三坵，計租五方早，前立正、找契，共得價錢捌千肆百文，俱收完足，今因缺錢應用，憑衆自願立截借錢壹紙，再向雷聖萬兄邊重借出錢貳千文，其錢即日收訖，無滯分文，其田自借之後，退還雷邊永遠耕種管業，去後本家伯叔兄弟子侄不許言稱找借，亦無取贖之理等情，如有此色，不涉雷邊之事，此出自心情愿，並非逼抑等情，今欲有據，立截退永遠爲照。

咸豐貳年貳月　日立截借退葉學釧（押）

在見叔武昌（押）

憑衆兄作宇（押）

代筆兄耀午（押）

咸豐三年葉德章立便契

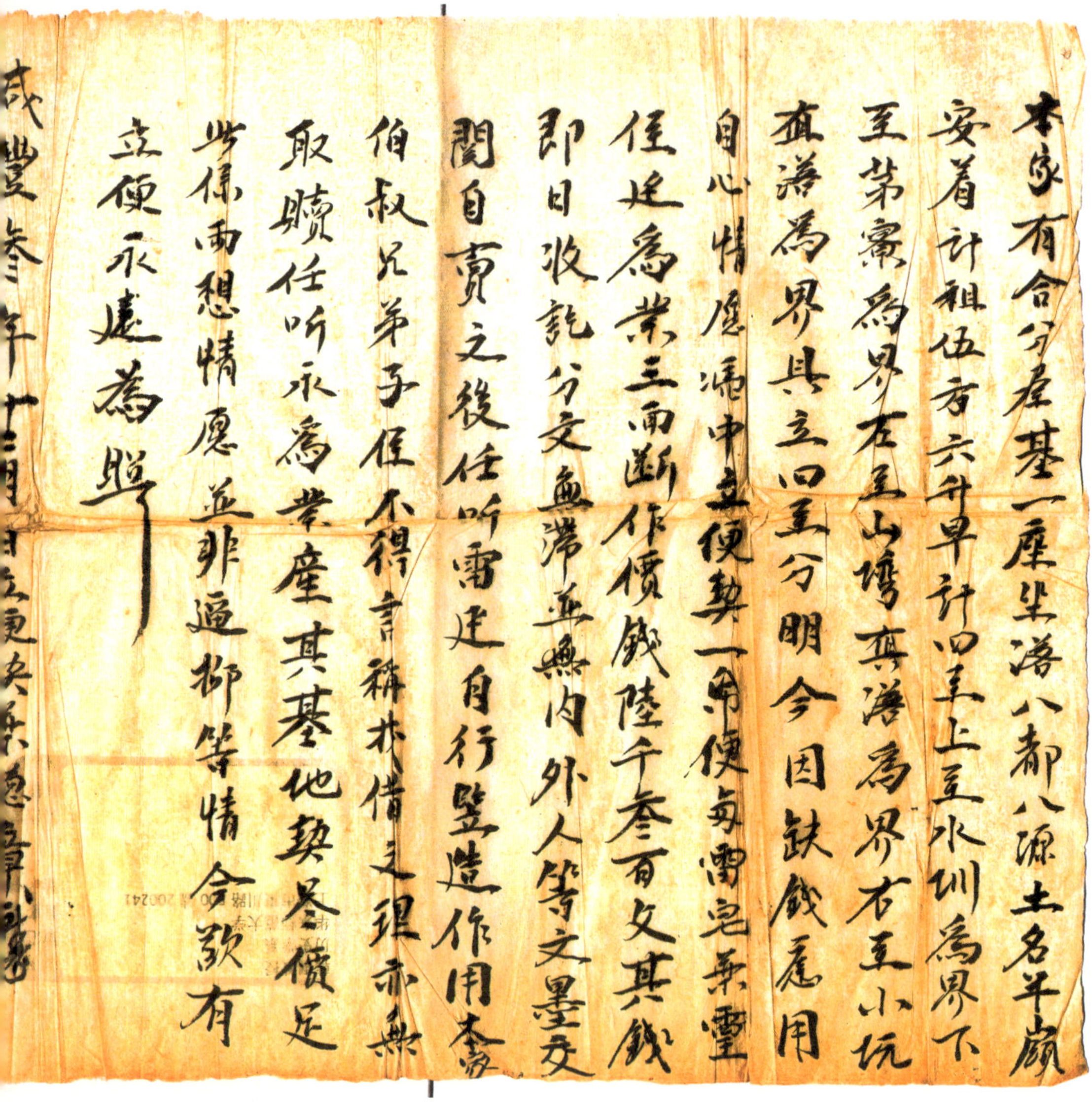
本家有合分屋基一座坐落八都八源土名半嶺
安着計租伍方六升早計四至上至水圳為界下
至弟業為界左至山塆與潞為界右至小坑
直潞為界具立四至分明今因缺錢應用
自心情愿憑中立便契一紙便與雷宅葉靈
侄邊為業三面斷作價錢陸千叁百文其錢
即日收訖分文無滯並無內外人等文墨交
關自賣之後任聽雷邊自行竪造作用本家
伯叔兄弟子侄不得言稱找借之理亦無
取贖任聽永為業產其基地契盡價足
此係兩想情愿並非逼抑等情今欲有
立便永遠為照
咸豐叁年十二月日立便契葉德章

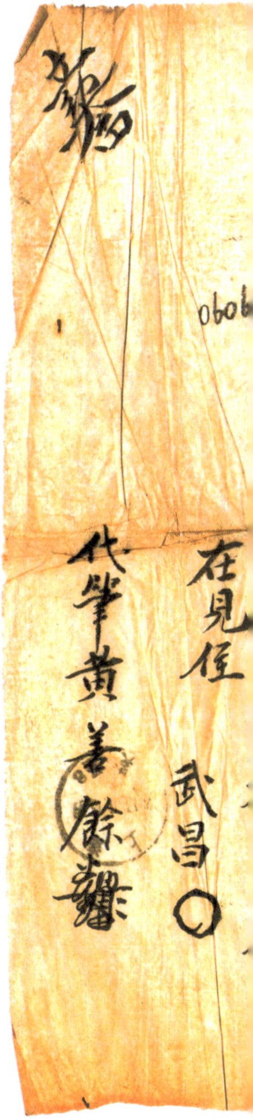

（前頁）>>>>

本家有合分屋基一座，坐落八都八源，土名半嶺安着，计租伍方六升早，計四至上至水圳爲界，下至茅寮爲界，左至山塆真[直]落爲界，右至小坑直落爲界，具立四至分明，今因缺錢應用，自心情愿，憑中立便契一紙，便與雷宅葉靈侄邊爲業，三面断作價錢陸千叁百文，其錢即日收訖，分文無滯，並無内外人等文墨交關，自賣之後，任听雷邊自行竪造作用，本家伯叔兄弟子侄不得言稱找借之理，亦無取贖，任听永爲業産，其基地契尽價足，此係兩想[相]情愿，並非逼抑等情，今欲有（據），立便永遠爲照。

咸豐叁年十二月日立便契葉德章（押）

在見侄　春光（押）

武昌（押）

代筆黃善餘（押）

咸豐四年葉周頂立賣契

立賣契葉周頂本家祖手有麻園一片坐落
八都八源土名半嶺馱降塝安着上至田爲界下
至田爲界左至山爲界右至田爲界四至分明今
因缺錢應用情愿憑中出賣與雷宅鏡旺親邊
賣出價錢叁百文正去後底息收整並公本錢
共價錢柒百文正兩日收乞分文無滯去後伯叔兄
弟子侄不許言三語四如若言三語四葉邊自能
支當不涉雷邊之事此系兩家情愿並無逼力等
情此園雷邊永遠耕種管業今欲有據立賣契
一縛永遠管業爲照

咸豐肆年十二月　日立賣契人　葉周頂（押）

（前頁）>>>>>

立賣契葉周頂，本家祖手有麻園一片，坐落八都八源，土名半嶺駄降塆安着，上至田爲界，下至田爲界，左至山爲界，右至田爲界，四至分明，今因缺錢應用，情愿憑中出賣與雷宅鏡旺親邊，賣出價錢叁百文正，去後開恳〔墾〕收整，並公〔工〕本錢共價錢柒百文正，即日收乞〔訖〕，分文無滞，去後伯叔兄弟子侄不許言三語四，如若言三語四，葉邊自能支當，不涉雷邊之事，此系兩家情愿，並無逼力等情，此園雷邊永遠耕種管業，今欲有據，立賣契一紙永遠管業爲照。

咸豐肆年十二月　日立賣契人　葉周頂（押）

見契　鄭实圓

依口代筆　雷正鵠（押）

咸豐八年葉劉氏立賣字

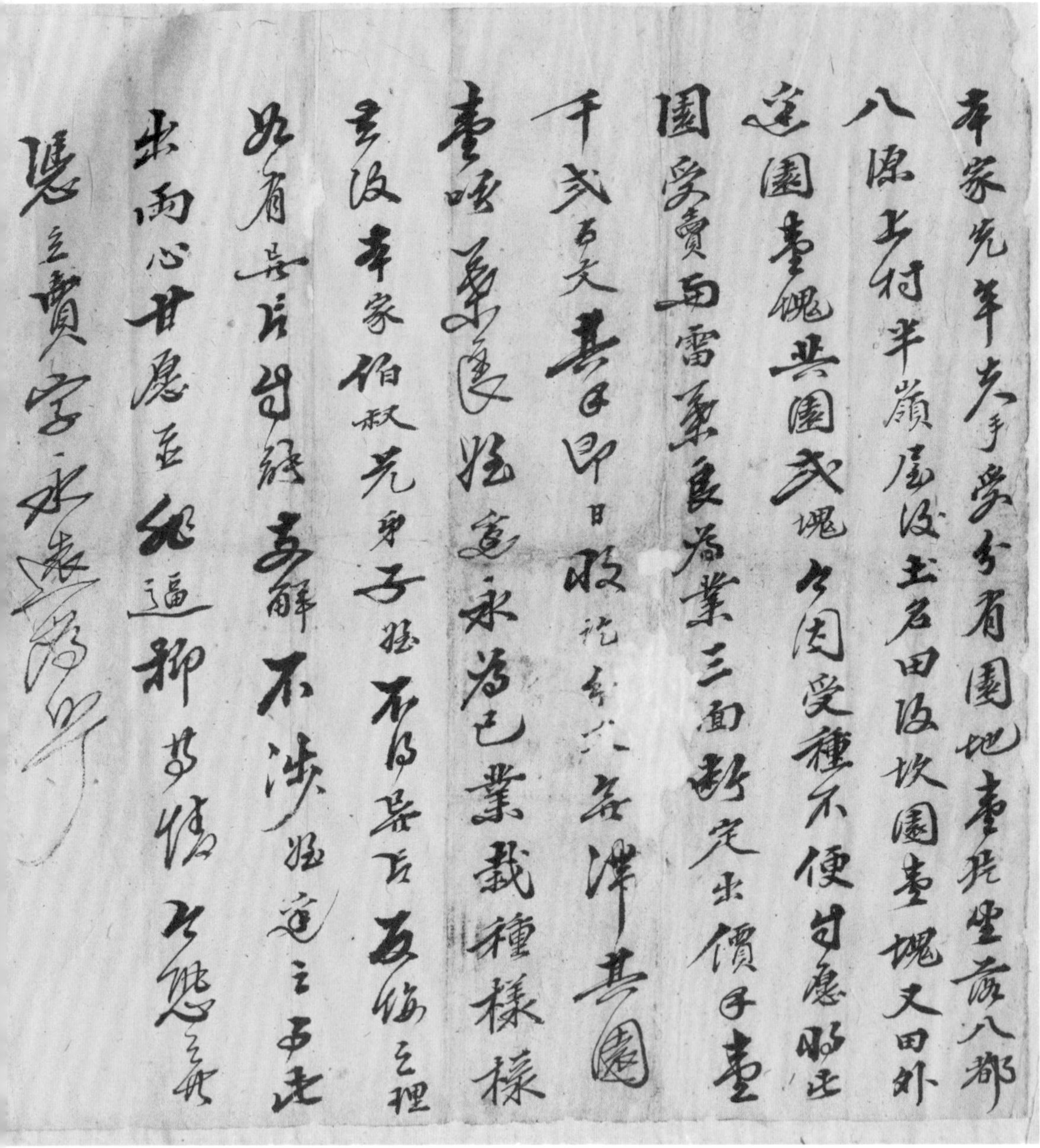
本家先年先手買有園地壹處坐落八都
八源上村半嶺屋後土名田後坎園壹塊又田外
逆園壹塊共園弍塊今因受種不便甘愿將此
園出賣與雷萬良爲業三面斷定出價錢壹
千弍百文其錢即日收訖分文無滯其園
壹聽萬良孫遠永爲己業栽種樣樣
無涉本家伯叔兄弟子孫不得異言反悔之理
如有異言自能支解不涉孫遠之事
出兩心甘愿並無逼抑等情今恐無
憑立賣字永遠爲照

(前頁)>>>>

本家先年父手受分有園地壹片，坐落八都
八源上村半嶺屋後，土名田後坎，園壹塊，又田外
邊園壹塊，共園弍塊，今因受種不便，自愿將此
園受賣與雷葉良爲業，三面断定，出價錢壹
千弍百文，其錢即日收訖，分文無滯，其園
壹听葉良姪邊永爲己業，栽種樣樣[籙]，
去後本家伯叔兄弟子侄不得异言反悔之理，
如有异言，自能支解，不涉姪邊之事，此
出兩心甘愿，並非逼抑等情，今恐無
憑，立賣字永遠爲照。

咸豐八年十月　□□□葉劉氏(押)

見字弟刘壹漢(押)

代筆孫　桂山(押)

同治五年葉明安立賣契

本家承分有水田壹墩坐八都八源坑頭土
名叁陽塘口安着其界上至大田下至坑左
至狂坑右至山為界計租陸碩旱計壹
畝八分正今因缺用自心情愿將此田立賣
契一帋賣与周宅步青親邊賣出錢叁拾千
文其錢即收清訖無留自賣之后一所
周邊收租管業其租遞年還完交還不敢
欠少如若欠少其田即仰周邊起佃耕種
本家不得異言之理日后如有原錢取
贖[illegible]

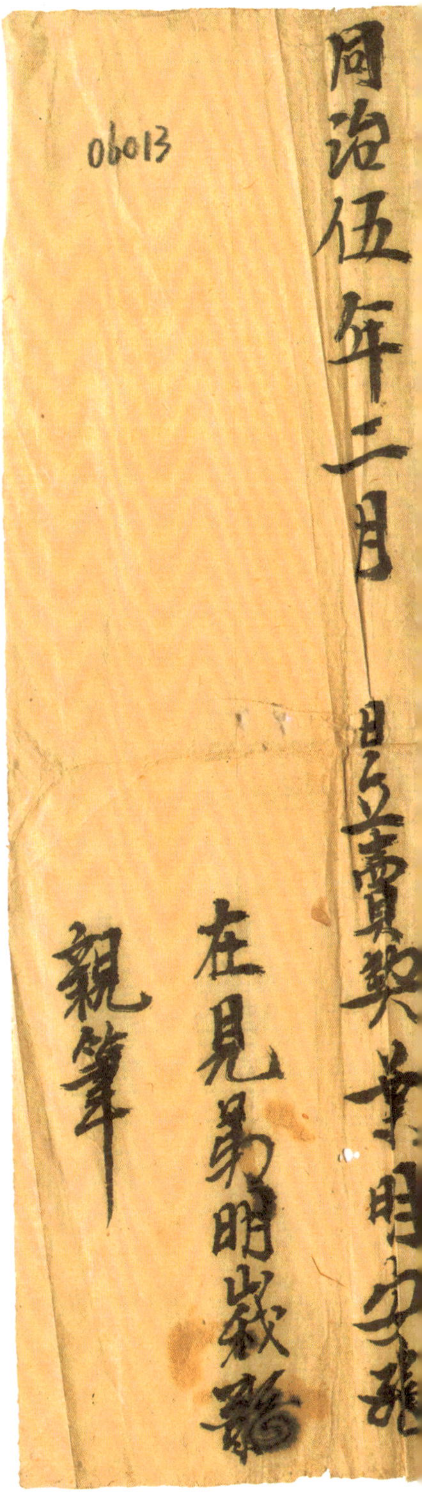
06013
同治伍年二月　日立賣契　葉明安(押)
在見弟明峩(押)
親筆

(前頁)>>>>

本家承分有水田壹塅，坐八都八源坑頭，土名叁隔塘口安着，其界上至大田，下至坑，左至狂坑，右至山爲界，計租陸碩早，計亩壹畝八分正，今因缺用，自心情愿，將此田立賣契一紙，賣与周宅步青親邊，賣出錢叁拾千文，其錢即收清訖無留，自賣之後，一听周邊收租管業，其租遞年送宅交还，不敢欠少，如若欠少，其田即仰周邊起佃耕種，本家不得異言之理，日后如有原錢取贖，周邊不得执留，今欲有據，立賣契爲照。

同治伍年二月　日立賣契　葉明安(押)

在見弟明峩(押)

親筆

同治六年葉家傳立收字

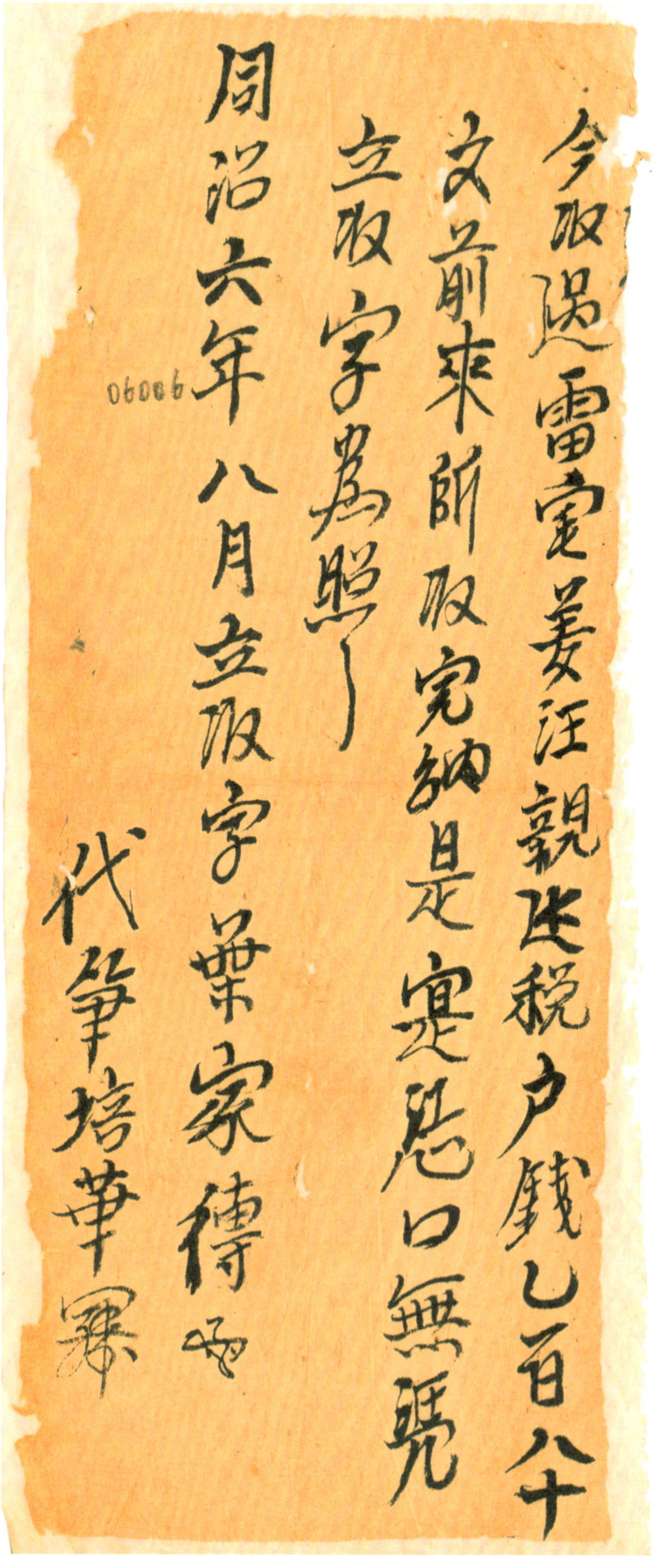

今收過雷宅姜汪親邊稅户錢一百八十文前來，所收完納是寔，恐口無憑，立收字爲照。

同治六年八月立收字葉家傳（押）

代筆培華（押）

同治六年周常泮立收字

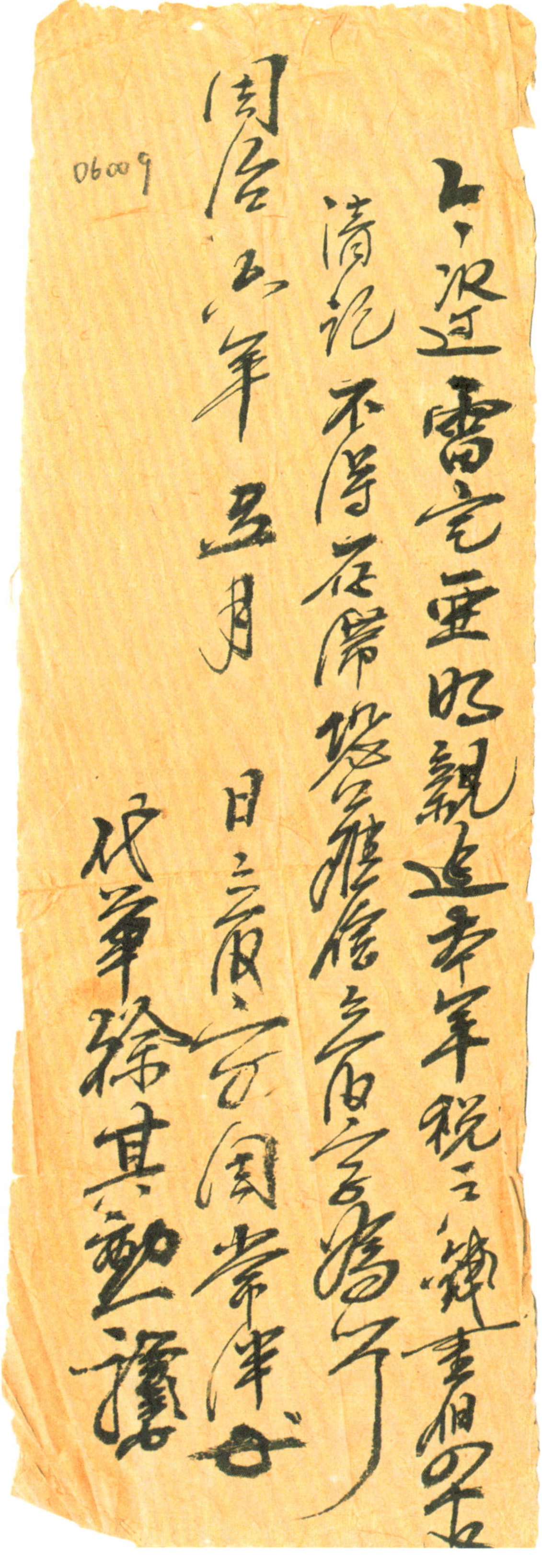

今收过雷宅亞明親邊本年税户錢壹佰四十文
清訖，不得存滯，恐口難信，立收字爲照。
同治六年五月　日立收字周常泮（押）
代筆徐其勳（押）

同治八年葉岳姝立找契

立找契葉岳姝本家先年出賣有水田乙段坐土
八都八源土名坑頭三隔塘口安着計租六石旱
其四至亩分前契訂明今因缺用自愿又立找
契再向周宅崇青親手邊找得價錢陸千文
其錢收訖無存自找之后其田一听周邊起佃耕
種貼糧完糧管業本家兄弟之侄不得異言找借
如办原價取贖周邊不得執留今欲有據
立找契為照
同治捌年十二月　日立找契葉岳姝親
代筆弟明岩親

（前頁）>>>>

立找契葉岳姝，本家先年出賣有水田一段，坐八都八原［源］，土名坑頭三隔塘口安着，计租六石早，其四至、亩分前契訂明，今因缺用，自愿又立找契，再向周宅步青親邊找得價錢陸千文，其錢收訖無存，自找之后，其田一听周邊起佃耕種，貼税完糧管業，本家兄弟之［子］侄不得異言找借，如办原價取贖，周邊不得执留，今欲有據，立找契爲照。

同治捌年十二月　日立找契葉岳姝（押）

代筆弟明衰（押）

同治十二年葉日耀立借字

立借字葉日耀先年出賣有山茶园
一片坐落八都八源坑頭土名龍頭安
着四至前字載明不必再寫今因世
處所出憑迹重由劝再向雷宅經旺親
迹
格外借出錢弍百文其錢即日收
訖此园自借退以後憑听雷
迹改舊換新永為己業異迹
伯叔兄子侄不得有另生枝節
之弊恐口無憑立借退字
永遠大吉存照

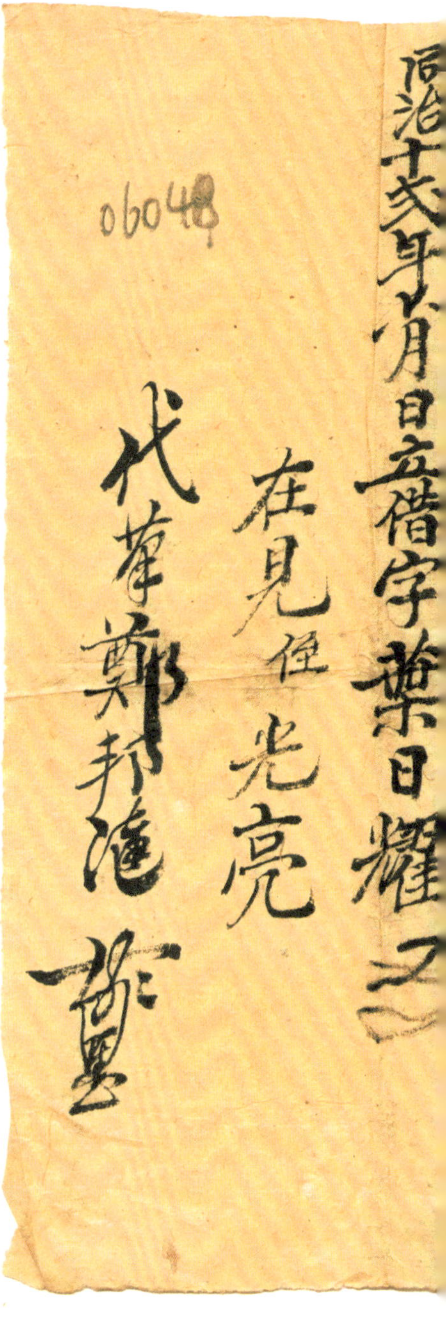
06048
同治十弍年六月日立借字葉日耀（押）
在見侄 光亮
代筆鄭邦漣（押）

（前頁）>>>>

立借字葉日耀，先年出賣有山茶园一片，坐落八都八源坑頭，土名壟頭安着，四至前字載明，不必再書，今因無處所出，憑衆岫劝，再向雷宅經旺親边格外借出錢弍百文，其錢即日收訖，此园自借退以後，尽听雷边改舊换新，永爲己業，葉边伯叔兄子侄不得有另生枝節之獘［弊］，恐口無憑，立借退字永遠大吉爲照。

同治十弍年六月日立借字　葉日耀（押）

在見侄　光亮

代筆鄭邦漣（押）

光緒三年雷正□立憑票、光緒十八年立收票

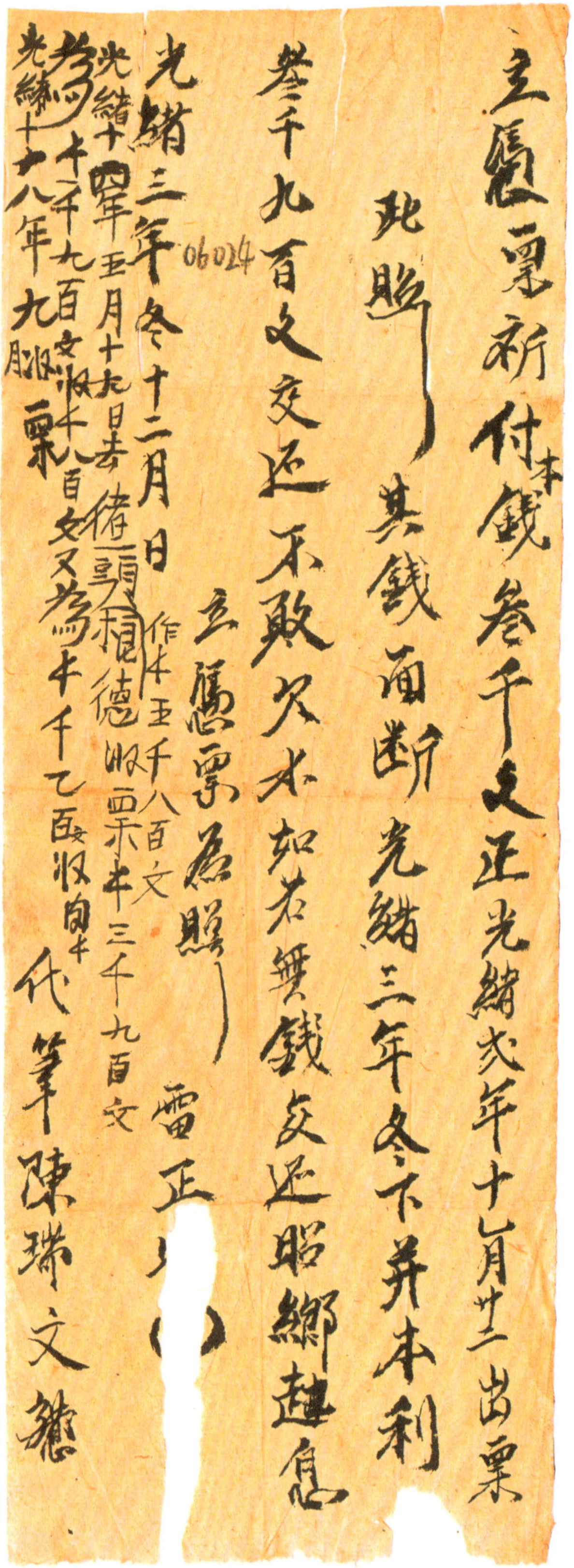

立憑票，祈付本錢叁千文正，光緒弍年十一月廿二出票。

此照　其錢面断光緒三年冬下並本利

叁千九百文交还，不敢欠少，如若無錢交还，昭［照］鄉起息，

立憑票爲照。　雷正□（押）

光緒三年冬十二月日

光緒十四年五月十九日，去猪一頭，作錢五千八百文，根德收票錢三千九百文，

爲錢一千九百文，收錢八百文，又爲錢千乙百文，收肉錢。

光緒十八年九月收票

代筆陳瑞文（押）

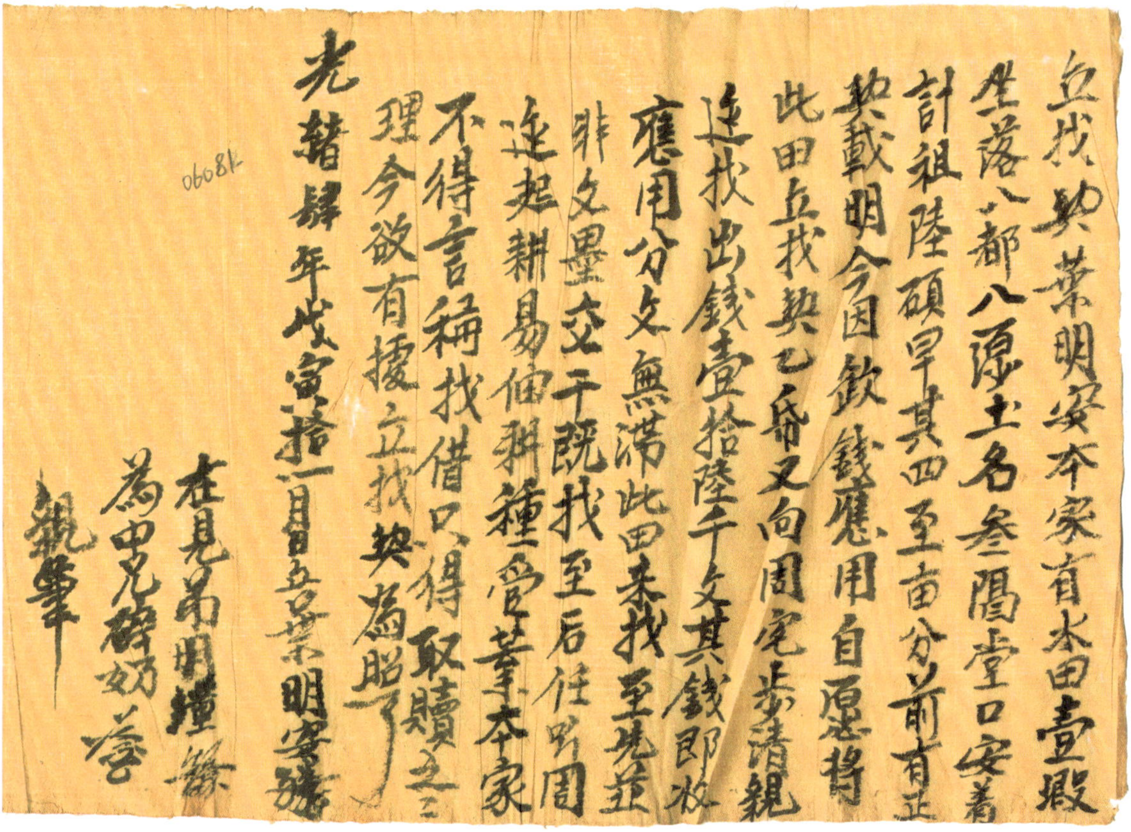

立找契葉明安，本家有水田壹坵，
坐落八都八源，土名叁隔堂口安着，
計租陸碩早，其四至、亩分前有正
契載明，今因缺錢應用，自愿将
此田立找契一紙，又向周宅步清親
邊找出錢壹拾陸千文，其錢即收
應用，分文無滯，此田未找至[之]先，並
非文墨交干，既找至[之]后，任听周
邊起耕易佃耕種管業，本家
不得言稱找借，只得取贖之
理，今欲有據，立找契爲照。

光緒肆年戊寅拾一月日立葉明安（押）

在見弟明鐘（押）

爲中兄碎奶（押）

親筆

光緒六年周維行立收字

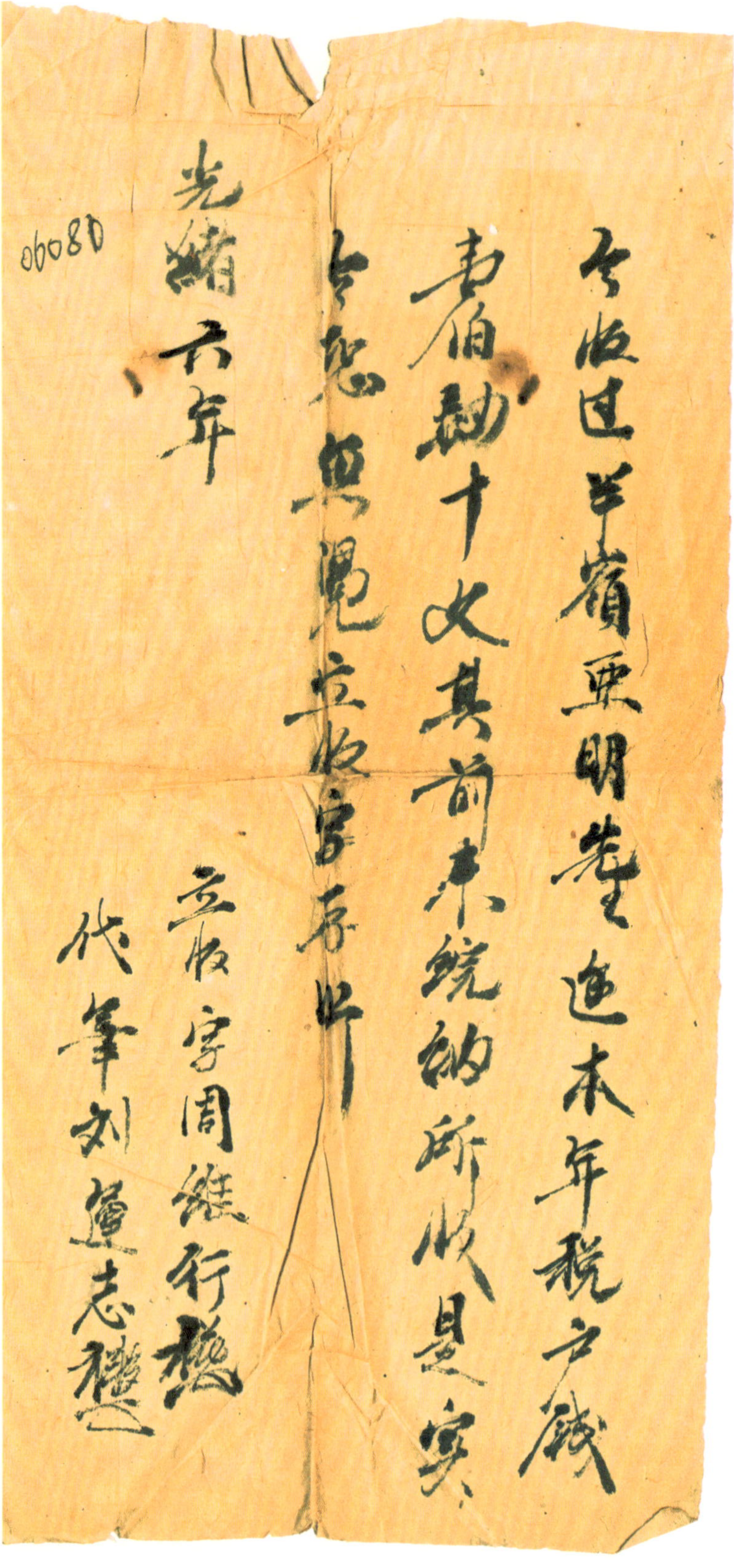

今收过半嶺亞明先生邊本年税户錢
壹伯[佰]肆十文，其前來綂[完]納，所收是实，
今恐無憑，立收字爲照。

光緒六年　立收字周維行（押）
代筆刘運志（押）

光緒十九年葉應光付甲田銀票

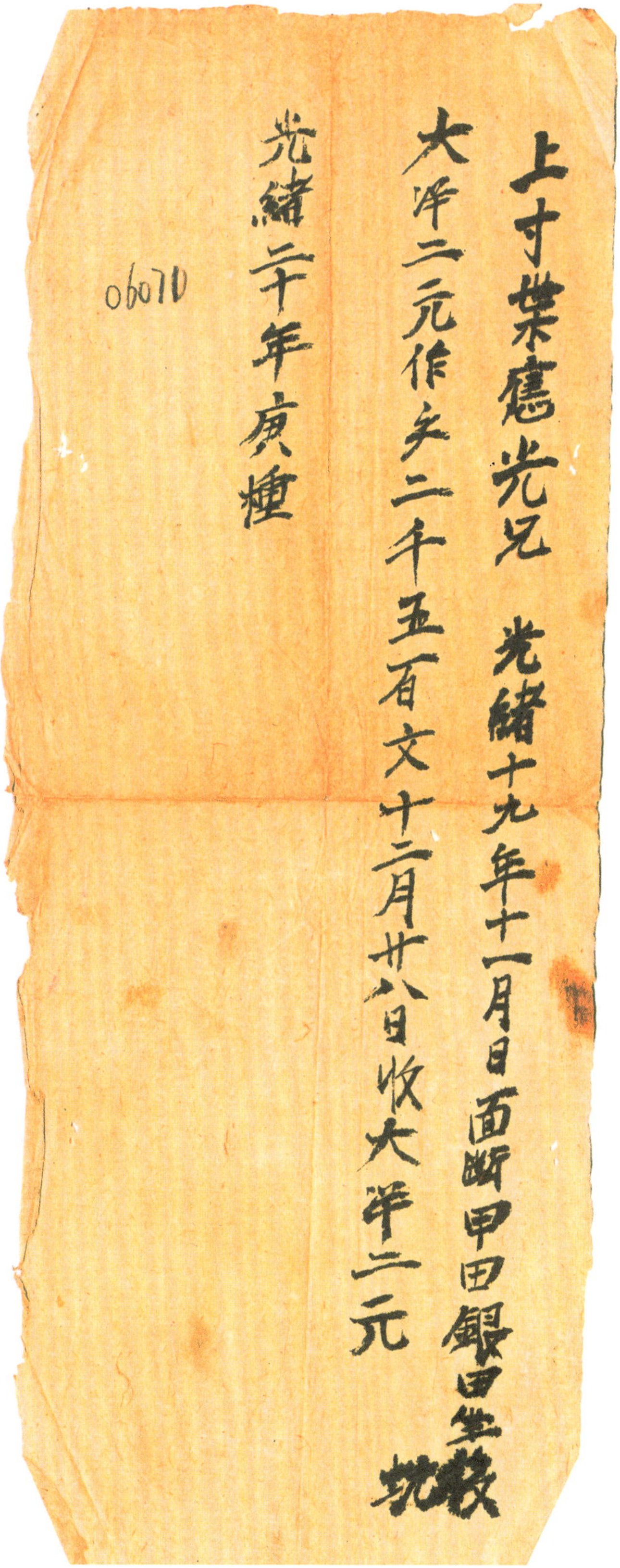
上寸業應光兄　光緒十九年十一月日面断甲田銀田坐後坑
大洋二元作钱二千五百文十二月廿八日收大洋二元
光緒二十年庚種
06070

上寸［村］業［葉］應光兄　光緒十九年十一月日面断甲田銀，田坐後坑，
大洋二元，作錢二千五百文，十二月廿八日收大洋二元，

光緒二十年庚［耕］種。

光緒二十七年青田縣黄坦分縣提單

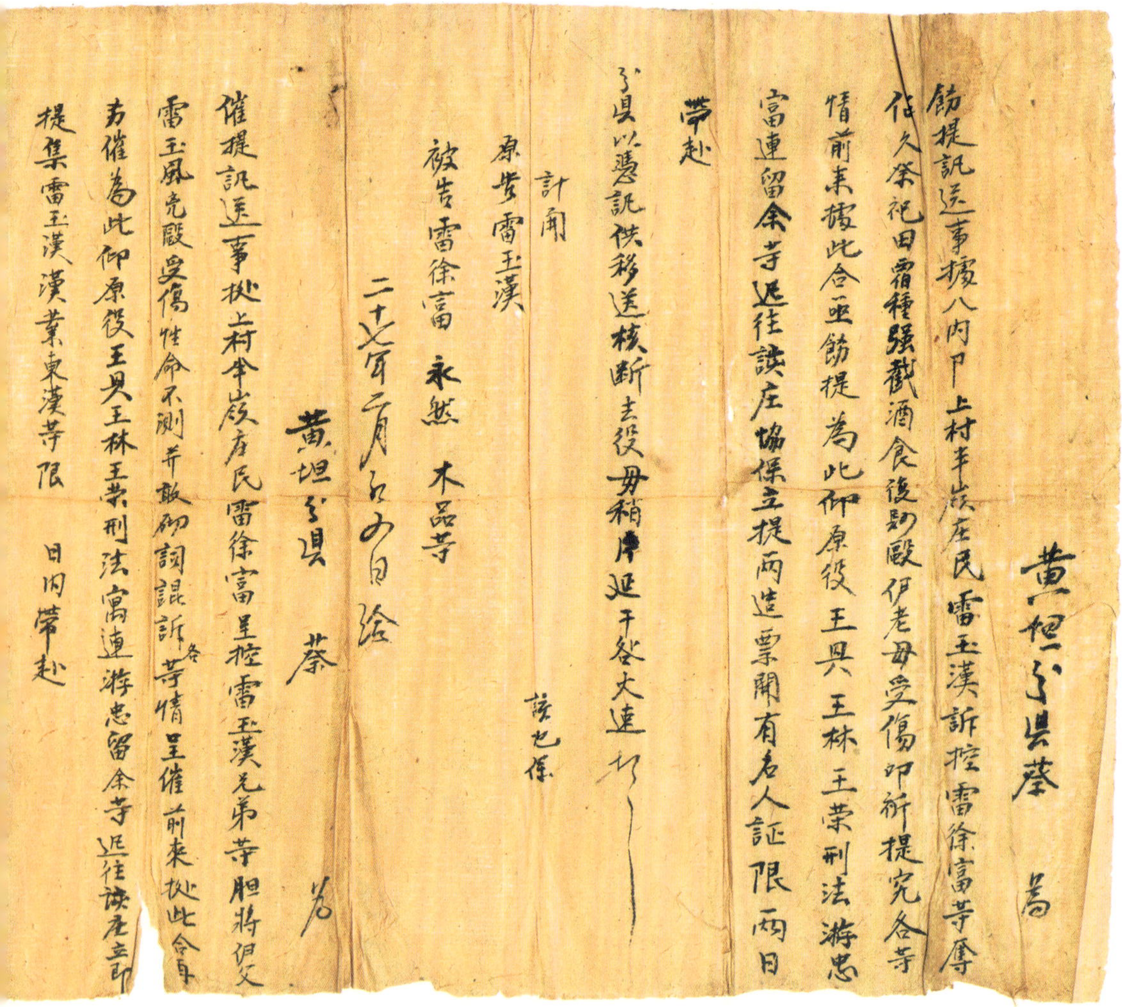
黄坦分縣蔡　爲
飭提訊送事。據八内戶上村半嶺庄民雷玉漢訴控雷徐富等屠
伐久祭祀田霸種强截酒食復敺毆伊老母受傷叩祈提究各等
情前來。據此合亟飭提。爲此仰原役王興、王林、王棠、刑、法、游忠、
富、連、留、余等迅往該庄協保立提兩造票開有名人証限兩日
帶赴
分縣以憑訊供移送核斷去役毋稍庠延干咎火速
計開
原告雷玉漢
被告雷徐富　永然　木品等
該地保
二十七年三月十四日給
黄坦分縣蔡　爲
催提訊送事。拠上村半嶺庄民雷徐富呈控雷玉漢兄弟等胆將伊父
雷玉鳳兇毆受傷性命不測并敢砌詞誑訴各等情呈催前來。拠此合再
而催。爲此仰原役王興、王林、王棠、刑、法、富、連、游忠、留、余等迅往該庄立即
提集雷玉漢、漢業、東漢等限日内帶赴

（前頁）>>>>

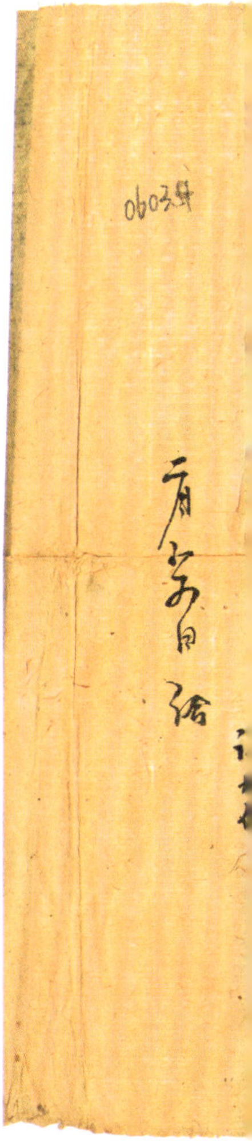

黄坦分县蔡　爲
飭提訊[訊]送事，據八内卩[都]上村半嶺庄民雷玉漢訴控，雷徐富等奪佔久祭祀田霸種，强截酒食，復肆毆伊老母受傷，叩祈提究各等情前來，據此，合亟飭提，爲此仰原役王夙、王林、王榮，刑法游忠、富連、留余等迅往談庄，協保立提兩造票開有名人証，限兩日帶赴
分县，以憑訊[訊]供，移送核断，去役毋稍片延，干咎大速，口

計開　該地保

原告雷玉漢

被告雷徐富　永然　木品等

二十七年二月　初四日給

黄坦分县　蔡　爲
催提訊[訊]送事，據上村半嶺庄民雷徐富呈控，雷玉漢兄弟等胆將伊父雷玉風兇毆受傷，性命不測，並敢砌詞誆訴各等情，呈催前來，據此，合再飭催，爲此仰原役王夙、王林、王榮，刑法寓[富]連、游忠、留余等迅往该庄，立即提集雷玉漢、漢葉、東漢等，限　日内帶赴
分县，以憑訊[訊]明移究，去役毋稍片延，干咎，□□

该地保

二月初四日給

光緒二十九年周長有立收字

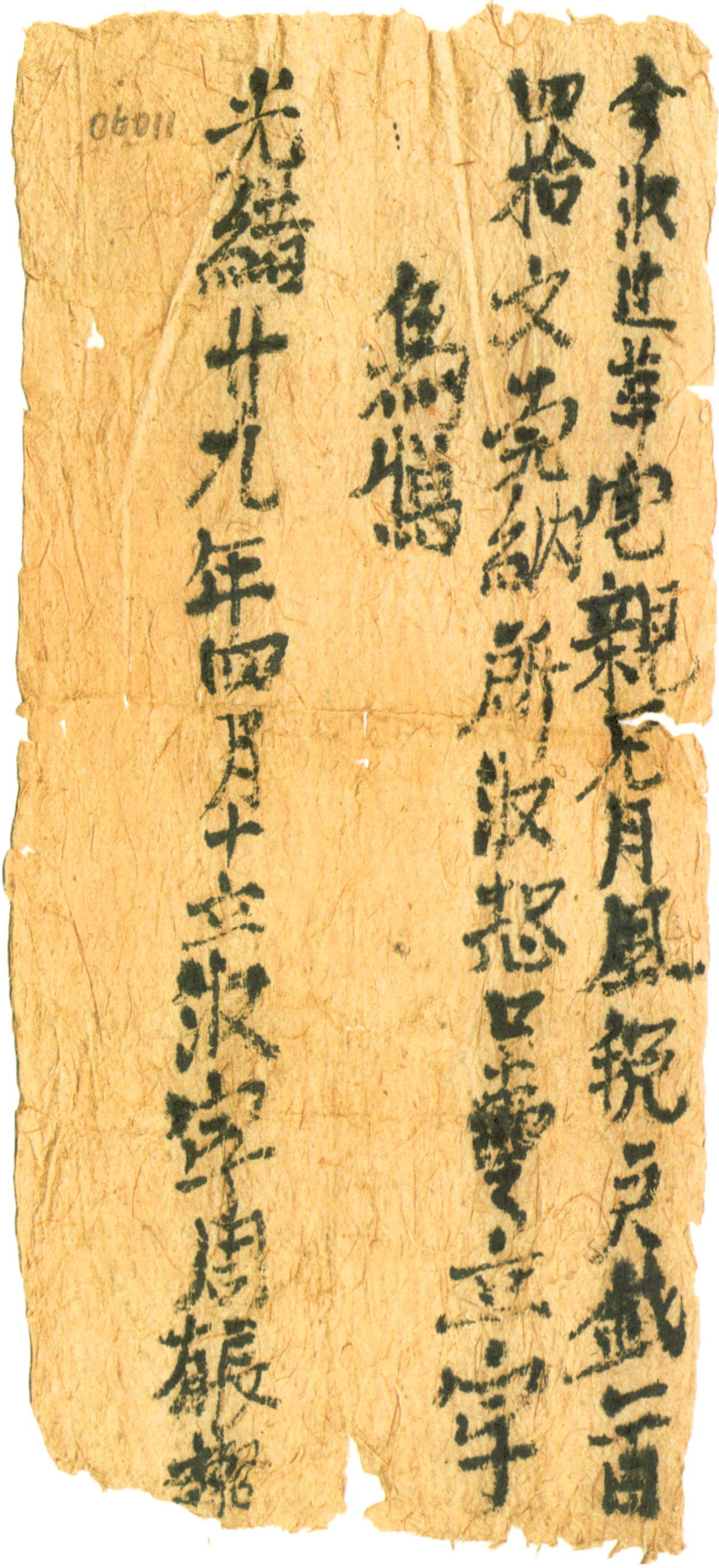

今收过華宅親兄月風稅户錢一百
四拾文完納，所收恐口貢，立字
爲照。

光緒廿九年四月十立收字周長有（押）

立借豬字雷漢業本家欄下養有豬一隻今因缺艮
應用自心情愿立当豬字紙向為　親廷当出
英洋六元正其艮即日收訖無滯分文其利面訂加二起
息其艮亦訂冬下本利交還不敢欠少如若欠少照鄉行
息依利作本恐口無憑立借字為照
日立借字雷漢業
光緒叁十弍年正月
代筆周益順聰

06072

(前頁)>>>>

立㑇[當]猪字雷漢業，本家欄下養有猪一隻，今因缺銀應用，自心情愿，立当猪字一紙，向爲□□□親邊，当出英洋六元正，其銀即日收訖，無滯分文，其利面訂加二起息，其銀亦訂冬下本利交還，不敢欠少，如若欠少，照鄉行息，依利作本，恐口無憑，立㑇[當]字爲照。

光緒叁十弍年正月　日立㑇[當]字雷漢業(押)

代筆周益順(押)

立賣截契人葉會澤，本家自置有園坦四塊，坐落本村，其在[illegible]都八源

土名上村半嶺安，有其界上至葉詢義界，下至葉周生山，左至周生

山，右至詢義界山為界，俱出四至分明。今因缺[illegible]用，自願將此園址

四塊賣與雷漢業兄邊為業，三面言作價鴻洋貳元五角正，其洋

即日收足無滯，其園任聽雷邊永遠耕種管業，去後不得有找

贖之理。此[illegible]業，並無內外人等交墨亦関無房伯叔兄弟

子侄等不得言三語四，如有此事，本家自能支當，不涉錢主之事。

授受兩願，並無逼抑返悔等情，恐口難憑，立賣截契永遠為照。

中華民國元年歲在壬子荷月吉日立賣截契葉會澤　〇

在見　葉文昔　〇

執筆　周溢卿　（押）

（前頁）>>>>

立賣截契，本家接買有荒园坪四塊，並松樹苗在内，坐落八内都八源，土名上村半嶺安着，其界上至葉訓義衆山，下至葉周生山，左至周生山，右至訓義衆山爲界，俱出四至分明，今因缺□应用，自願將此园坪四塊賣與雷漢業兄邊爲業，三面订作價鸿洋弍元五角正，其洋即日收並無滯，其园任听雷邊永遠耕種管業，去後不得有找贖之理，此□□□業並無内外人等文墨交關，並及伯叔兄弟子侄亦不得言三語四，如有此事，本家自能支當，不涉錢主之事，授受兩願，並無逼抑返悔等情，恐口难憑，立賣截契永遠爲照。

中華民國元年歲在壬子荷月吉日□□□契葉會澤（押）

在見　葉文昔（押）

执筆　周溢鄉（押）

民國三年雷玉漢兄弟立分議據

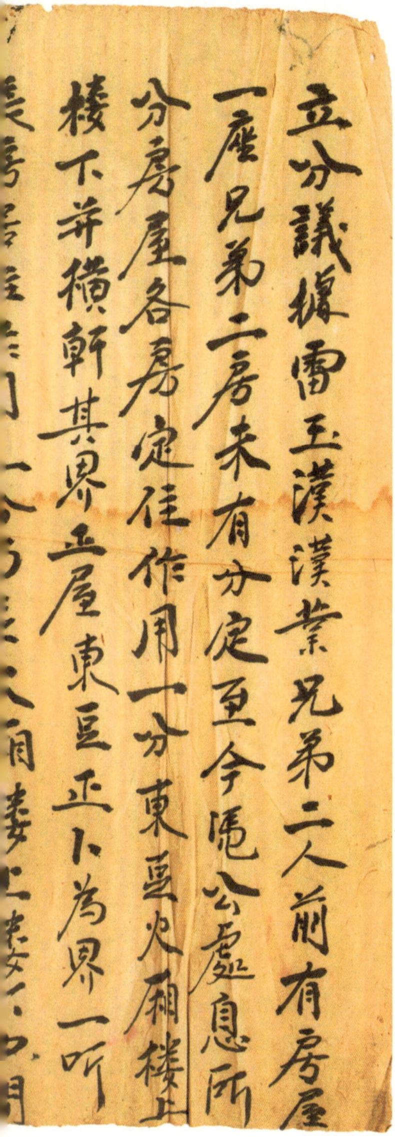
立分議據雷玉漢漢業兄弟二人前有房屋
一座兄弟二房未有分定至今憑公處息所
分房屋各房定住作用一分東邊火廂樓上
樓下并横軒其界至屋東邊正下爲界一听

用中間兩房有喜事亦作衆用如時中
間閒開用任听弍房作用屋後菜園各房完
祖十斤兄弟二人去后不許言三語四之理恐
口無憑立分議據為照

06012

合同

中華民國三年又五月　日立分議據　雷玉漢（押）

仝弟　雷漢業（押）

憑房兄　雷五業（押）

葉仁兒（押）

地保　葉光溪（押）

執筆　葉崴峯（押）

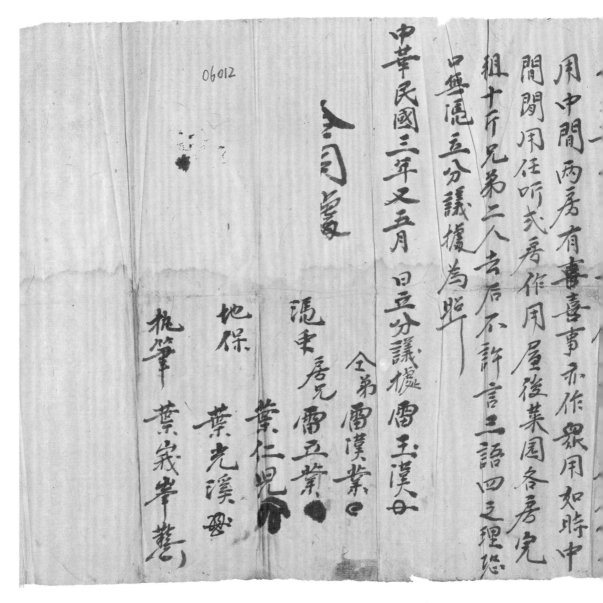

（前頁）>>>>

立分議據雷玉漢、漢業兄弟二人，前有房屋一座，兄弟二房未有分定，至今憑公處息，所分房屋各房定住作用，一分東豆火厢楼上楼下並横軒，其界正屋東豆正卜爲界，一听長房居住作用，一分西豆火厢楼上楼下中間並後廾，其界東豆正卜爲界，一听弌房居住作用，中間兩房有喜事亦作衆用，如時中間閒用，任听弌房作用，屋後菜园各房完租十斤，兄弟二人去后不許言三語四之理，恐口無憑，立分議據爲照。

中華民國三年又五月　日立分議據雷玉漢（押）

仝弟雷漢業（押）

合同據　憑衆房兄雷立業（押）

地保葉仁兒（押）

葉光溪（押）

執筆葉莪峰（押）

民國六年雷玉漢立當字

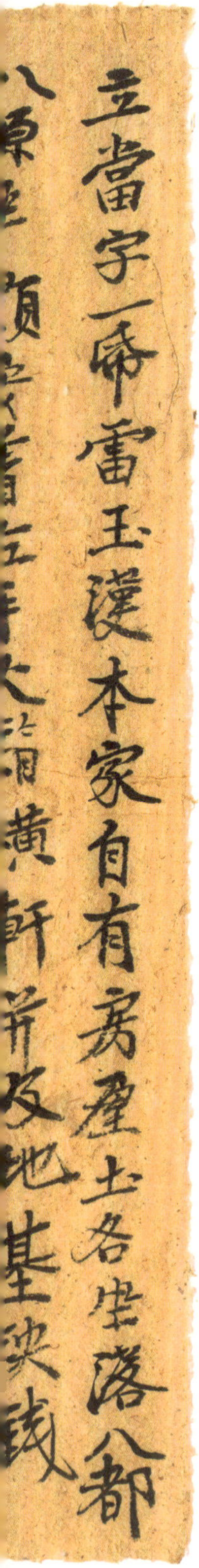
立當字一紙雷玉漢本家自有房屋土名坐落八都

廳用自心情愿當与兄迁漢業付英洋十元
房屋一廳兄迁永遠管業三年内當字帋
三年外當字作賣字帋以后兄弟子侄不許
言三語四恐口無憑玉漢兄迁聿能滯解
立當字永遠為照

06022

民國六年十月十五日立當字雷玉漢（押）
在見雷永福（押）
為中雷徐富（押）
代筆鍾承芝（押）

（前頁）>>>>

立當字一紙雷玉漢，本家自有房屋，土名坐落八都八源半嶺安着，左手火箱横軒並及地基，缺錢應用，自心情愿，當爲兄邊漢業，付英洋十元，房屋一應兄邊永遠管業，三年内當字紙，三年外當字作賣字紙，以后兄弟子侄不許言三語四，恐口無憑，玉漢兄邊聿能滯[支]解，立當字永遠爲照。

民國六年十月十五日立當字雷玉漢（押）

在見雷永福（押）

爲衆雷徐富（押）

代筆鍾承芝（押）

民國六年葉聖標立收字

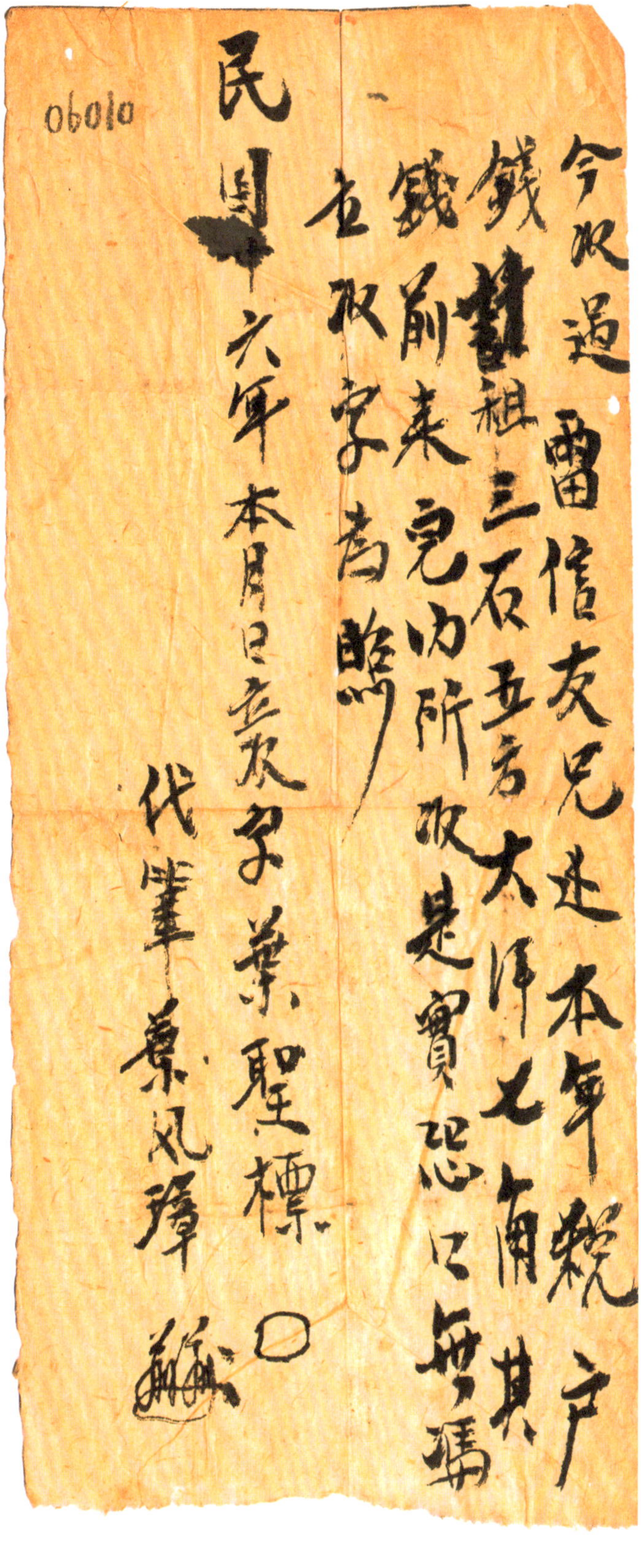

今收過雷信友兄邊本年税户
錢，計租三石五方，大洋七角，其
錢前來完内[納]，所收是實，恐口無憑，
立收字爲照

民國六年本月日立收字葉聖標（押）
代筆葉风璋（押）

雷永壽屋契包契紙

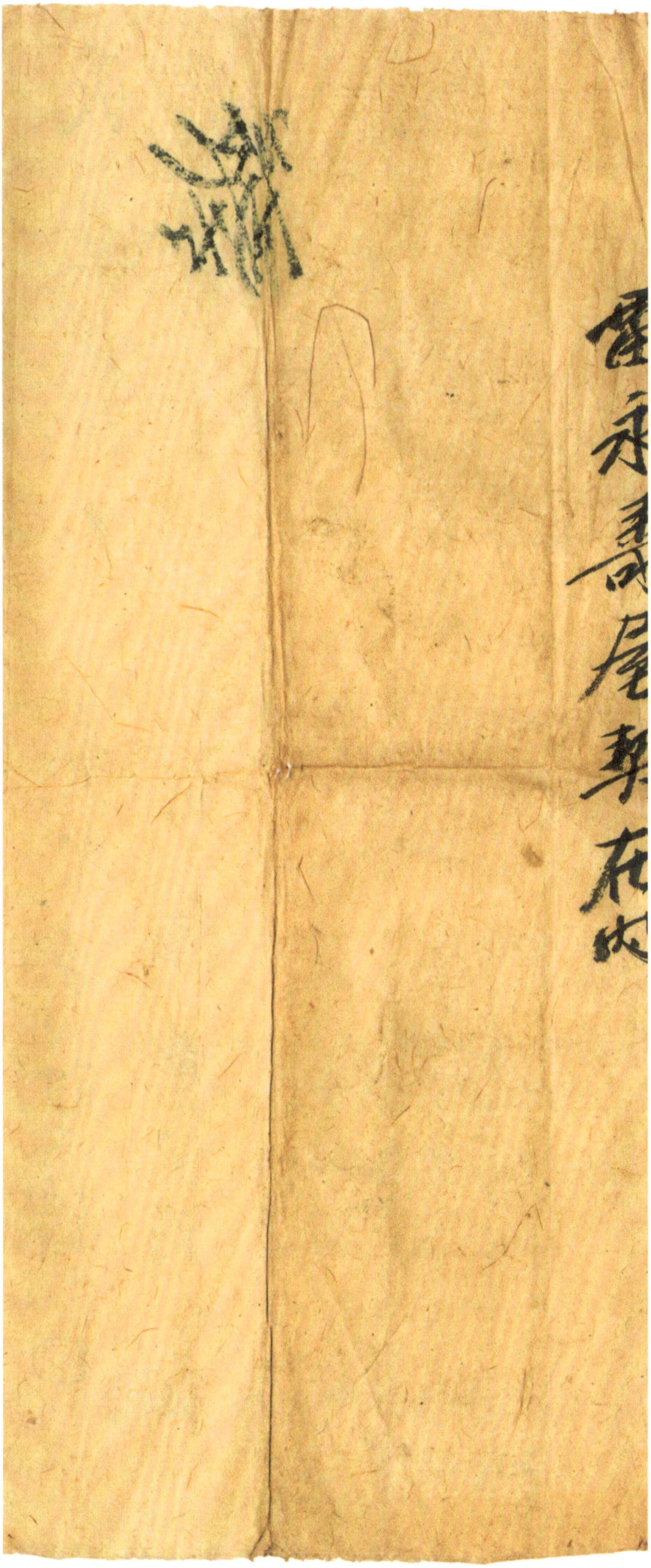

雷永壽屋契在内

民國八年雷永壽立賣契

崇坟鋪菜园在内，今因缺用，自愿将此苍尾等
卖与雷汉业叔边，作价英洋陆元正，其洋即
日收讫，分文无滞。此屋既卖之后，任听叔边封锁
居住，侄边不得有执，如有奸人混行争执，侄边自
能支当，不涉叔边之事。恐后无凭，立卖契为照。
此契係银付双粮田代退帐款

中华民国卅年十二月　日立卖契　雷永寿（押）
在见　雷碎义（押）
凭中　雷木品（押）
代笔　叶衍蕃（押）

（前頁）>>>>

立賣契雷永壽，兹因父手與叔均分有蒼[倉]屋半座，坐落八都八源上村半嶺坑水安着，上及椽料、瓦片，下及磉子、地基，又蒼[倉]屋门前竹園及雜柴、灰鋪、菜园在内，今因缺用，自愿将此蒼[倉]屋等賣於雷漢業叔邊，作價英洋陸元正，其洋即日收訖，分文無滯，此屋既賣之後，任听叔邊封鎖居住，侄邊不得有執，如有奸人混行争執，侄邊自能支当，不涉叔邊之事，恐後無憑，立賣契爲照。

此契價銀付双格田代認帳[賬]款。

中華民國捌年十二月　日　立賣契　雷永壽（押）

在見雷碎義（押）

憑中雷木品（押）

代筆葉衍蕃（押）

民國十一年周憲初立收字

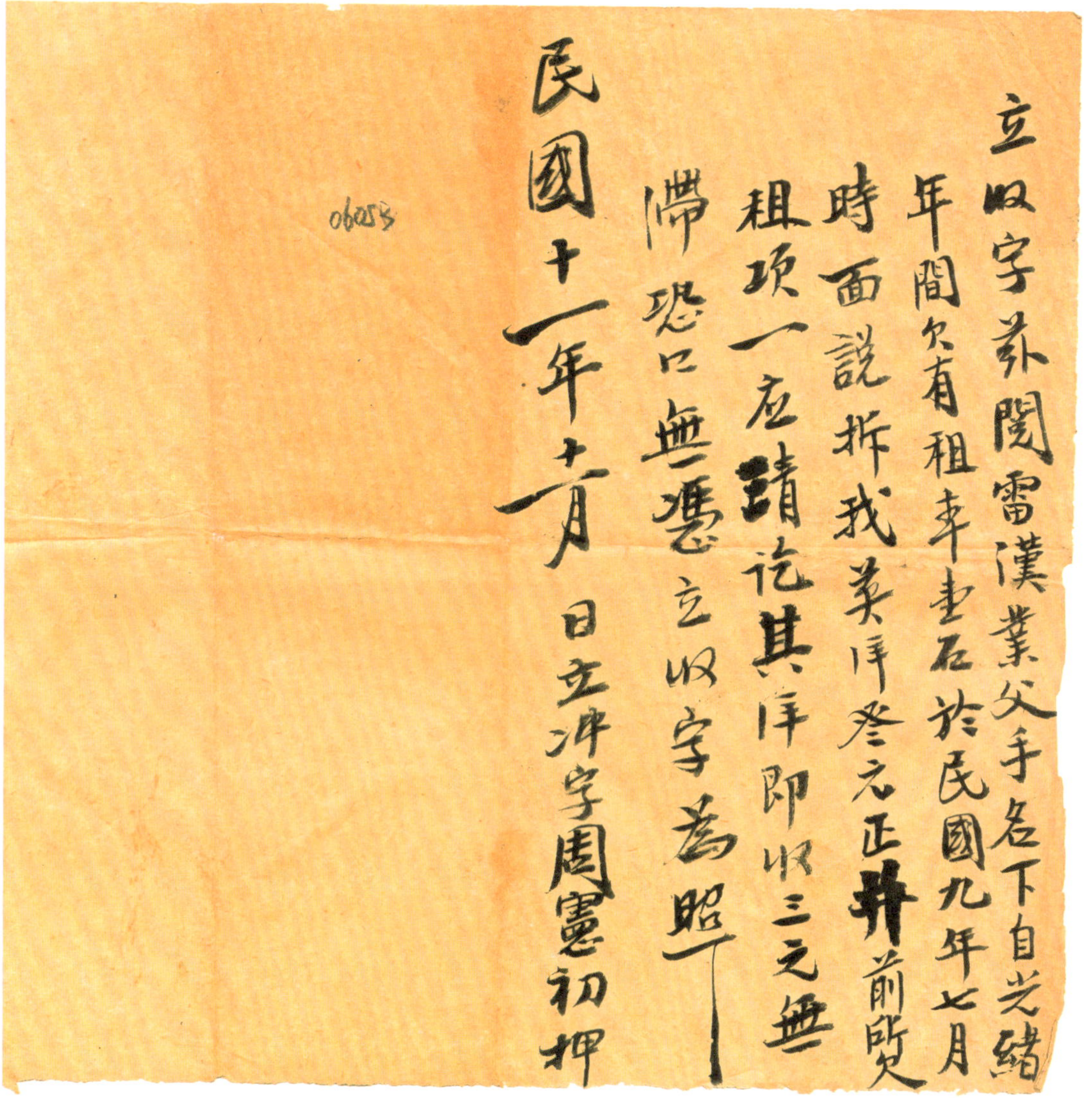

立收字，兹閔雷漢業父手名下自光緒
年間欠有租本壹石，於民國九年七月
時面説，拆我[找]英洋叁元正，並前所欠
租項一应清訖，其洋即收三元無
滯，恐口無憑，立收字爲照。

民國十一年十一月日立收字周憲初押

民國十三年周土玲立收字

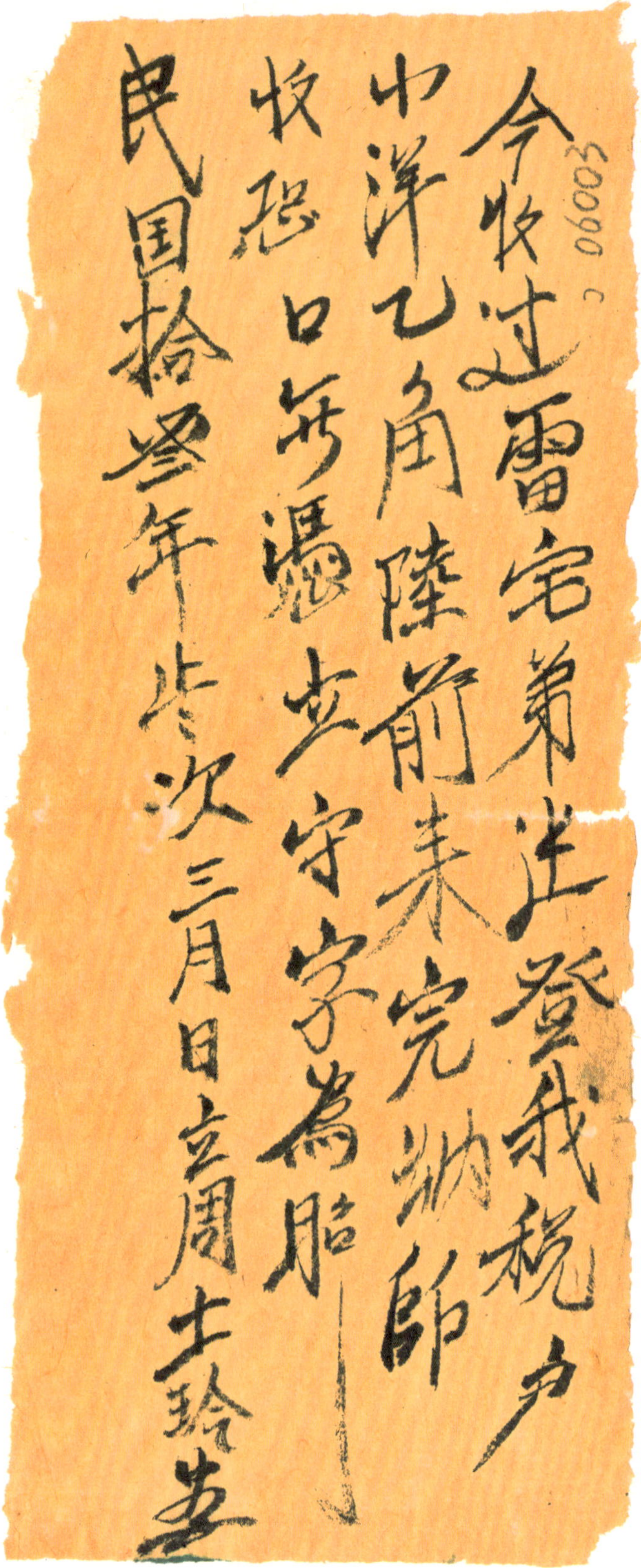

今收过雷宅弟邊登我[找]税户
小洋一角陸前來完納，即
收，恐口無憑，立守[收]字爲照。
民国拾叁年歲次三月日立周土玲（押）

立借字葉昌壽等有衆山一處坐落鐵
川李嶺安着其四至照前會簿出賣正契
載明今因缺用再向雷漢葉見進借出大
洋壹元正，此洋言明其洋當收其山今借
之后李家兄弟人等永不得言稱再借
生情，外有别情，本家支當，不干雷邊之
事。恐口無憑，立此借字永遠存照。

民國十五年　月　日立借字葉昌壽○

葉谷壽押

葉娃兒○

湛中葉𤇆興押

代筆葉瑞進押

(前頁)>>>>

立借字葉昌壽等，有衆山一片，坐落讓川半嶺安着，其四至照前會泽出賣正契掌管，今因缺用，再向雷漢葉兄邊借出大洋壹元小洋陆角，其洋當收無少，此山今借之后，本家兄弟人等永不得言称再借等情，如有别情，亦能支当，不干雷邊之事，恐口無憑，立此借断字永遠存照。

民國十五年杏月　日立借字葉昌壽(押)

葉谷壽(押)

葉娃兒(押)

憑中　葉德興(押)

代筆　葉瑞庭(押)

民國十七年周立良立收字

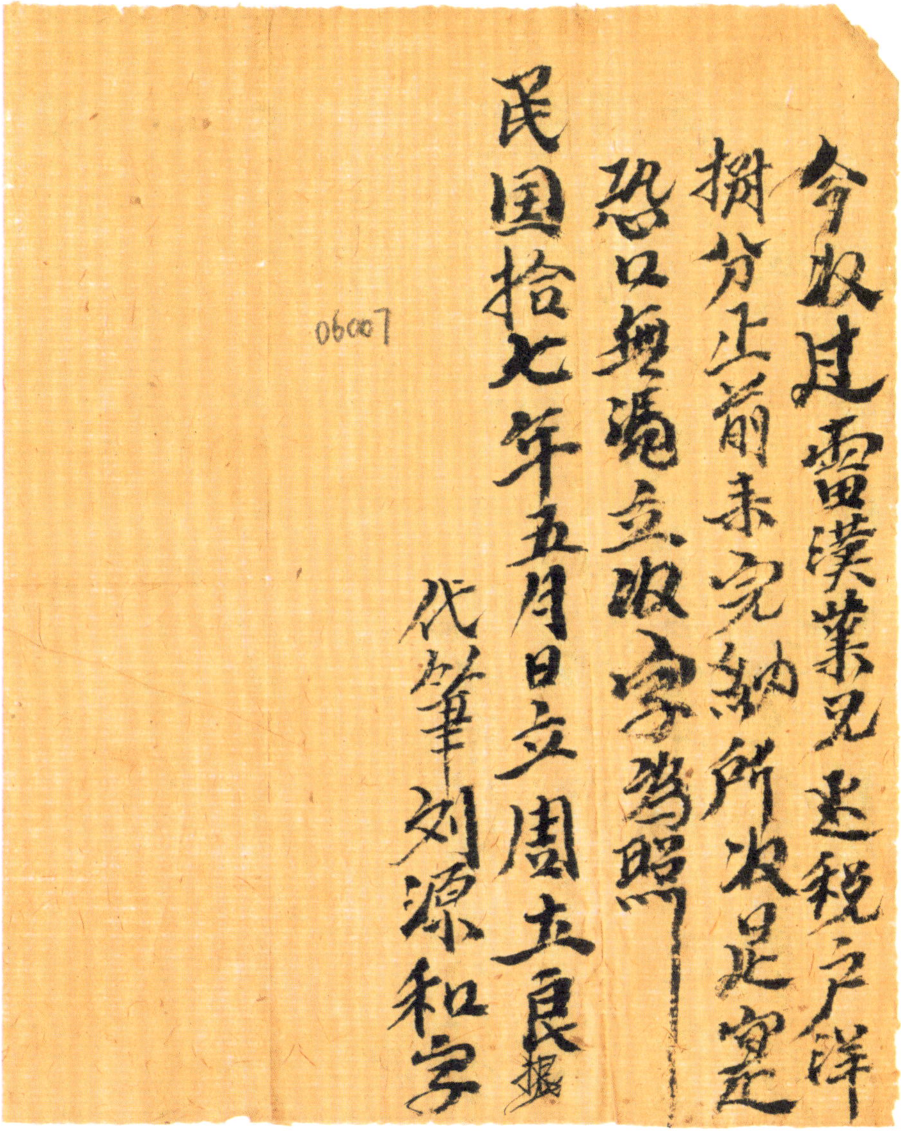

今收过雷漢業兄邊税户洋

捌分正，前来完納，所收是寔，

恐口無憑，立收字爲照。

民国拾七年五月日立周立良（押）

代筆刘源和（押）

民國二十年雷登元母立當字

立當字雷登元母本家有山場園坪壹片松杉雜柴一應
在内坐落八都八源上村半領后半山安着今因缺銀
應用向爲雷廷漢業當出大洋拾元正此山場二古合壹
其洋即日收訖分文無滯自心情原加二利昔三面斷定
四年以前利昔青訖四年以外無利雷廷遠山樣祿再一
挿來遠起種官葉此私兩心情原不許反責之理如
有此色自能支當四年利青接还元加去續雷廷不得
只當本家伯叔兄弟子侄不得異言反悔之理恐口無
憑立當字爲照

民國貳拾年十二月　日立當字　雷登元母

在見　雷業崇

（前頁）>>>>

立當字雷登元母，本家有山塲園坪壹片，松杉雜柴一應在内，坐落八都八源上村半領后半山安着，今因缺銀應用，向爲雷邊漢業當出大洋拾元正，此山塲二古〔股〕合壹，其洋即日收訖，分文無滯，自心情源〔願〕，加二利昔〔息〕，三面断定，四年以前利昔〔息〕青〔清〕訖，四年以外無利，雷邊起山樣禄再〔栽〕插，永遠起種官〔管〕業，此私〔係〕兩心情源〔願〕，不許反賣之理，如有此色，自能支當，四年利青〔清〕，□还元〔原〕加〔價〕去〔取〕贖，雷邊不得只〔執〕留，本家伯叔兄弟子侄不得異言反悔之理，恐口無憑，立當字爲照。

民國弍拾年　十二月　日立當字　雷登元母（押）

在見　雷葉崇（押）

憑中

代筆　藍富仁（押）

民國二十年葉大聽立賣契

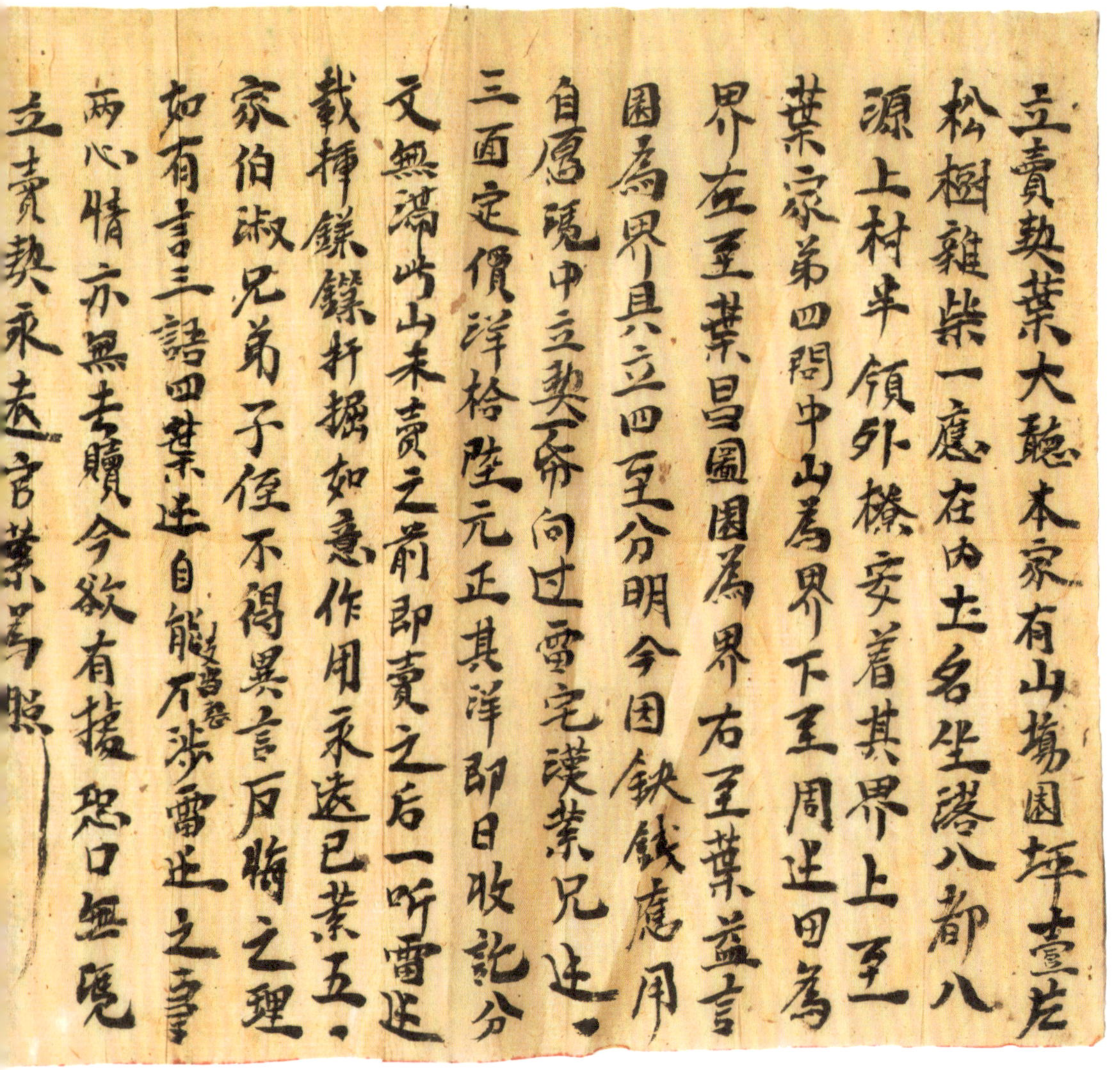

立賣契葉大聽本家有山場園坪壹片
松樹雜柴一處在内土名坐落八都八
源上村半領外櫞安着其界上至
葉家弟四間中山為界下至周姓田為
界左至葉昌圖園為界右至葉益言
園為界具立四至分明今因缺錢應用
自愿憑中立契賣與向过雷宅漢葉兄边
三面定價洋拾陸元正其洋即日收訖分
文無滯此山未賣之前即賣之后一听雷姓
栽插鋤鏫扦掘如意作用永遠已業五
家伯淑兄弟子侄不得異言反悔之理
如有言三語四葉姓自能支當不涉雷姓之事
两心情亦無去贖今欲有據恐口無憑
立賣契永遠言葉界為照

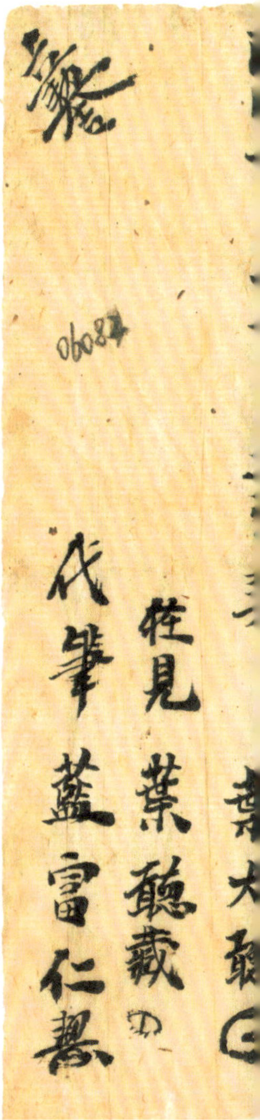

（前頁）>>>>

立賣契葉大聽，本家有山塲園坪壹片，松樹、雜柴一應在內，土名坐落八都八源上村半領外橑［寮］安着，其界上至葉家弟四問中山爲界，下至周邊田爲界，左至葉昌圖園爲界，右至葉益言園爲界，具立四至分明，今因缺錢應用，自愿憑中立契一紙，向过雷宅漢業兄邊，三面定價洋柗［拾］陸元整，其洋即日收訖，分文無滯，此山未賣之前，即［既］賣之后，一听雷邊栽插鎌［篠］簶扦掘，如意作用，永遠己業，五［吾］家伯淑［叔］兄弟子侄不得異言反悔之理，如有言三語四，葉邊自能支当（押），不涉雷邊之事，兩心情（願），亦無去［取］贖，今欲有據，恐口無憑，立賣契永遠官［管］業爲照。

民國二十年十二月日立賣契　葉大聽（押）

在見　葉聽藏（押）

代筆　藍富仁（押）

民國二十一年雷登元母立賣契

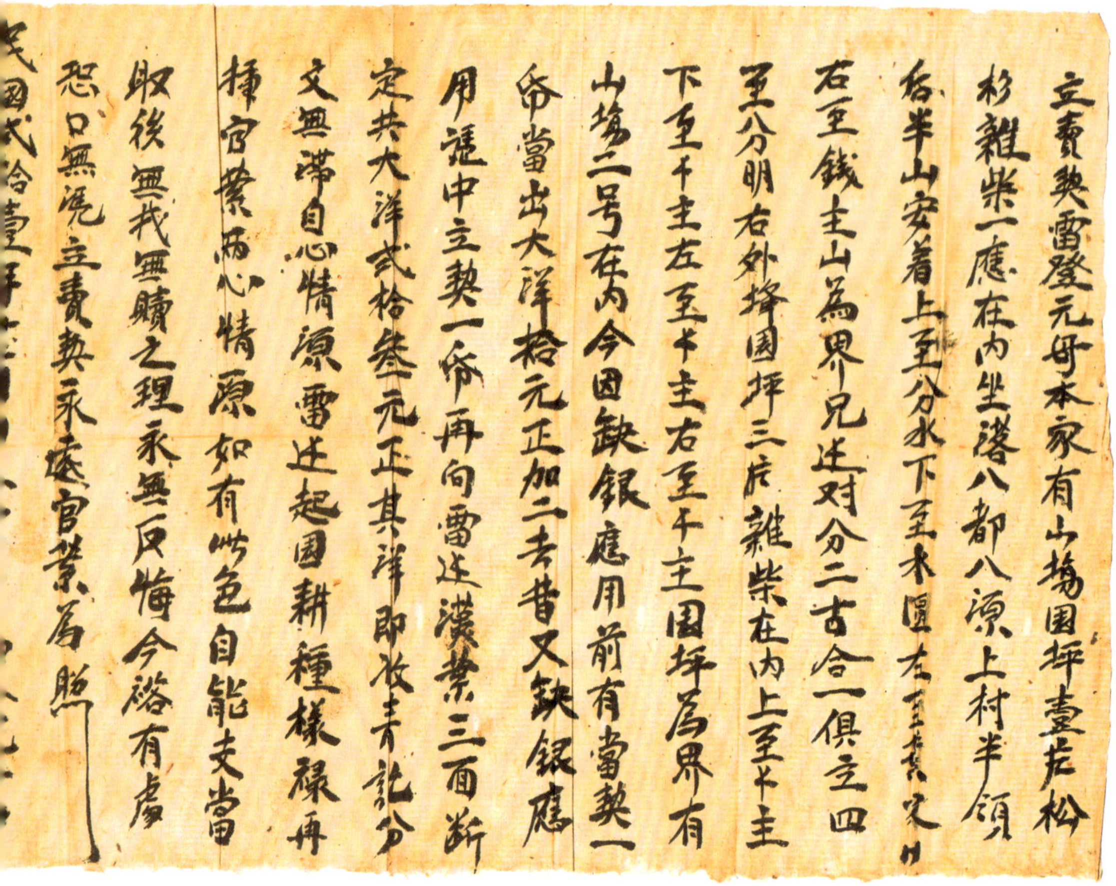

立賣契雷登元母，本家有山塲園坪壹片，松杉、雜柴一應在內，坐落八都八源上村半領后半山安着，上至分水，下至木圓［園］，左至黃□山，右至錢主山爲界，兄邊对分，二古［股］合一，俱立四至分明，右外埲園坪三片，雜柴在內，上至錢主，下至錢主，左至錢主，右至錢主園坪爲界，有山塲二号在內，今因缺銀應用，前有當契一紙，當出大洋拾元正，加二去［取］昔［息］，又缺銀應用，憑中立契一紙，再向雷邊漢業，三面断定，共大洋式拾叁元正，其洋即收青［清］訖，分文無滯，自心情源［願］，雷邊起園耕種様禄再［栽］插官［管］業，兩心情原［願］，如有此色，自能支當，取［去］後無找無贖之理，永無反悔，今裕［欲］有慮［據］，恐口無憑，立賣契永遠官［管］業爲照。

民國式拾壹年十二月日立賣契　雷登元母（押）

在見　雷葉松（押）

憑中　葉福生（押）

代筆　藍富仁（押）

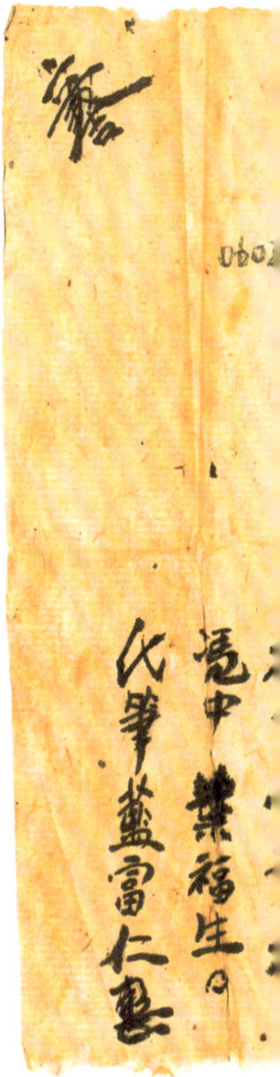

民國二十一年周國衡立收字

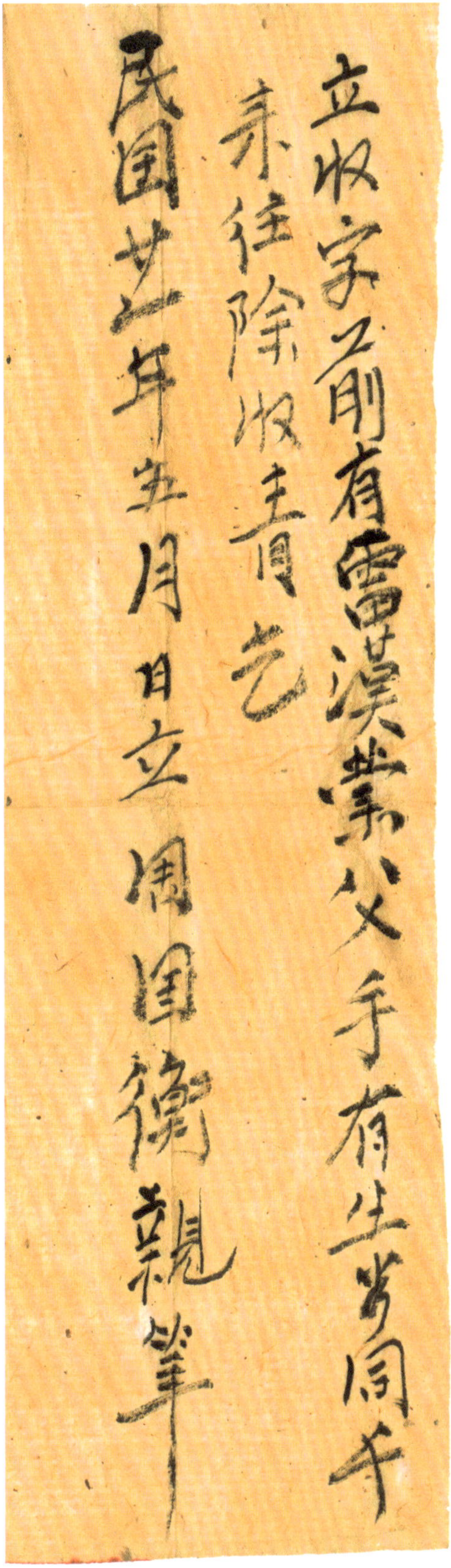

立收字，前有雷漢業父手有生谷同［銅］千［錢］
來往，除收青［清］乞［訖］。

民国廿一年五月日立　周国衡親筆

民國二十二年葉聖標等立賣契

立賣契葉聖梓標本家有水田二塅坐居八都八源土
名上川半嶺安着計正皮祖柒碩早自己合分祖叁
碩伍方計畝八分正其界底塅上至怒三房田下至路左至
小坑右至駁寮基為界又外塅其界上至葉怒三房田
下至益孝郎田左至駁寮基右至大路為界俱立四至分
明今因缺洋所用自愿將此合分田立賣契一紙賣
與雷宅漢葉錢主邊與葉三面斷定作價英洋叁
拾壹元正其洋即日收訖無滯其田既賣之后任听
雷邊起田耕種管業帖税完粮面斷四年以外如办
原價取贖雷邊不得執留之理本家不得異言之理
如有此色一力自能支解不涉雷邊之事此出兩
姓甘愿並非逼抑等情恐口無凭立賣契為照
民國……
梓標〇

（前頁）>>>>

立賣契葉梓標、圣標，本家有水田二塅，坐落八都八源，土名上川半嶺安着，計正皮租柒碩早，自己合分租叁碩伍方，計亩八分正，其界底塅上至恕三房田，下至路，左至小坑，右至馱寮基爲界，又外塅其界上至葉恕三房田，下至益厚、益郎田，左至馱寮基，右至大路爲界，俱立四至分明，今因缺洋所用，自愿將此合分田立賣契一紙，賣與雷宅漢業錢主邊與業，三面断定，作價英洋叁拾壹元正，其洋即日收訖無滯，其田既賣之后，任听雷邊起田耕種管業，帖税完粮，面断四年以外如办原價取贖，雷邊不得执留之理，本家不得異言之理，如有此色，一力自能支解，不涉雷邊之事，此出兩姓甘愿，並非逼抑等情，恐口無憑，立賣契爲照。

民國念弍年癸酉岁十二月日立仝賣葉梓標（押）

聖標（押）

在見叔　美均（押）

依口代筆葉久超（押）

民國二十二年雷登元母立當字

立當字雷登元母本家有山塲園坪叁号松杉雜柴一應在内坐落八都八源上村半嶺土名后坑駄東又一号坐落大埄上号安着又一号坐落大埄下号安着今因缺銀應用向為雷進漢葉當出大洋弍元正此山塲二古合壹其洋即日收訖分文無滯自心情愿加二利昔三面断定三年以前利昔清訖三年以外無利雷进起山樣禄再棟永遠起種宜業此私兩心情愿不許反賣之理如有此色自能支當三年利清板还元加去贖雷进不得只留本家伯淑兄弟子侄不得以言反悔之理

恐口無憑立當字為照

民国廿二年十二月日立當 雷登元母 ○

代筆 雷德喜書

(前頁)>>>>

立當字雷登元母，本家有山場、園坪叁号，松杉、雜柴一應在内，坐落八都八愿[源]，上村半領土名后坑馱東，又一号坐落大垟上号安着，又一号坐落大垟下号安着，今因缺銀應用，向爲雷邊漢葉當出大洋弍元正，此山場二古[股]合壹，其洋即日收訖，分文無滯，自心情愿，加二利昔[息]，三面断定，三年以前利昔[息]清訖，三年以外無利，雷邊起山樣禄再[栽]插，永遠起種官[管]業，此私兩心情原[願]，不許反賣之理，如有此色，自能支當，三年利清，板[办]还元[原]加[價]去[取]贖，雷邊不得只[執]留，本家伯涉[叔]兄弟子侄不得以言反悔之理，恐口無憑，立當字爲照。

民國廿二年十二月日立當　雷登元母(押)

代筆　雷德喜(押)

民國二十三年葉益盛等立賣契

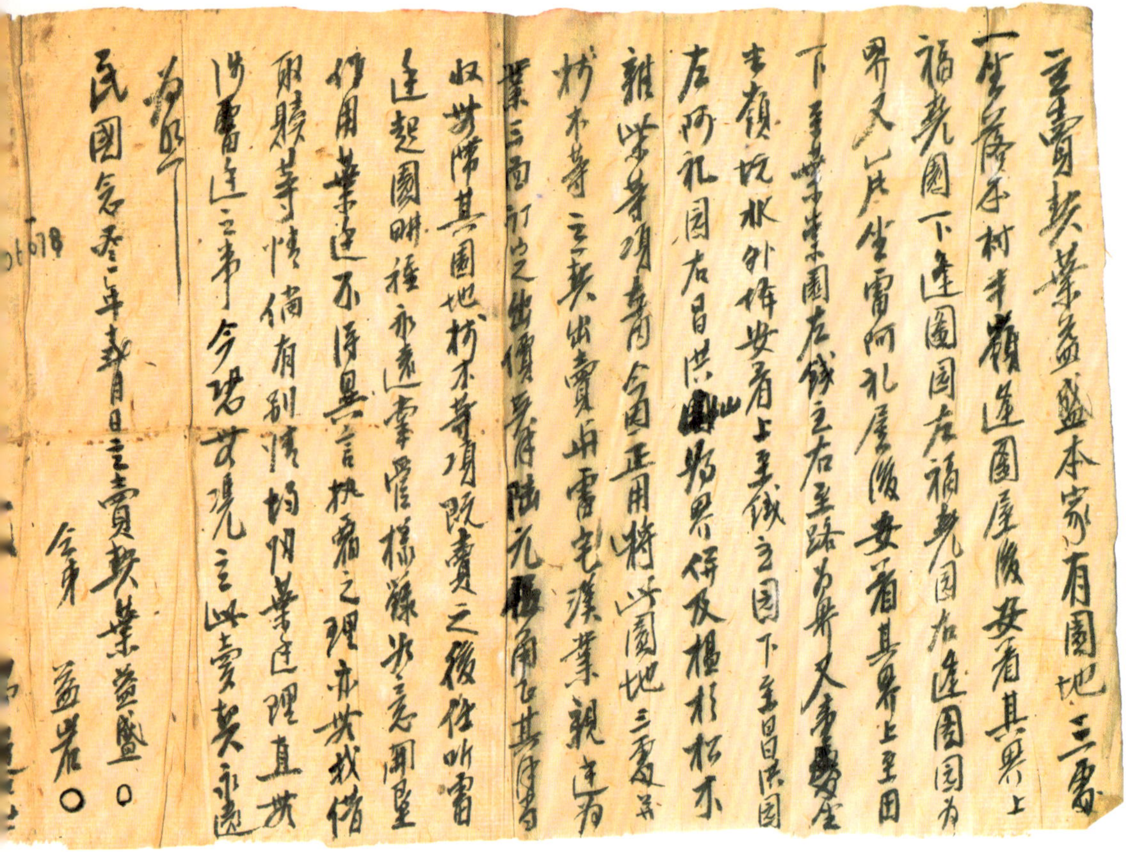

立賣契葉益盛，本家有園地三處，
一坐落本村半嶺逢图屋後安着，其界上
福堯園，下逢图园，左福堯园，右逢图园为
界，又一片坐雷阿礼屋後安着，其界上至田，
下至葉崇園，左錢主，右至路爲界，又壹處坐
半嶺坑北外埄安着，上至錢主园，下至昌洪园，
左阿礼园，右昌洪山爲界，並及榅、杉、松木、
雜柴等項在内，今因正用，將此園地三處並
杉木等，立契出賣與雷宅漢業親邊为
業，三面订定，出價英洋陆元伍角正，其錢当
收無滯，其園地、杉木等項既賣之後，任听雷
邊起園畊種，永遠掌管㨾籙，如意開墾
作用，葉邊不得異言执霸之理，亦無找借
取贖等情，倘有別情，均归葉邊理直，無
涉雷邊之事，今恐無憑，立此賣契永遠
爲照。

民國念叁年十弍月日立賣契葉益盛（押）
仝弟　益岩（押）
代筆　瑞庭（押）

民國二十三年葉聖標立收字

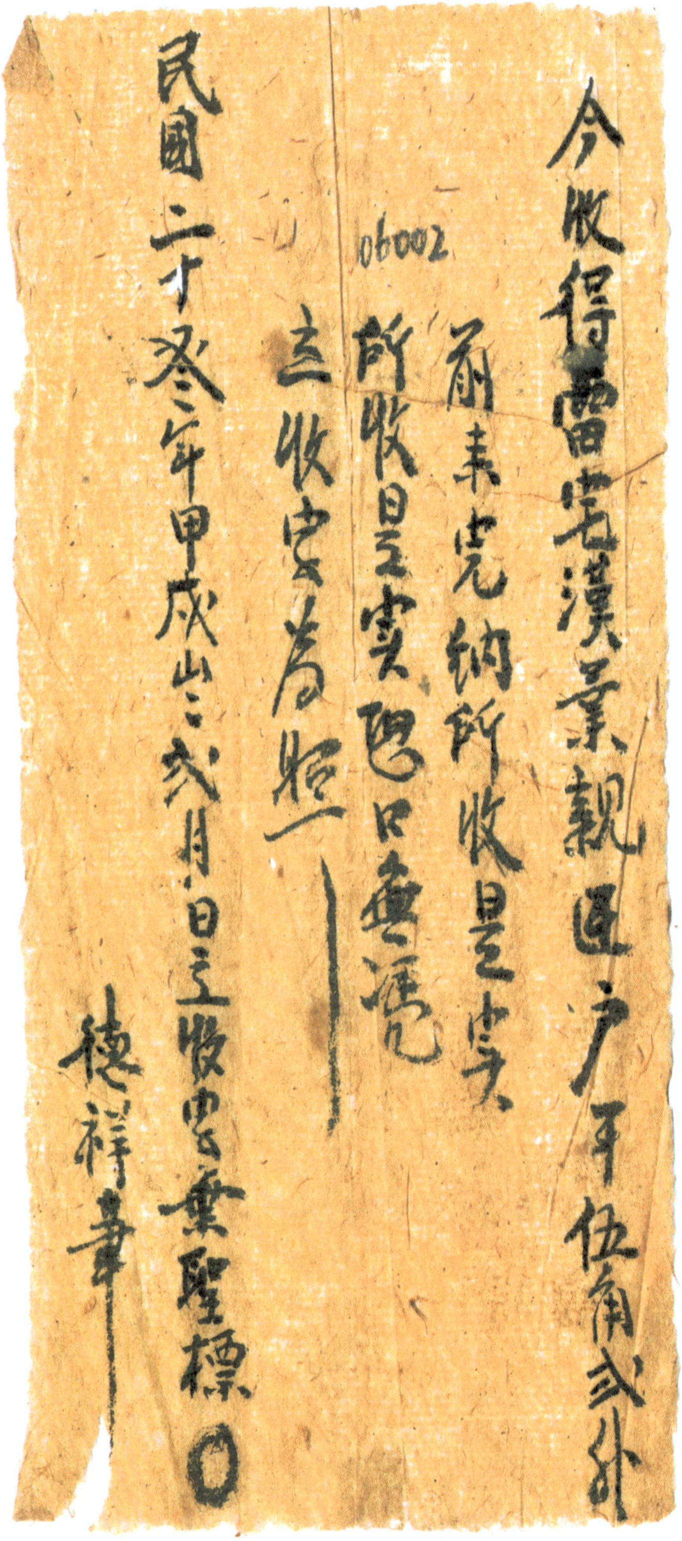

今收得雷宅漢業親邊户錢伍角式分，

前來完納，所收是实，

所收是实，恐口無憑，

立收字爲照。

民國二十叁年甲戌歲式月日立收字葉聖標（押）

德祥筆

民國二十三年周土玲立收字

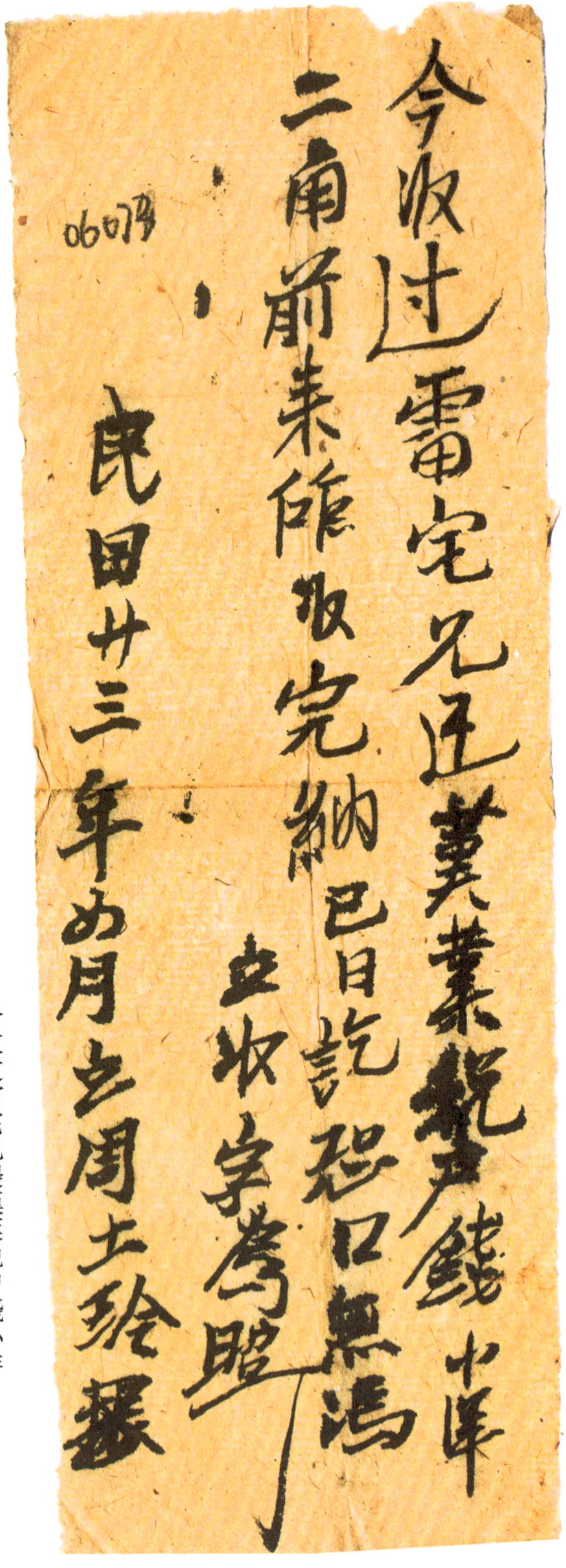

今收过雷宅兄邊漢葉税户錢小洋二角，前來所收完納，已日訖，恐口無馮［憑］，立收字爲照。

民國廿三年四月立周土玲（押）

民國二十三年雷亞龍立賣契

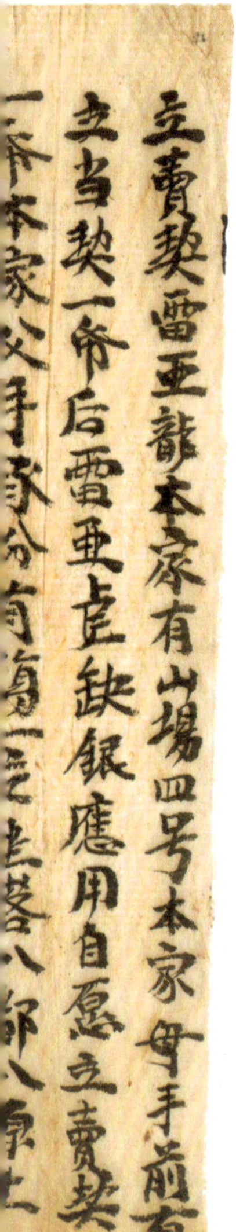

右至[illegible]為界又一處坐落大峰上号安着
上下葉家田左至周家田右至葉家山為界
又一處坐落大峰下号安着上下葉家田左至
葉家田右至周家田為界二告合一又一處坐落老
屋外峰園坪二號俱立四至分明今因缺銀應
用自心情愿立賣契一紙賣與雷謙葉親邊為
業三面斷作價大洋伍元正其洋即日收訖分
文無滯其山場任听雷邊樣蘇楠樫開種成財
作用永為己業本家伯叔兄弟之侄不得異
言之理如有此色一力自能支当不涉錢主
之事此系兩心情愿並非逼抑等情今有據
立賣契永遠大吉為照

民國念叁年十二月日立賣契雷亞龍（押）
在見雷葉松
代筆藍富仁

(前頁)>>>>

立賣契雷亞龍，本家有山場四号，本家母手前有
立当契一紙，后雷亞龍[龍]缺銀應用，自愿立賣契
一紙，本家父手承分有塲一片，坐落八都八原[源]，土
名后坑馱東安着，上至岩龍[壟]，下至路，左至、
右至葉□□爲界，又一片坐落大垟上号安着，
上、下(至)葉家田，左至周家田，右至葉家山爲界，
又一片坐落大垟下号安着，上、下(至)葉家田，左至
葉家田，右至周家田爲界，二古[股]合一，又一片坐落老
屋外垟園坪二魁，俱立四至分明，今因缺銀應
用，自心情愿，立賣契一紙，賣爲雷漢業親邊爲
業，三面断作價大洋伍元正，其洋即日收訖，分
文無滯，其山塲任听雷邊樣籙補插，開種成財[材]
作用，永爲己業，本家伯叔兄弟之[子]侄不得異
言之理，如有此色，一力自能支当，不涉錢主
之事，此系兩心情愿，並非逼柳[抑]等情，今(欲)有據，
立賣契永遠大吉爲照。

民國念叁年十二月日立賣契雷亞龍(押)
在見雷葉松
代筆　藍富仁(押)

民國二十四年葉志標立收字

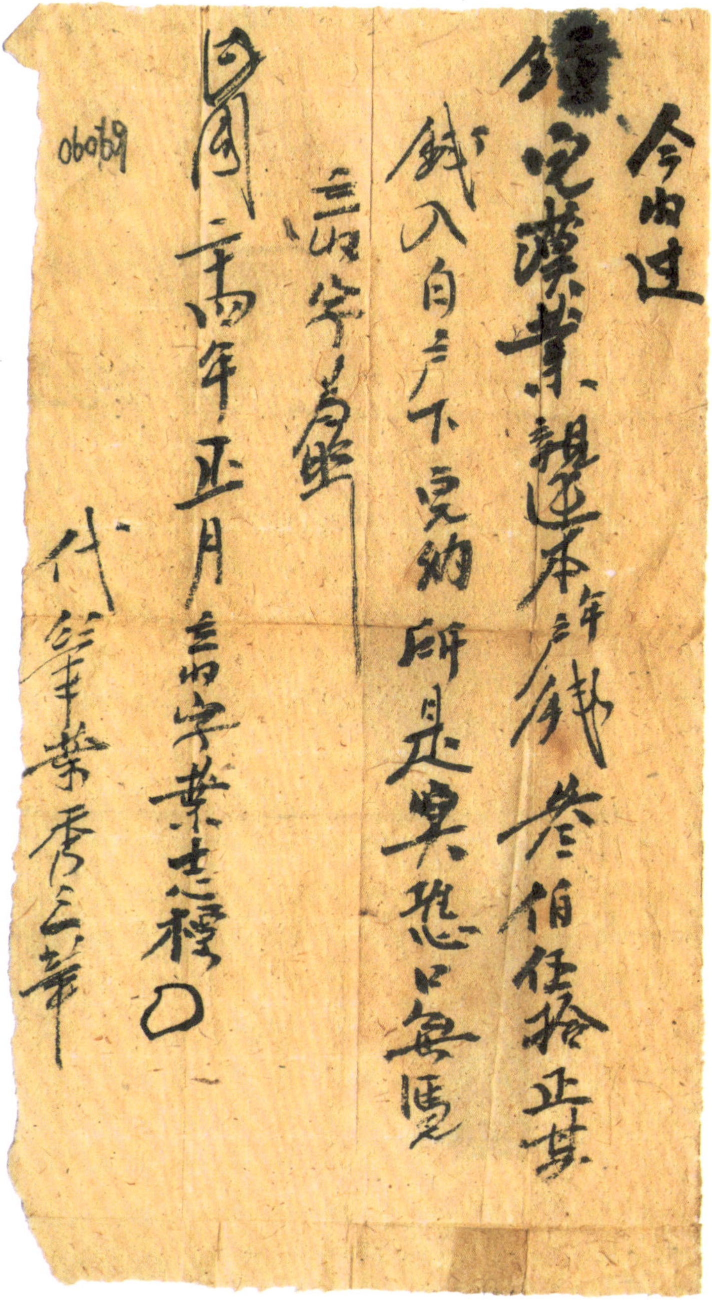

今收过

鍾宅漢業親邊本年户錢叁佰伍拾正，其錢入自户下完納，所（收）是实，恐口無憑，立收字爲照。

民國二十四年正月立收字葉志標（押）

代筆葉秀三（押）

民國二十五年葉聖標立收字

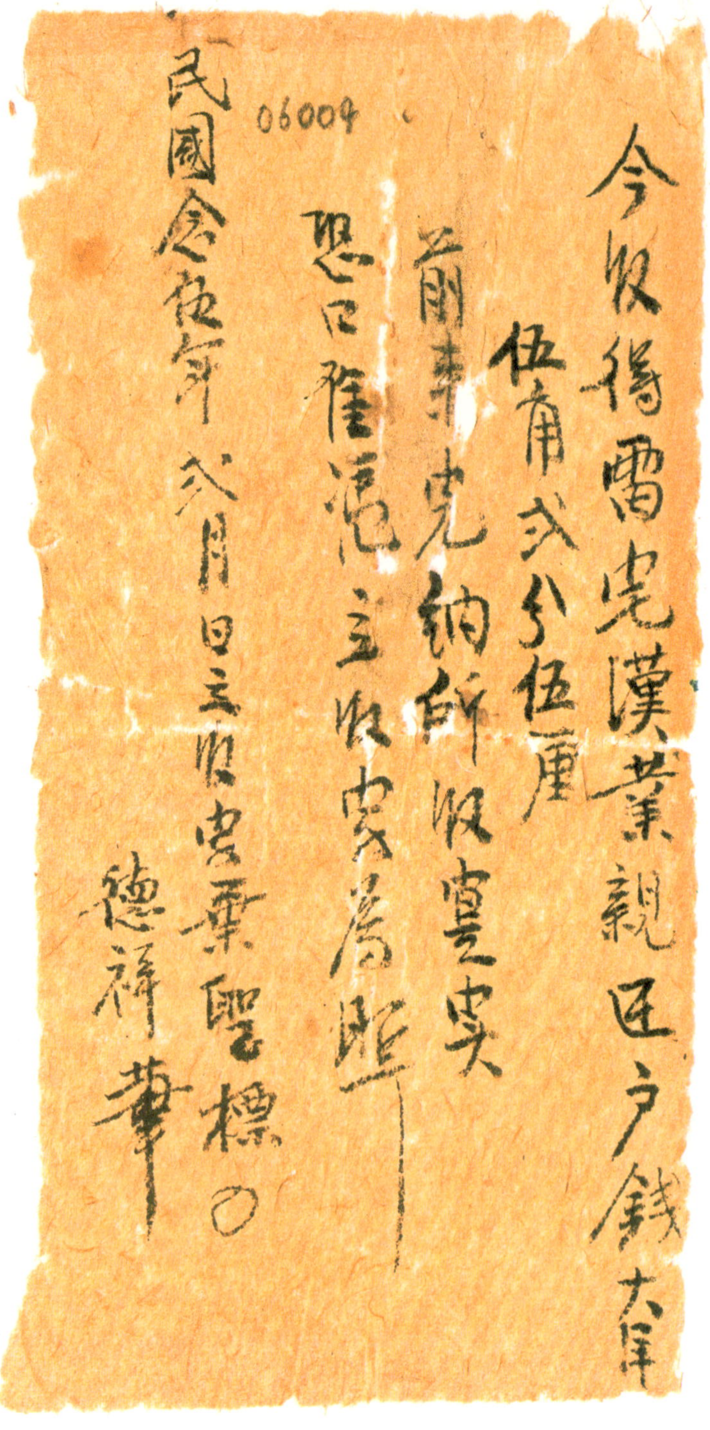

今收得雷宅漢業親邊户錢大洋
伍角式分伍厘，
前來完納，所收是实，
恐口难憑，立收字爲照。
民國念伍年式月日立收字葉聖標（押）
德祥筆

立對字雷葉崇有田壹處坐本屋後般駄田后
塝，今因漢業祖屋興造作用，尚缺門前墻脚一條，憑
中踏明將此田后塝小部份劃定與祖屋起造墻脚外
意作用，不許樣籙妨礙，抽系考取對來菜園壹處：
一坐本田左手田頭園壹塊，一坐老屋水門頭下園壹塊，
一坐祖坟頭園一塊。嗣後兩造各業自造，恐口無憑，立
此合同對字永遠大吉為照。
仝　在場
民國念五年閏三月日立對字雷葉崇（押）
憑親葉瑞遊執筆

060317

（前頁）>>>>

立对字雷葉崇，有田壹處，坐半屋後般馱田后塝，今因漢業祖邊兴造作用尚缺门前墻角一条，憑中踏明，將此田后塝小部份劃定與祖邊起造墻脚，如意作用，不許樣篠□[妨]礙稻禾，当即对來菜園叁處，一坐半田左手田頭園壹塊，一坐老屋水门頭下圓[園]壹塊，一坐祖坟頭園一塊，嗣後兩造各無返悔，今恐無憑，立此合同对字永遠大吉爲照。

民國念五年闰三月日立对字雷葉崇（押）

爲衆代筆葉瑞庭（押）

民國二十五年葉梓標等立找截斷契

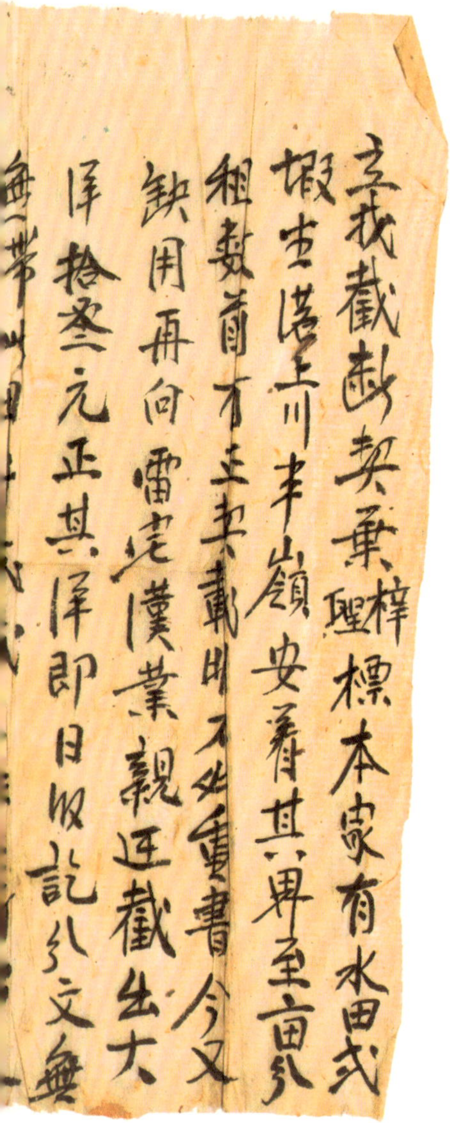
立找截斷契葉梓標本家有水田弍
坵坐落上川半嶺安着其界至面
租數前有正契載明不必重書今又
缺用再向雷宅漢業親邊截出大
洋拾叁元正其洋即日收訖分文無

后本家無找無借亦無取贖等情
本家伯叔兄弟子侄不得異言之理
如有此色一力自能支当不涉雷廷
之事此出两心甘願並非逼抑等
情恐口難憑立找截斷契永遠為
照

民國念伍年岁次丙子拾弍月日立找截斷契葉梓聖標

06023

在見弟聖標

依口代筆葉德祥

（前頁）>>>>

立找截断契葉梓標、聖標，本家有水田弍坵，坐落上川半嶺安着，其界至、亩分、租数前有正契載明，不必重書，今又缺用，再向雷宅漢業親邊截出大洋拾叁元正，其洋即日收訖，分文無無滯，此田計[既]找截之后，任听雷邊起田耕種，推收过户，永與己業，去后本家無找無借，亦無取贖等情，本家伯叔兄弟子姪不得異言之理，如有此色，一力自能支当，不涉雷邊之事，此出兩心甘願，並非逼抑等情，恐口难憑，立找截断契永遠爲照。

民國念伍年岁次丙子拾弍月日立找截断契葉梓標、聖標（押）

在見弟聖標（押）

依口代筆葉德祥（押）

民國二十七年葉扶會等立賣契

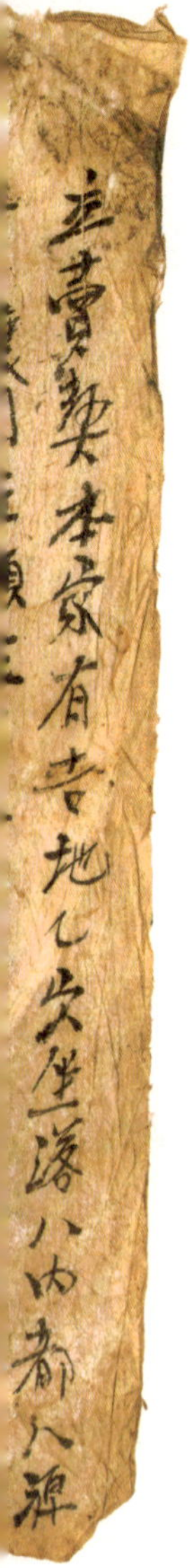

……上安厝先考妣棄
延論議，得受花邊国幣洋拾壹元正，其地
既便立后任听雷姓擇吉日扦掘如意作
用，葉姓伯叔兄弟子侄不得異言之理。如
有別情，一力葉姓自能支當，不涉雷姓之
事。此出兩姓情愿，恐口难憑，立便契永遠
大吉為照。

墳山外左右各抽附蔭乙丈四尺至再照。

民國念七年歲次戊寅八十月　日立賣字　葉扶會（押）
全侄　葉福章
　　　葉士生（押）
　　　葉吉良
　　　葉福堯（押）
憑中　葉久超
代筆　葉大來（印）

（前頁）>>>>

立賣契，本家有吉地一穴，坐落八内都八源，土名讓川坑頭左手菜园安着，有吉地一穴，便與雷宅新壽弟邊安厝先考妣，葉邊謪議，另得花鴻国幣洋拾壹元正，吉地既便之后，任听雷邊擇吉日扦掘，如意作用，葉邊伯叔兄弟子侄不得異言之理，如有別情，一力葉邊自能支当，不涉雷邊之事，此出兩姓情愿，恐口难憑，立便契永遠大吉爲照。

欄山外左右各抽附蔭一丈四尺至，再照。

民國念七年歲次戊寅十月　日立賣字葉扶會（押）

仝侄　葉福有（押）

葉士生（押）

葉吉良

葉福堯（押）

憑中　葉久超

執筆　葉大來（印）

民國二十七年葉益言立賣契

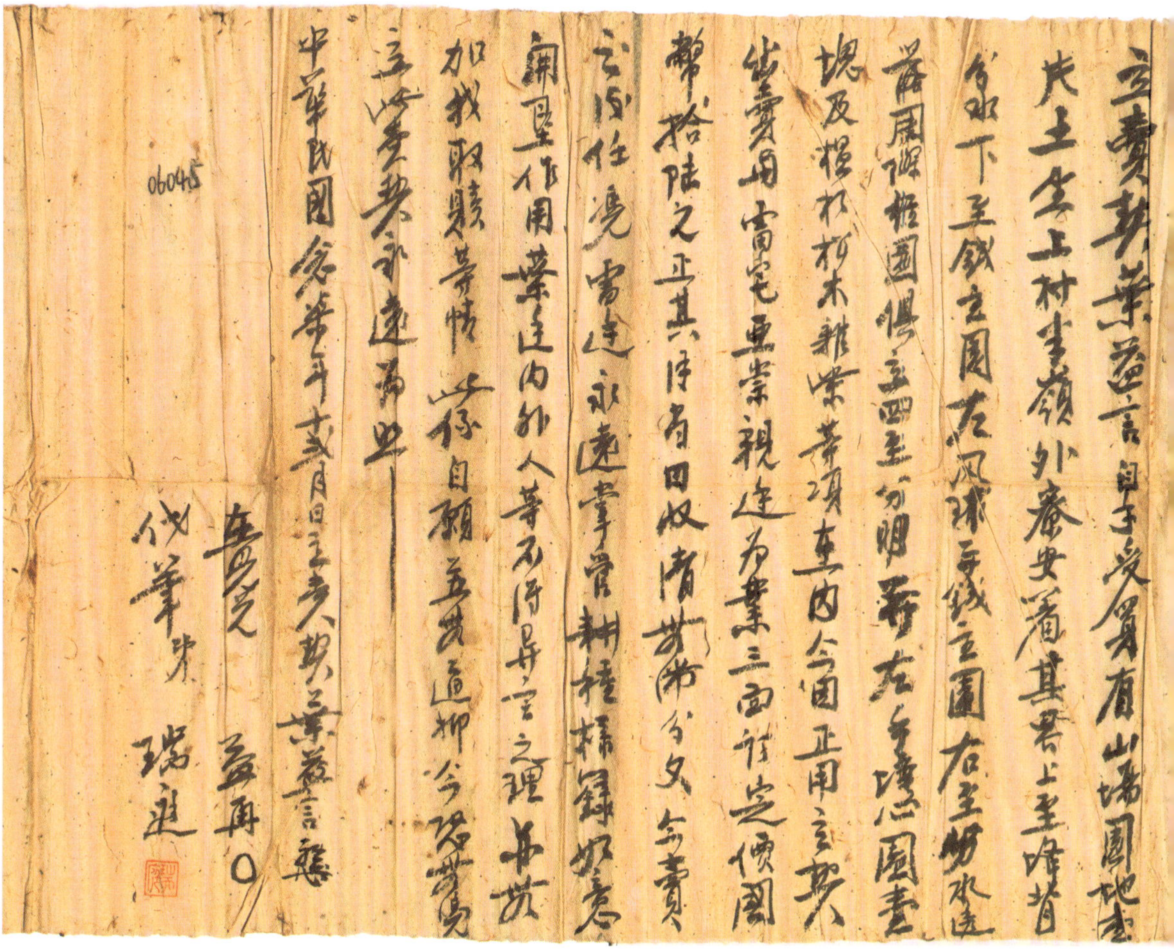

立賣契葉益言，自手受買有山場園地壹片，土坐上村半嶺外寮安着，其界上至埄背分水，下至錢主園，左风球與錢主園，右至分水邊落周琛經園，俱立四至分明，並左手憑園壹塊及槐、杉、松木、雜柴等項在内，今因正用，立契出賣與雷宅亞崇親邊爲業，三面订定，價國幣拾陸元正，其錢当日收清，無滯分文，今賣之後，任憑雷邊永遠掌管，耕種樣籙，如意開墾作用，葉邊内外人等不得异言之理，亦無加找取贖等情，此係自願，並無逼抑，今恐無憑，立此賣契永遠爲照。

中華民國念柒年十弍月日立賣契葉益言（押）

在見兄　益再（押）

代筆　瑞庭（印）

民國二十七年葉聖標立收字

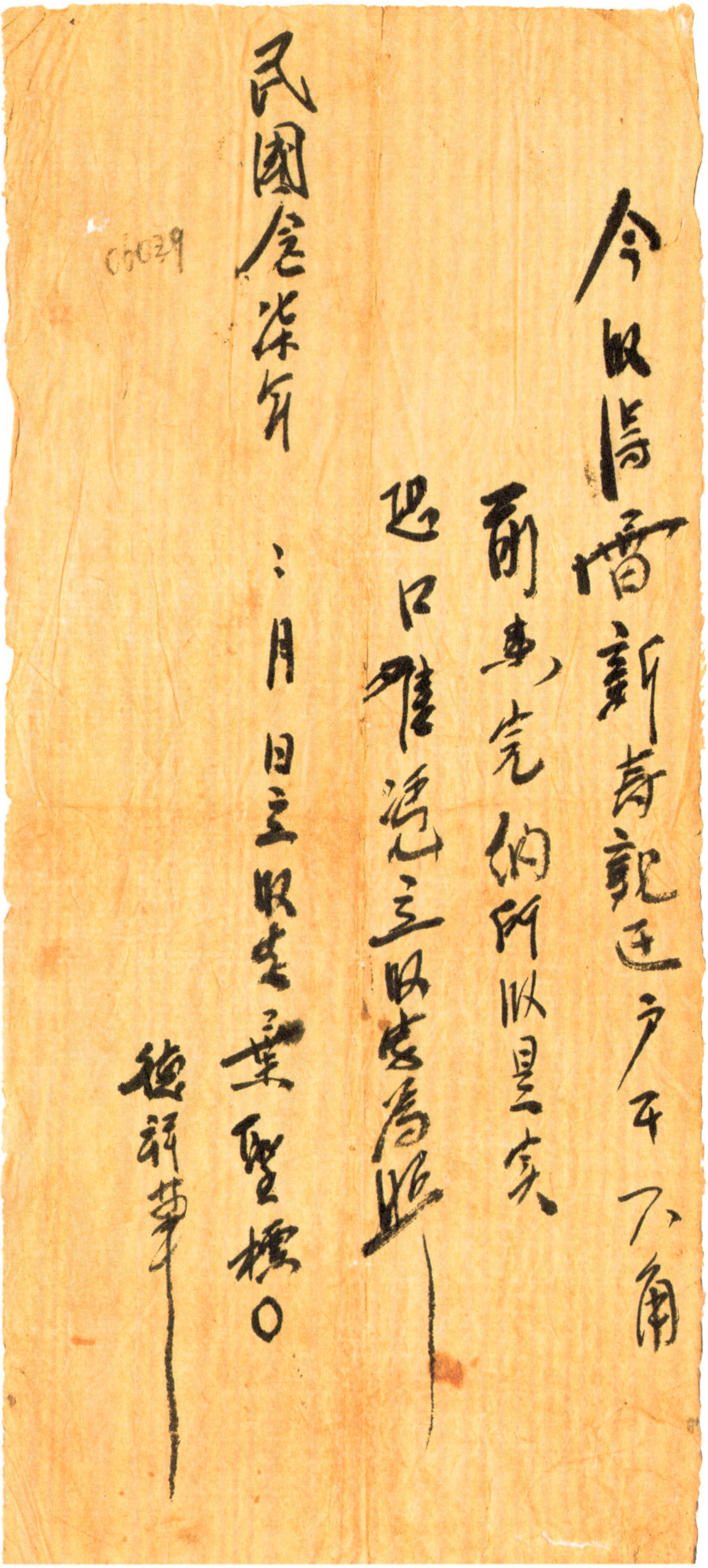
今收得雷新寿親邊户錢六角，前來完納，所收是实，恐口难憑，立收字爲照。
00029
民國念柒年二月　日立收字葉聖標（押）
德祥（押）

今收得雷新寿親邊户錢六角，
前來完納，所收是实，
恐口难憑，立收字爲照。
民國念柒年二月　日立收字葉聖標（押）
德祥（押）

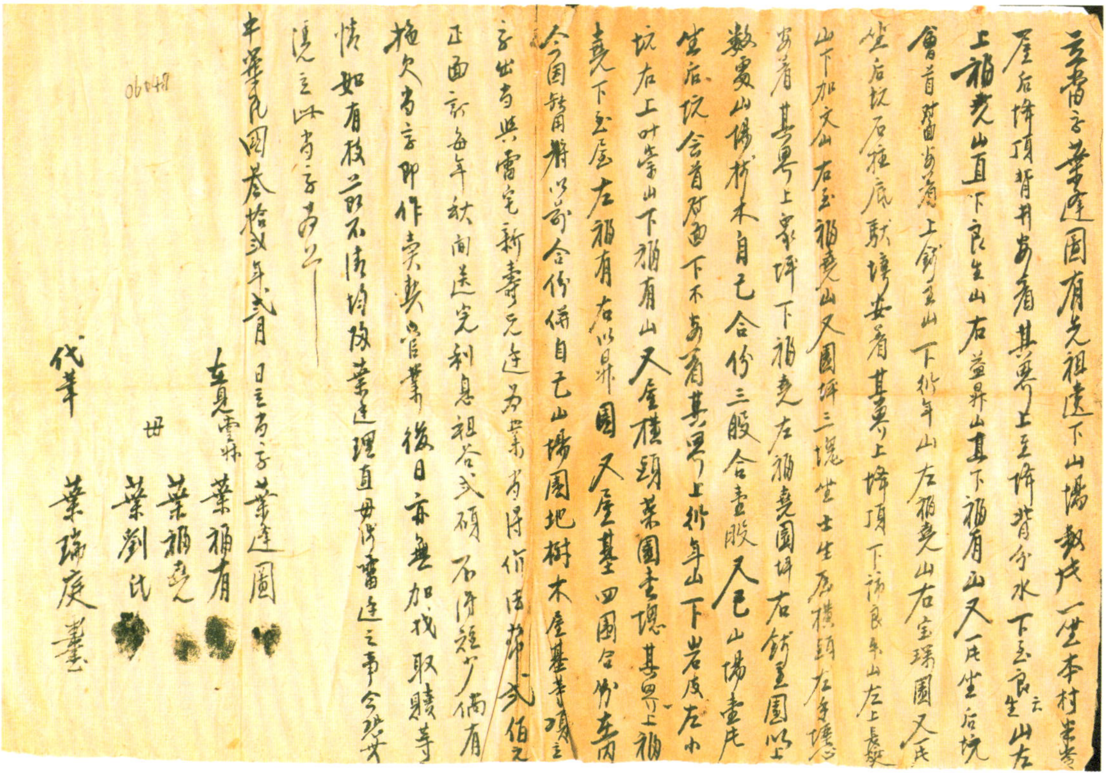

立當字葉逢圖，有先祖遺下山場數片，一坐本村半嶺
屋后塰頂背井安着，其界上至塰背分水，下至良云、良生山，左
上福堯山直下良生山，右益昇山直下福有山，又一片坐后坑
會首对面安着，上錢主山，下□年山，左福堯山，右宝琛園，又一片
坐后坑石柱底馱塆安着，其界上塰頂，下沛良衆山，左上長燮
山，下加文山，右至福堯山，又園坪三塊，坐土生屋横頭左手憑
安着，其界上衆坪，下福堯，左福堯園坪，右錢主園，以上
数處山場林木，自己合份三股合壹股，又己山場壹片，
坐后坑会首对面下不安着，其界上□年山，下岩皮，左小
坑，右上叶崇山，下福有山，又屋横頭葉園壹塊，其界上福
堯，下至屋，左福有，右以昇園，又屋基四围合份在内，
今因缺用，將以前合份並自己山場、園地、樹木、屋基等項，立
字出当與雷宅新壽兄邊爲業爲葉，当得价法幣式佰元
正，面訂每年秋间送完利息租谷式碩，不得短少，倘有
拖欠，当字即作卖契管業，後日亦無加找取贖等
情，如有枝節不清，均歸葉邊理直，毋涉雷邊之事，今恐無
憑，立此当字爲照。

中華民國叁拾式年式月　日立当字葉逢圖（押）

在見堂叔　葉福有（押）

葉福堯（押）

母　葉劉氏（押）

代筆　葉瑞庭（押）

民國三十二年劉偉堯等立找斷契

立找斷契劉偉堯等，前因內兄葉連圍之故，表下
無處所出，憑伊親房伯叔及伊母葉劉氏等將前
葉連圍手出賣與雷新壽親邊合般坪背后坑
會首對面上下屋連園坪菜園屋基等處，安着其
界址照前契業已官所有界址山園一柤在內，至左
手并梨樹一株，立契再向雷連找得國幣弍百叁拾元
正，其洋當收無滯。以上各處自找之後，任听雷連起
園耕種栽插樹籙，如意開墾作用，嗣後葉連內外人
等不得異言執留之理，亦無找借取贖等情。所找
所受各出甘願，並無逼抑，恐口無憑，立此找斷契
永遠為照。

中華民國三十貳年四月　日立找斷契　劉偉堯
全伊母　葉劉氏

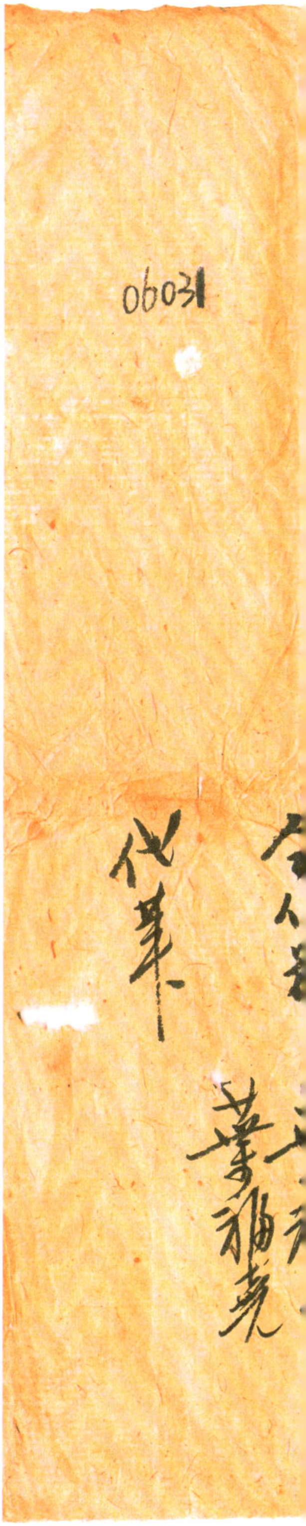

（前頁）>>>>

立找断契劉偉堯等，玆因内兄葉逢圖亡故，喪下無處所出，現憑伊親房伯叔及伊母葉刘氏等，將前葉逢圖手出賣與雷新壽親邊后般垵背后坑會首对面上、下屋邊園坪、菜園、屋基等處安着，其界均照前契掌管，所有□□□□一概在内，及屋邊左手井梨樹一株，立契再向雷邊找得國幣弍百叁拾元正，其洋當收無滯，以上各處自找之後，任听雷邊起園耕種栽插様籙，如意開墾作用，嗣後葉邊内外人等不得异言执霸之理，亦無找借取贖等情，所找所受，各出甘願，並無逼抑，恐口無憑，立此找断契永遠爲照。

中華民國三十弍年四月日立找断契劉偉堯

仝伊母　葉劉氏

仝伊叔　葉福有

葉福堯

代筆

民國三十五年葉志金立賣截斷契

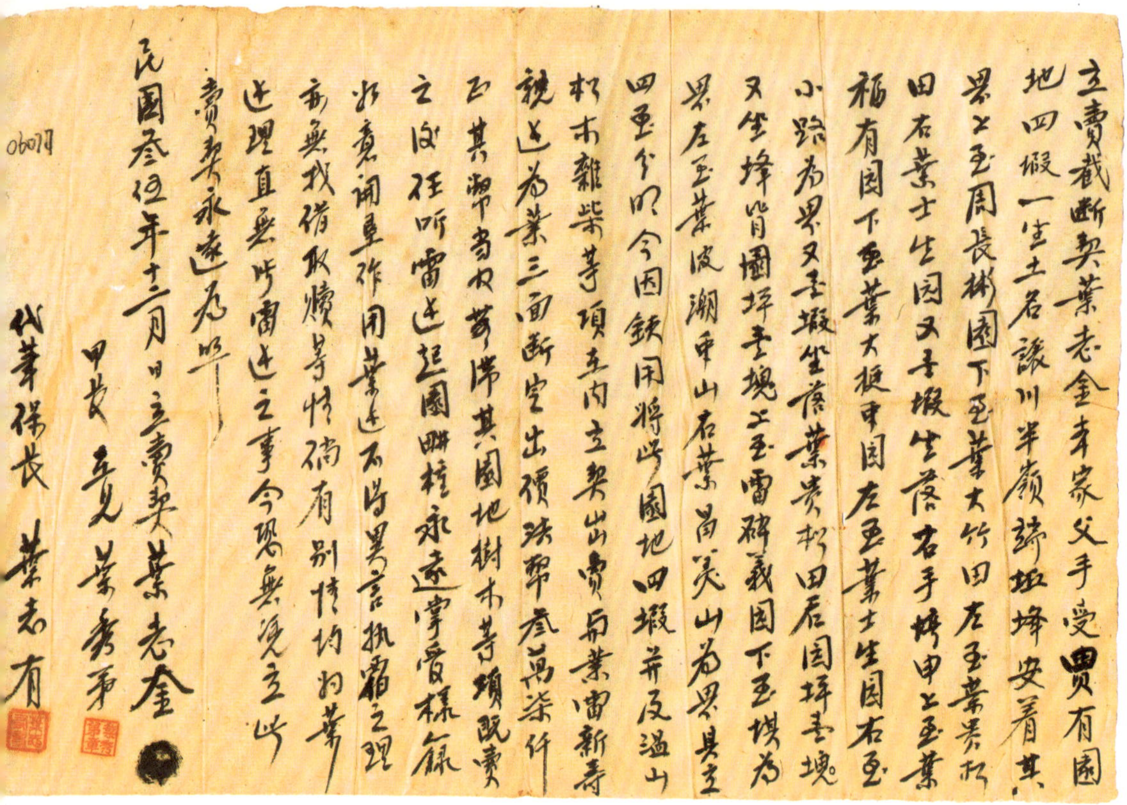

立賣截断契葉志金，本家父手受買有園
地四塅，一坐土名讓川半嶺端坵降安着，其
界上至周長彬園，下至葉大竹田，左至葉贵松
田，右葉士生园，又壹塅坐落右手塆田，上至葉
福有园，下至葉大挺衆园，左至葉士生园，右至
小路爲界，又壹塅坐落葉貴松田后园坪壹塊，
又坐降背園坪壹塊，上至雷碎義园，下至堪爲
界，左至葉波潮衆山，右葉昌美山爲界，具立
四至分明，今因缺用，將此園地四塅並及温[榅]山[杉]、
松木、雜柴等項在内，立契出賣與葉雷新壽
親邊爲業，三面断定，出價法幣三萬柒仟
正，其幣当收無滯，其園地、樹木等項既賣
之後，任听雷邊起園畊種，永遠掌管樣籙，
如意開墾作用，葉邊不得異言執霸之理，
亦無找借取贖等情，倘有别情，均归葉
邊理直，無涉雷邊之事，今恐無憑，立此
賣契永遠爲照。

民國叁伍年十二月日立賣契葉志金（押）

甲长　在見　葉秀弟（印）

代筆保长　　葉志有（印）

民國三十五年葉大挺等立賣契

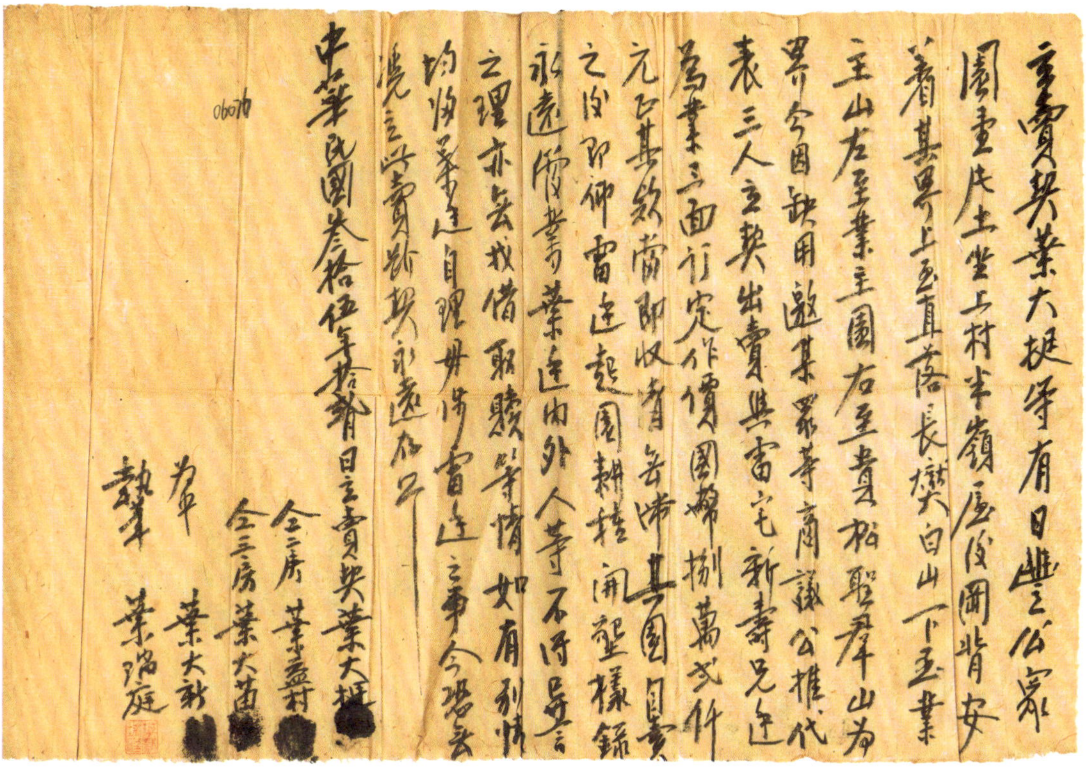

立賣契葉大挺等，有日豐公衆園壹片，土坐上村半嶺屋後岡背安着，其界上至直落長樊白山，下至業主山，左至業主園，右至貴松、聖群山爲界，今因缺用，邀某衆等商議，公推代表三人，立契出賣與雷宅新壽兄邊爲業，三面订定，作價國幣捌萬弍仟元正，其款當即收清無滯，其園自賣之後，即仰雷邊起園耕種，開墾㨾録，永遠管業，葉邊内外人等不得异言之理，亦無找借取贖等情，如有别情，均归葉邊自理，毋涉雷邊之事，今恐無憑，立此賣断契永遠存照。

中華民國叁拾伍年拾弍月日立賣契葉大挺（押）

仝二房葉益村（押）

仝三房葉大苗（押）

爲衆　葉大新（押）

執筆　葉瑞庭（印）

民國三十五年雷茂興立對字

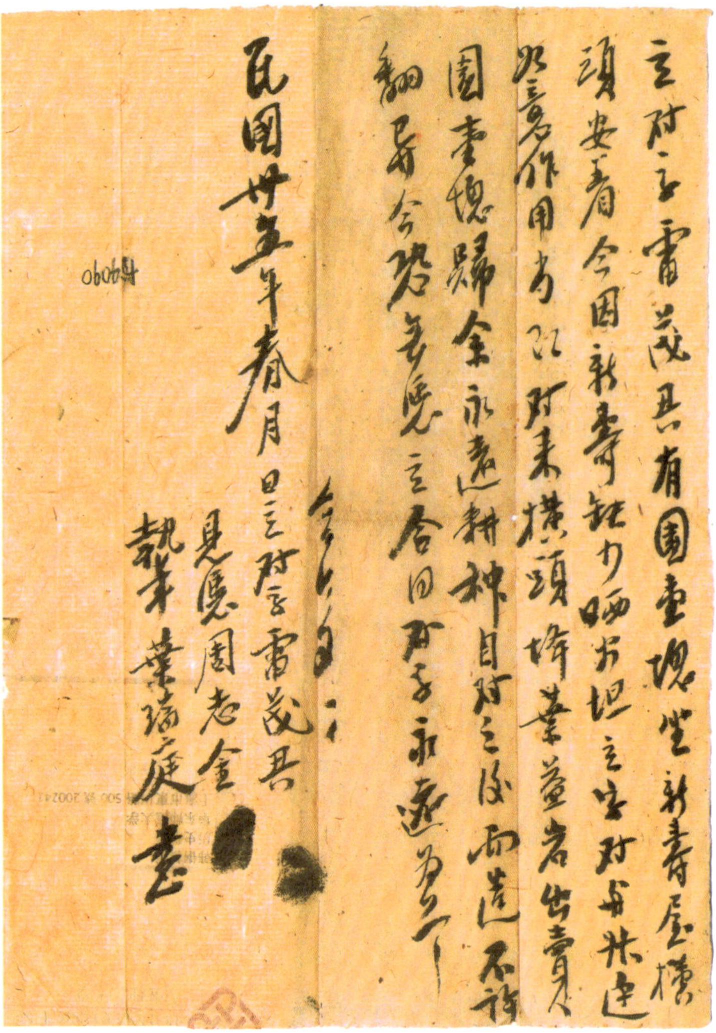

立对字雷茂興有園壹塊，坐新壽屋横
頭安着，今因新壽缺少晒谷坦，立字对與叔邊
如意作用，当即对來横頭埄葉益岩出賣
園壹塊，歸余永遠耕种，自对之後，兩造不許
翻异，今恐無憑，立合同对字永遠爲照。

民國卅五年春月日立对字雷茂興（押）

見憑周志金（押）

執筆葉瑞庭（押）

民國三十六年周趙森華立找契

係坑頭土名叄隔塘口安着計租大石其畝分
四至前有正契載明不必重書今因缺用自愿
將此田立找契一紙再向雷新壽叔邊找出早谷
廿石其谷即收清訖無滞恐後無憑立此找
契為照

06071

親筆

中華民國卅六年二月　立找契周趙素華（押）
為中周孔瑞（押）
在見周元選

（前頁）>>>>

立找契周趙森華，上月出賣有水田一堫，坐八都八源坑頭，土名叁隔塘口安着，計租六石，其畝分、四至前有正契載明，不必重書，今因缺用，自愿將此田立找契一紙，再向雷新寿親邊找出早谷廿石，其谷即收清訖無滯，恐後無憑，立此找契爲照。親筆

中華民國卅六年二月立找契周趙森華（押）

爲衆周孔琛（押）

在見周元暹（印）

民國三十六年葉聖楷立收字

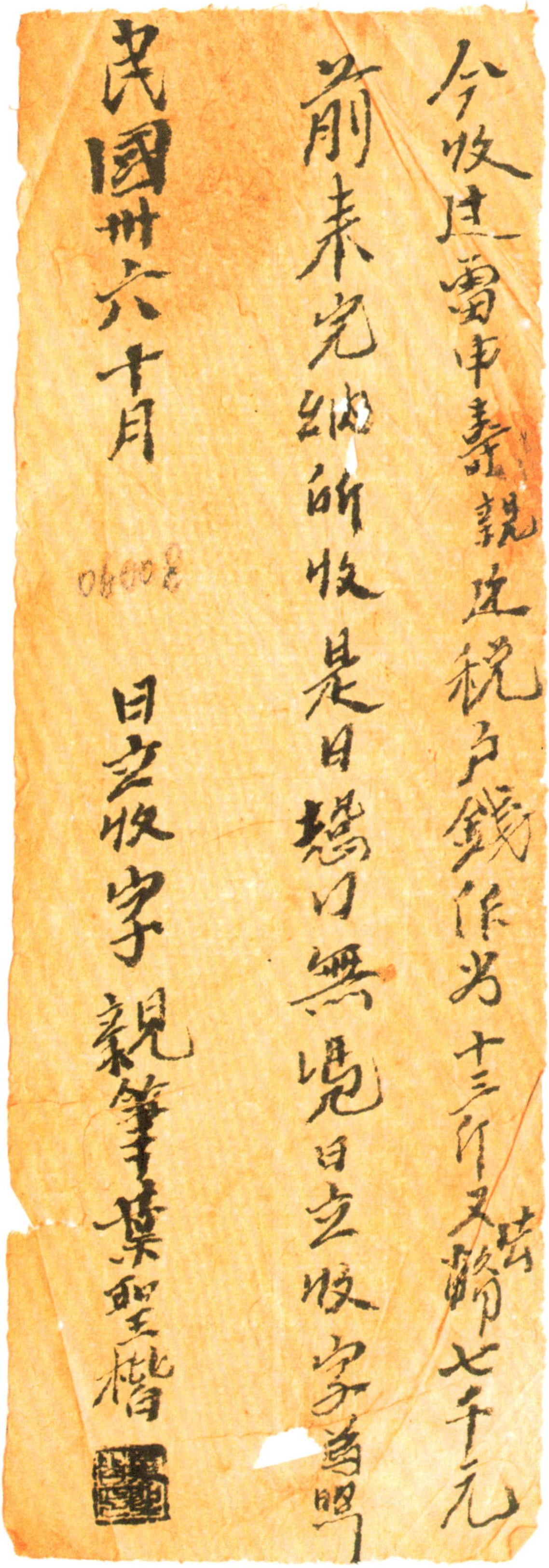

今收过雷申壽親邊税户錢，作谷十三斤，又法幣七千元，前來完納，所收是日，恐口無憑，日立收字爲照。

民國卅六（年）十月　日立收字親筆葉聖楷（印）

民國三十六年周運海立賣契

立賣契周運海本家承分有水田一坵坐落本鄉三保土
名羊嶺駄塆安着計租弍石五方其界上至叶廷田下
至周廷田右至葉瑞庭田右至葉寶珠田又一坵坐落
本鄉三保後坑磐口安着計租壹石三方其畝分其
界上至福堯田下至碎岗田左山右白山為界其畝
分共計壹畝正今因缺用自愿將此田憑中立賣
契一紙向當新壽親邊賣出早谷十四石五方正其
谷即收清訖無滯此田賣之後任你當邊收
租完糧耕種本家伯叔兄弟不得異言此
係兩心甘愿並非逼迫恐口無憑立賣契為照
中華民國三十六年十月立賣契周運海
在見弟周元進
憑中兄周孔瑞即筆孫

（前頁）>>>>

立賣契周運海，本家承分有水田一塅，坐落本鄉三保，土名半嶺馱垟安着，计租弍石五方，其界上至叶邊田，下至周邊田，右至葉瑞庭田，右至葉宝琛田，又一塅坐落本鄉三保后坑礱口安着，计租壹石三方，其界上至福堯田，下至碎苟田，左山，右白山爲界，其畝分共计壹畝正，今因缺用，自愿將此田憑衆立賣契一紙，向雷新寿親邊賣出早谷十四石五方正，其谷即收清訖無滯，此田既賣之後，任听雷邊收租完糧，起佃耕種，本家伯叔子侄不得異言，此係兩心甘願，並非逼迫，恐口無憑，立賣契爲照。

中華民國三十六年十月立賣契周運海（印）

在見叔周元暹（印）

憑衆兄周孔琛（印）即運琛

代筆妻趙森華（印）

民國三十六年周運海立找契

立找契周運海，本家有水田二塅一坐本鄉三保上村半山脚耽垟，計租貳石五方一坐，後坑頭岩口，計租壹石叁方，其四至畝分前有正契載明，不再重書。今因缺用，自愿立找契一紙，再向雷秋壽親邊找出洋谷八石正。其谷即收清訖，無滯。既找之後，任聽雷邊收租完糧，本家伯叔子侄不得異言。如有别色，自能出支，不涉雷邊之事。此係兩心甘愿，並非逼迫。恐口無憑，立此找契永遠為照。

中華民國三十六年十二月日立找契周運海（押）

在見叔周元道（押）

憑中兄周孔璪（押）即運璪

代筆姜趙春華（押）

（前頁）>>>>

立找契周運海，本家有水田二坵，一坐本鄉三保上村半嶺馱垟，计租弍石五方，一坐後坑礱口，计租壹石叁方，其四至、畝分前有正契載明，不再重書，今因缺用，自愿立找契一紙，再向雷新寿親邊找出早谷八石正，其谷即收清訖無滯，既找之後，任听雷邊收租完糧，本家伯叔子侄不得異言，如有别色，自解支当，不涉雷邊之事，此係兩心甘願，並非逼迫，恐口無憑，立此找契永遠爲照。

中華民國三十六月[年]十一月日立找契周運海（印）

在見叔周元暹（印）

憑衆兄周孔琛（印）即運琛

代筆妻趙森華（印）

民國三十六年周運海立賣找截退佃契

立賣找截退佃契周運海本家承分有水田一坵坐落本
鄉三保上村半嶺土名半嶺馱峰安着計租弍石五方
又一坵土名後坑磐口安着计租壹石三方其畝其四至轉
有正契載明不必重書今因缺用自愿立賣找截
退佃契一帋再向雷新壽親邊找截出價谷六石正其
谷即收清訖無滯此田自找截之後任听雷邊起佃
耕種永為己業去後無找無借亦無取贖本家伯
叔子侄不得異言如有別情自能支当不涉雷邊之
事此係兩心甘愿並非逼迫欲後有據立賣找截退
佃契永遠為照

中華民國三十六年十二月日立賣找截退佃契周運海
在見叔周元選
在見弟周寬選

（前頁）>>>>

立賣找截退佃契周運海，本家承分有水田一坵，坐落本鄉三保上村半嶺，土名半嶺馱垟安着，計租弍石五方，又一坵土名後坑礱口安着，计租壹石三方，其畝其四至前有正契載明，不必重書，今因缺用，自愿立賣找截退佃契一紙，再向雷新壽親邊找截出價谷六石正，其谷即收清訖無滯，此田自找截之後，任听雷邊起佃耕種，永爲己業，去後無找無借，亦無取贖，本家伯叔子侄不得異言，如有别情，自能支当，不涉雷邊之事，此係兩心甘愿，並非逼迫，欲後有据，立賣找截退佃契永遠爲照。

中華民國三十六年十二月日立賣找截退佃契周運海（印）

在見叔周元暹（印）

在見弟周憲堤（押）

憑中兄周孔琛（印）即運琛

代筆妻趙森華（印）

一九五〇年周陳氏等立賣契

立賣契周陳氏等有承田山坐落上村
半嶺后坑塘邊小坑左右兩岸安着并及
隴頭田弍坵在内計正租四石五方又皮租壹石叁
方半合計正皮租五石捌方半正因粮食缺
乏願將此承田立契出賣與佃戶雷執壽兄
邊爲業三面訂定價格陸百市斤正該谷當
收清訖無滯嗣後任听雷邊收租管業周
邊内外人等不得異言之理今恐無憑立賣
契爲照

（前頁）>>>>

立賣契周陳氏等，有衆田一坵，坐落上村
半嶺后坑塘邊小坑左右兩岸安着，並及
隴頭田弍坵在内，计正租四石五方，又皮租壹石叁
方半，合计正、皮租五石捌方半，今因粮食缺
乏，願將此衆田立契出賣與佃户雷新壽兄
邊爲業，三面订定，價稻谷陆百市斤正，该谷当
收清訖無滯，嗣後任听雷邊收租管業，周
邊内外人等不得異言之理，今恐無憑，立賣
契爲照。

公曆一九五〇年二月日立賣契周陳氏字
仝姪周志堯（印）
孫周鄂遺（押）
憑揑[侄]壻[婿]　叶永考（印）
志堯親筆

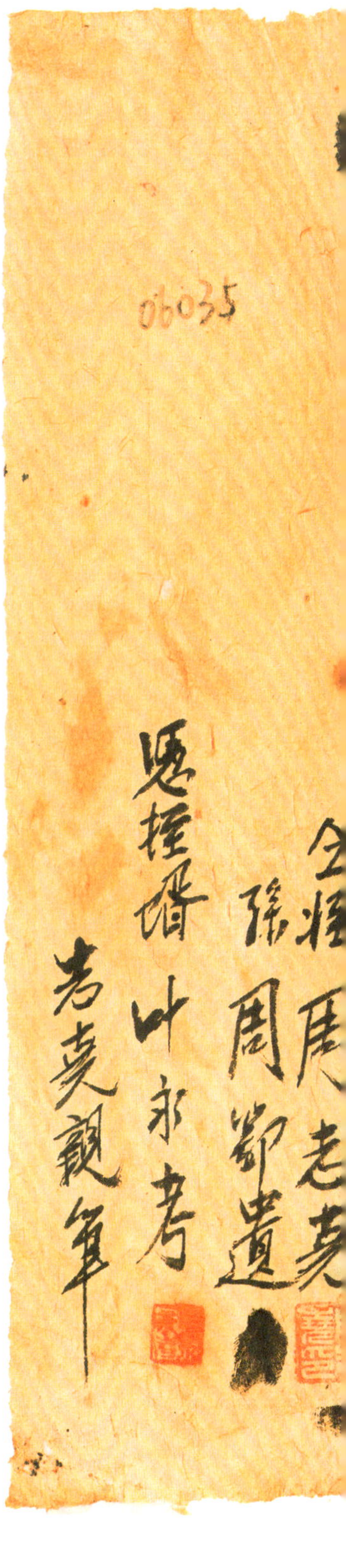

一九五〇年周陳氏等立找截契

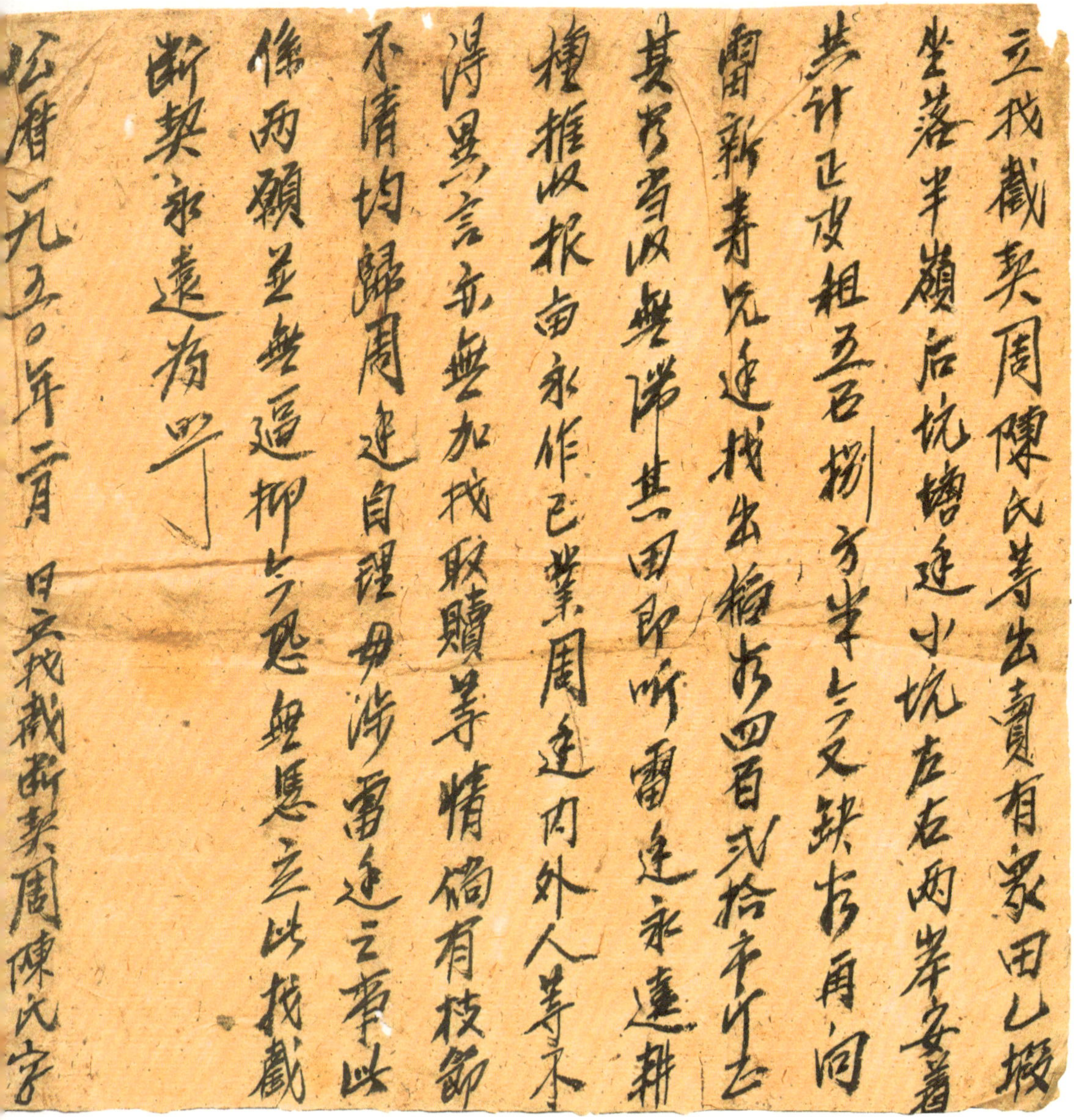
立找截契周陳氏等出賣有家田乙墢
坐落半嶺后坑塘邊小坑左右兩岸安着
共計正租五石捌方半六又缺方再向
當新青先邊找出稻谷四百弍拾市斤正
其谷即收無碍其田即聽當邊永遠耕
種推收報畝永作己業周邊内外人等不
得異言亦無加找取贖等情倘有枝節
不清均歸周邊自理毋涉當邊之事此
係兩願並無逼抑六恐無憑立此找截
斷契永遠為照
公曆一九五〇年二月　日立找截斷契周陳氏字

（前頁）>>>>

立找截契周陳氏等，出賣有衆田一坵，坐落半嶺后坑塘邊小坑左右兩岸安着，共计正、皮租五石捌方半，今又缺谷，再向雷新寿兄邊找出稻谷四百弍拾市斤正，其谷当收無滯，其田即听雷邊永遠耕種，推收报亩，永作己業，周邊内外人等不得異言，亦無加找取贖等情，倘有枝節不清，均歸周邊自理，毋涉雷邊之事，此係兩願，並無逼抑，今恐無憑，立此找截断契永遠爲照。

公曆一九五〇年二月　日立找截断契周陳氏字

仝挃〔侄〕周志尧（印）

孫周鄂遺（押）

憑挃〔侄〕壻〔婿〕叶永考（印）

周志堯親筆

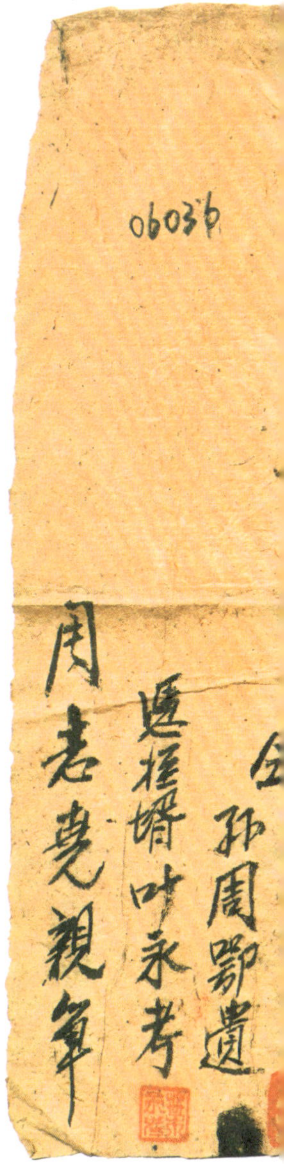

一九五二年周葉氏立賣字

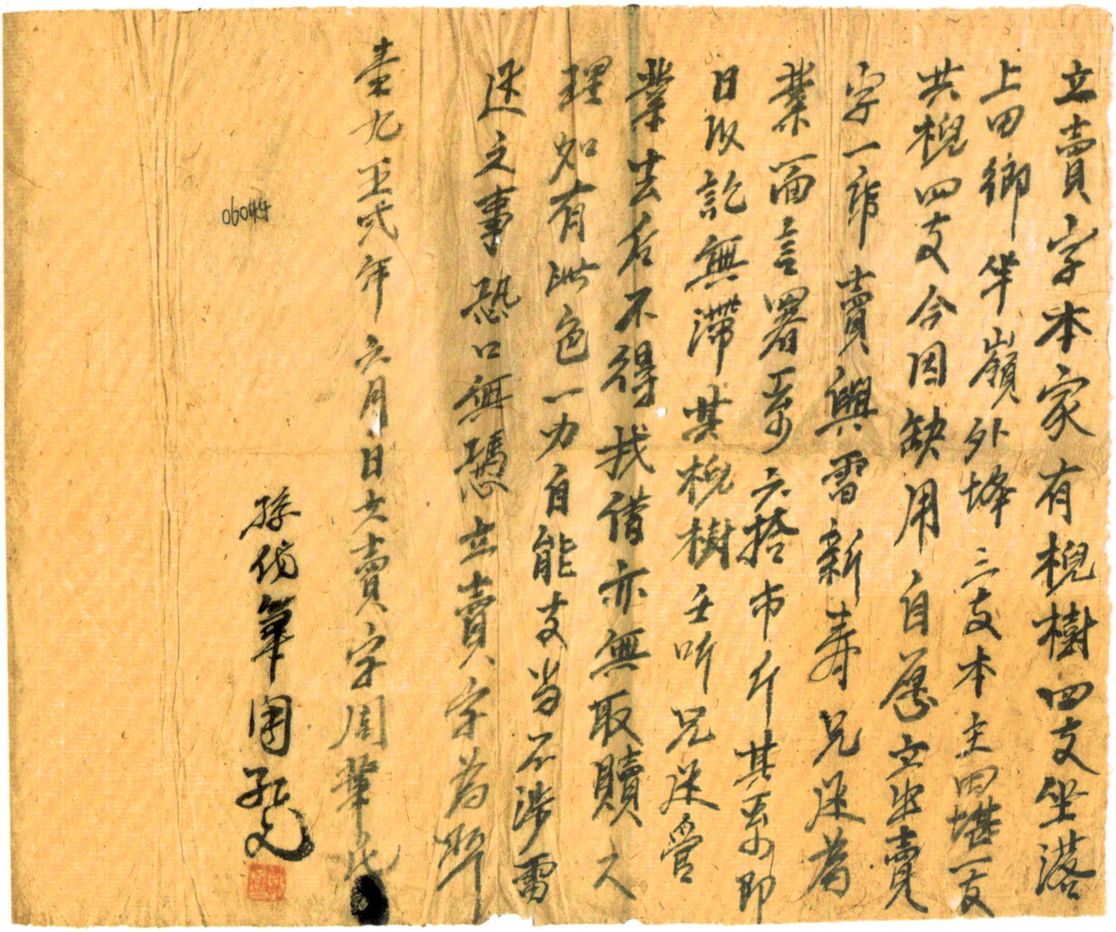

立賣字，本家有梘樹四支，坐落
上田鄉半嶺外垟三支，本主田堪一支，
共梘四支，今因缺用，自愿立出賣
字一紙，賣與雷新寿兄邊爲
業，面言署［薯］系［絲］六拾市斤，其系［絲］即
日收訖無滯，其梘樹壬［任］听兄邊管
業，去后不得找借，亦無取贖之
理，如有此色，一力自能支当，不涉雷
邊之事，恐口無憑，立賣字爲照。

壹九五弍年　六月日立賣字周葉氏（押）

孫伐［代］筆周孔□（印）

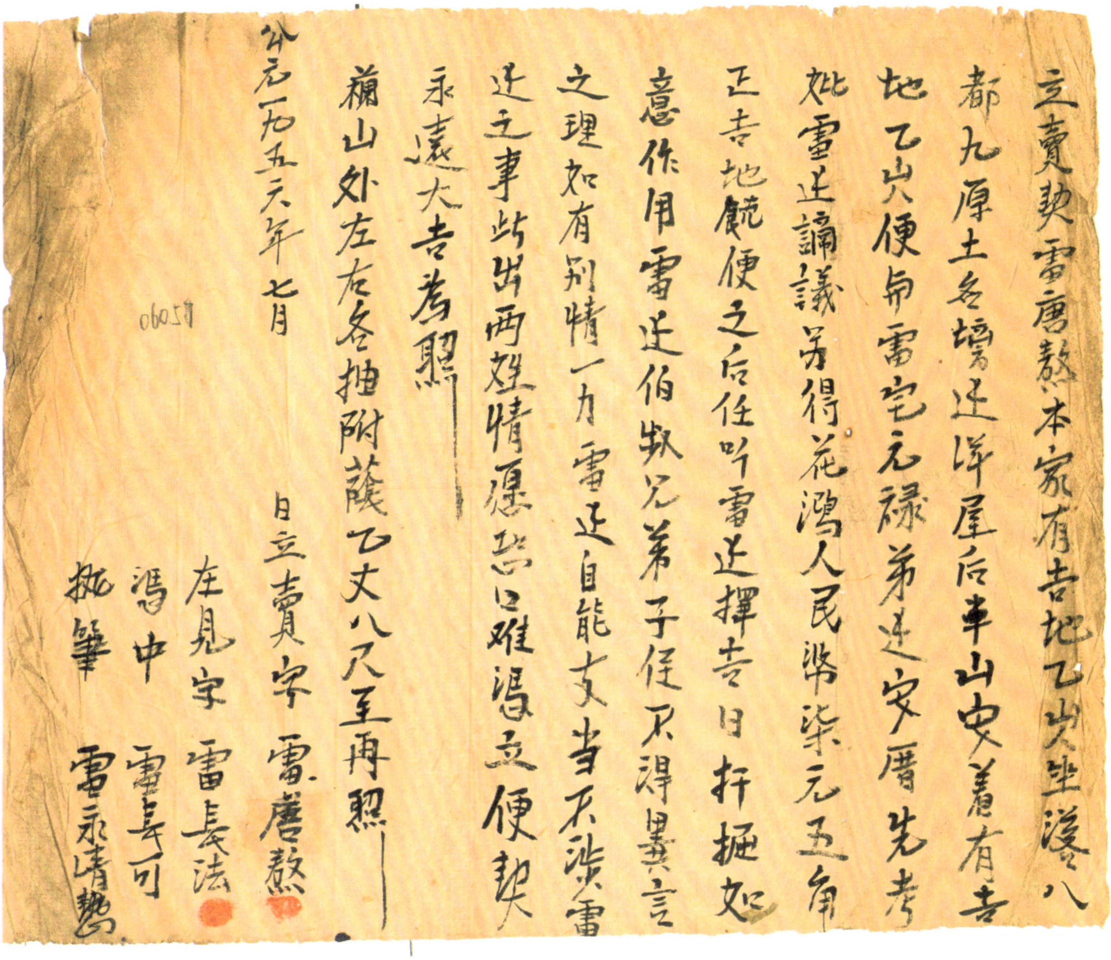

立賣契雷唐熬，本家有吉地一火〔穴〕，坐落八都九原〔源〕，土名塝邊洋屋后半山安着，有吉地一火〔穴〕，便與雷宅元禄弟邊安曆先考妣，雷邊謫議，另得花鴻人民幣柒元五角正，吉地既便之后，任听雷邊擇吉日扦掘，如意作用，雷邊伯叔兄弟子侄不得異言之理，如有別情，一力雷邊自能支当，不涉雷邊之事，此出兩姓情愿，恐口难憑，立便契永遠大吉爲照。

欗山外左右各抽附蔭一丈八尺至，再照。

公元一九五六年七月　日立賣字　雷唐熬（押）

在見字　雷長法（押）

憑中　雷長可

执筆　雷永清（押）

雷張元兄弟三人分書

竹園合中心墩

園岩豆垟上一墩

后半山垟頂園二魁新壽園爲界

后半山外垟園坪三魁

斷垢垟上墩園坪三魁

后坑山一片

后半山菜園中心墩二魁

苧麻園一魁中未分

水圳下園二魁又田口一魁抽中未分

后半山園一片抽中未分

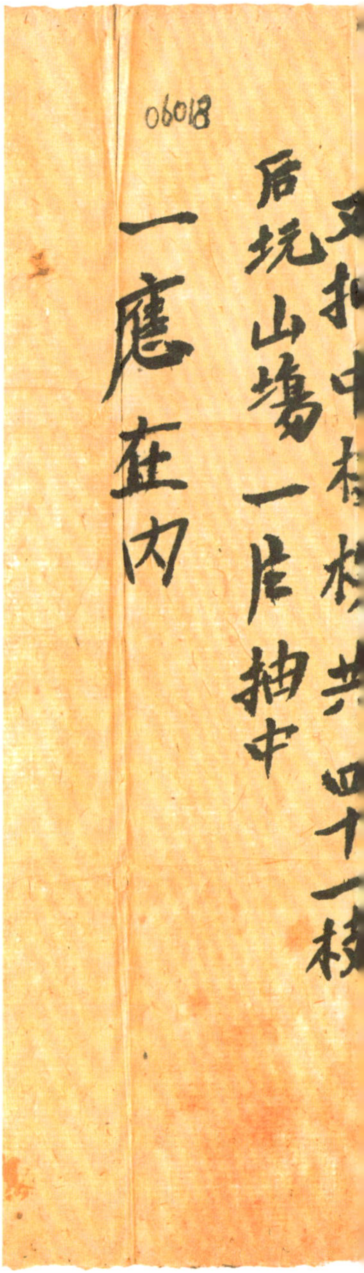

（前頁）>>>>>

雷張元兄弟三人分書

竹園合中心塅

園岩豆垟上一塅

后半山垟頂園二魁，新壽園爲界

后半山外垟園坪三魁

斷坵垟上塅園坪三魁

后坑山一片

后半山菜園中心塅二魁

苧麻園一魁中未分

水圳下園二魁，又田口一魁抽中未分

后半山園一片抽中未分

又抽中榅、杉共四十一枝

后坑山塲一片抽中

一應在内

會單

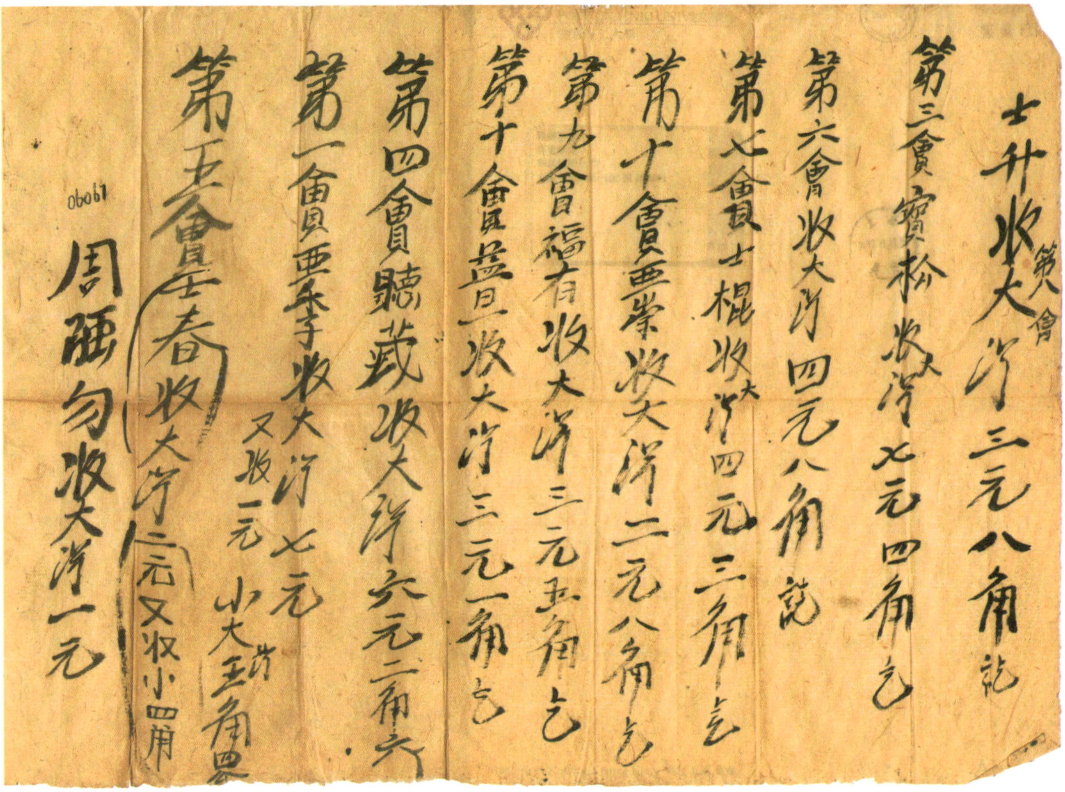

第八會

士升收大洋三元八角訖

第三會賓松收大洋七元四角乞[訖]

第六會收大洋四元八角訖

第七會士棍收大洋四元三角乞[訖]

第十會亞崇收大洋二元八角乞[訖]

第九會福有收大洋三元五角乞[訖]

第十會益旦收大洋三元一角乞[訖]

第四會聽藏收大洋六元二角六

第一會亞季收大洋七元

又收一元小大洋五角四分

第五會壬春收大洋二元，又收小(洋)四角

周强匀收大洋一元

西坑畲族镇雙前民族村上堂藍加星户

道光八年周錫圭立發劄

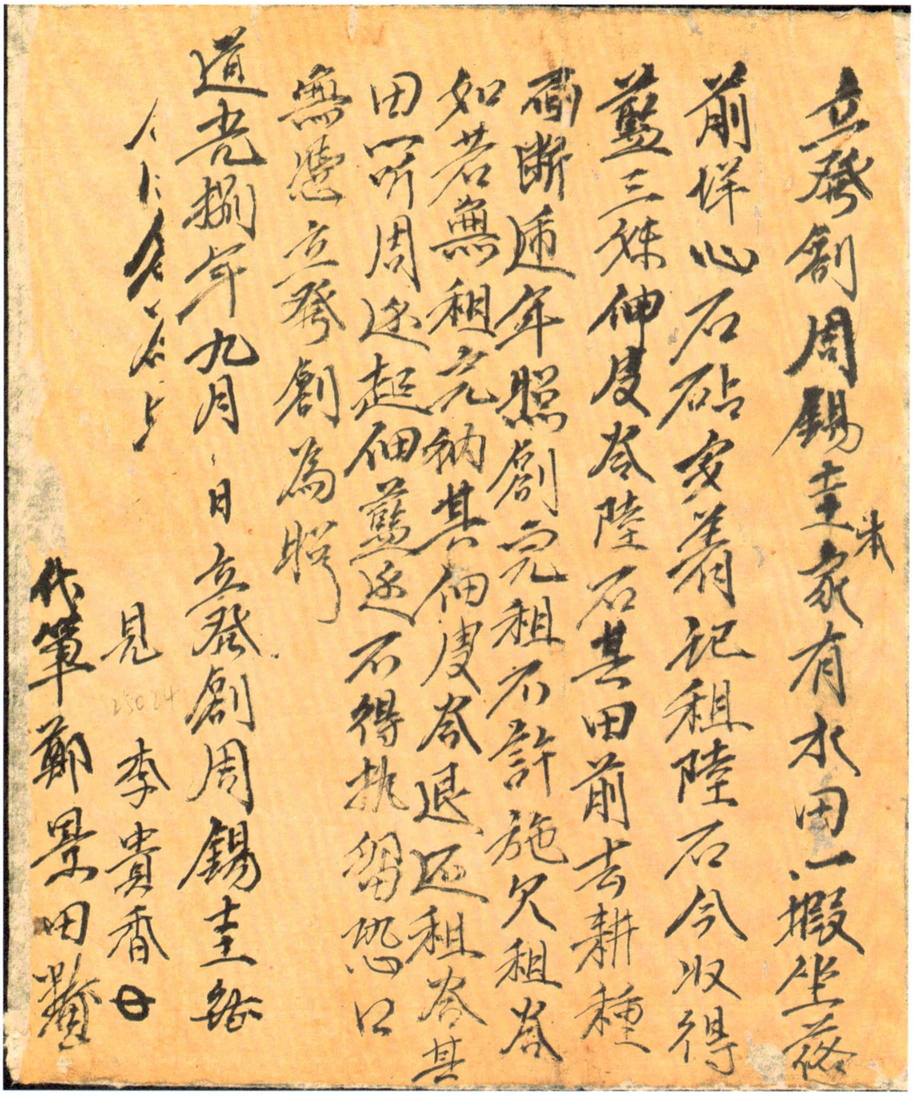

立發劄周錫圭，本家有水田一塅，坐落前垟心石砧安着，记租陸石，今收得藍三妹佃皮谷陸石，其田前去耕種，面断遞年照劄完租，不許施[拖]欠租谷，如若無租完納，其佃皮谷退还租谷，其田一听周邊起佃，藍邊不得执留，恐口無憑，立發劄爲照。

道光捌年九月　日立發劄周錫圭（押）

見　李貴香（押）

代筆鄭景田（押）

道光二十二年藍山姝立賣契

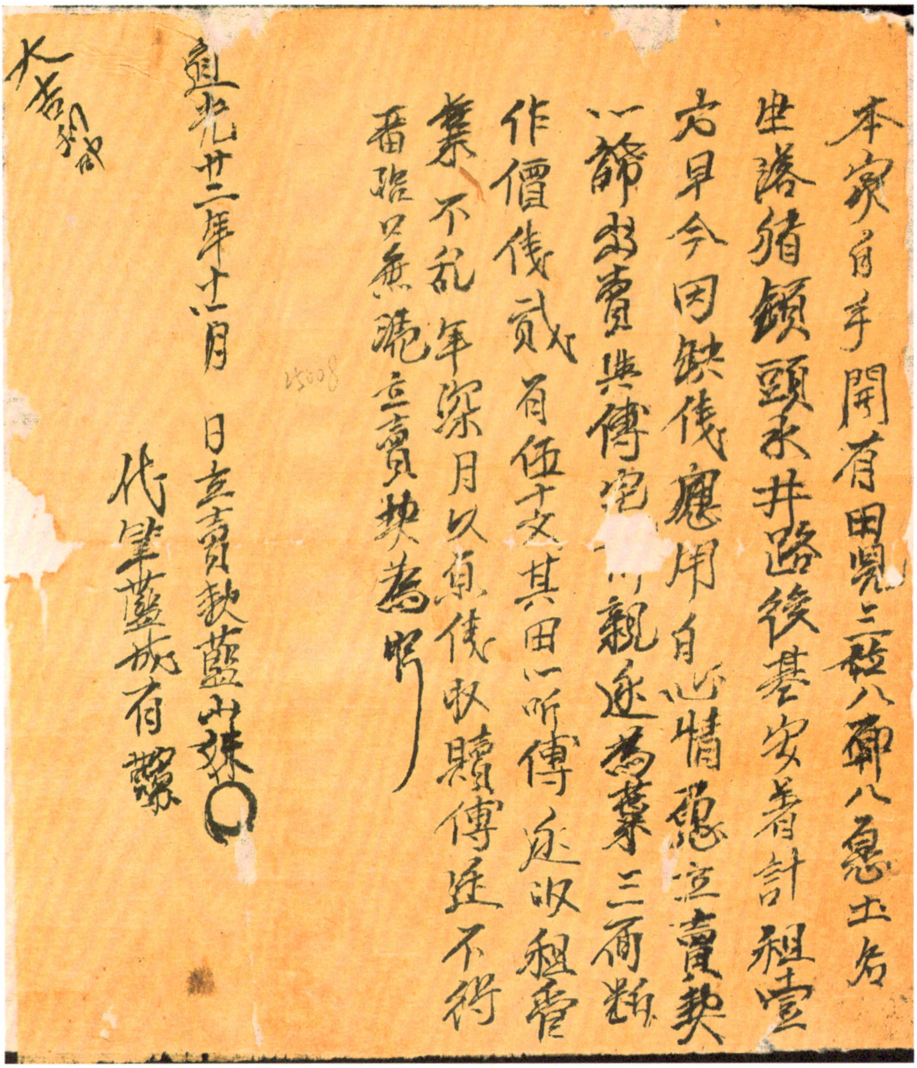

本家自手開有田兒三坵，八都八愿［源］，土名坐落猪鎖頭水井路後基安着，計租壹方早，今因缺錢應用，自心情愿立賣契一紙，出賣與傅宅□親邊爲業，三面断作價錢貳百伍十文，其田一听傅邊收租管業，不乱［論］年深月久，原錢取贖，傅邊不得留，恐口無憑，立賣契爲照。

道光廿二年十一月　日立賣契藍山姝（押）

代筆藍成有（押）

道光二十八年傅聰啓立發劄

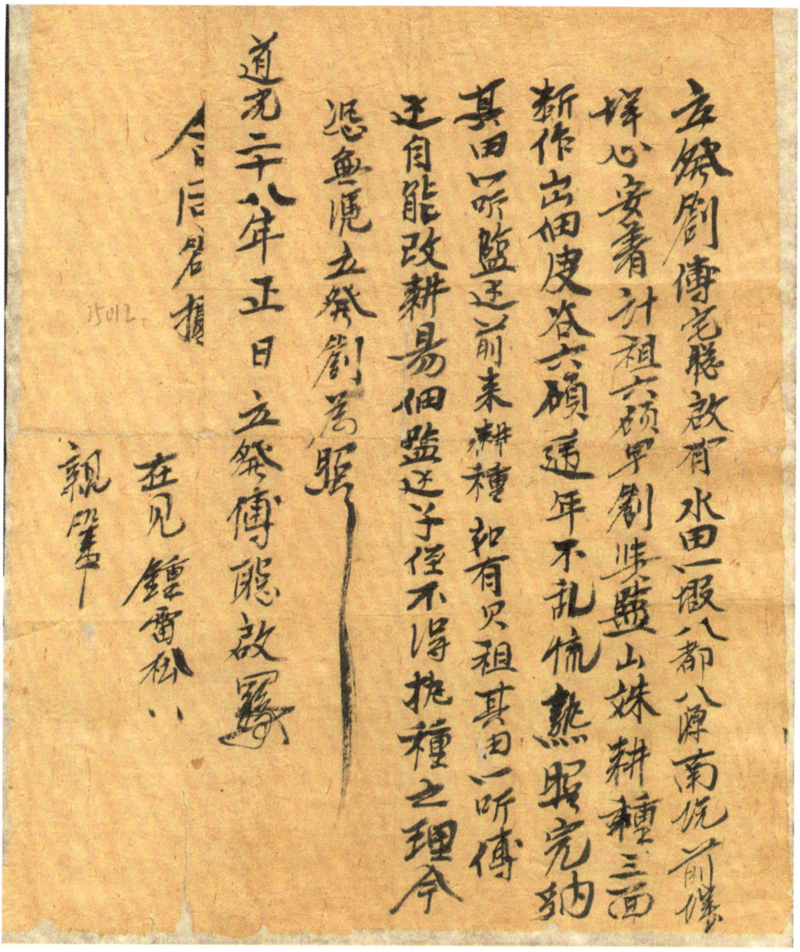

立發劄傅宅聰啓，有水田一塅，八都八源南坑前塽垟心安着，计租六硕早，劄與藍山姝耕種，三面断作出佃皮谷六硕，递年不乱[論]慌[荒]熟照完纳，其田一听藍邊前來耕種，如有欠租，其田一听傅邊自能改耕易佃，藍邊子侄不得执種之理，今恐無憑，立發劄爲照。

道光二十八年正　日　立發傅聰啓（押）

在见　鍾雷松（押）

親筆

道光二十八年周建邦立發劄

本家有水田并寮基及菜園坐八內都上塘寮基安着，計租叁石五方，早發與藍三妹耕種居住，今收過藍邊現租叁石五方，其田等項面斷遞年不拘荒旱，照劄完租，送至周宅過秤，完納清楚。周邊立收字與藍邊為照，如若租谷完納不立收字，將田并基任聽本家起佃，於寮耕種，藍邊不得執霸之理。恐口無憑，立發劄為照。

外批：[illegible]合同先照。

道光念捌年拾弍月　日立發劄周建邦（押）

同治元年壬戌閏八月十八日又收現租叁石五方，并前共租肆石

代筆郭英槃（押）

15016

（前頁）>>>>>

本家有水田並寮基及菜園，坐八内都上塘寮基安着，计
租叁石五方早，發與藍三妹耕種居住，今收過藍邊現租谷
叁石五方，其田等項面断遞年不拘荒旱照劄完租，送至
周宅過扇完納清楚，周邊立收字與藍邊爲照，如若租
谷完納不立收字，將田並基任听本家起佃拆寮耕種，藍
邊不得执霸之理，今恐無憑，立發劄爲照。

道光念捌年拾弍月　日立發劄周建邦（押）

代筆郑英粲（押）

同治元年壬戌闰八月十八日，又收現租谷五方，並前共租肆石

再照

咸豐六年李北溪立當字

本家置有坪（園）壹塊坐落八都八源上堂土名石迳屋後安
着又併園迳有細樹壹枝一應在內今因缺少應用其園坪
出當與李每傳亮正稻親迳當出大麥石伍方本前去應
用面斷照鄉行息約至下年冬迳一併本利交还取贖不得
短少如若無本取贖當字即作賣字發業受迳少
東去居收迳併本取贖當迳不得推留之理如有
此迳自能支當不涉親迳之事今恐無憑立當字
以為照

咸豐六年十二月　日立當字李北溪（押）
在見弟李卓碎妹
代筆鄭景和（押）

（前頁）>>>>

本家置有园坪壹塊，坐落八都八源上堂，土名石邊屋後安着，又並园邊有柏樹壹枝一應在内，今因缺谷食用，其园坪出㑀，当與傅宅正滔親邊，㑀出谷壹石伍方本前去食用，面断照鄉行息，約至下年冬一併本利交还取贖，不得欠少，如若無谷取贖，㑀字即作賣字管業，多还少甫［補］，去后办还並本取贖，傅邊不得执留之理，如有此色，自能支当，不涉親邊之事，今恐無憑，立㑀字爲照。

咸豐六年　十二月　日立㑀［當］字李北溪（押）

在見弟卓碎妹

代筆鄭景和（押）

咸豐十一年卓碎妹立賣字

立賣字卓碎妹本家継父承分有山場壹片坐
落本處土名後坑 安着上至大路爲界下至坑
兒爲界左至業根兄山爲右至傅边爲界俱立四
至分明今因缺錢應用自心情願將山立賣字一紙
出賣與季宅日安親边爲業 三面斷作價九
方正作錢五百四十文即收清乞無滞其山未
賣之先並無內外人等文墨交關既賣之後
一听季边柴木柳樅弃杉木等物在內永遠管業
去後無找無借之理本家伯叔兄弟子侄不得言
三語四如有此色自能知解不若季边之事此
係兩相甘愿並非逼抑等情今恐無憑立賣
字永遠爲照

咸豐拾壹年十二月 日賣字卓碎妹（押）

（前頁）>>>>

立賣字卓碎妹，本家继父承分有山場壹片，坐落本處，土名後坑安着，上至大路爲界，下至坑兒爲界，左至葉根兄山爲（界），右至傅邊爲界，俱立四至分明，今因缺錢應用，自心情願，將山立賣字一紙，出賣與季宅日安親邊爲業，三面断作谷九方正，作錢五百四十文，即收清乞［訖］無滯，其山未賣之先，並無内外人等文墨交關，既賣之後，一听季邊柴木、榔機並杉木等物在内永遠管業，去後無找無借之理，本家伯叔兄弟子侄不得言三語四，如有此色，自能知［支］解，不若季邊之事，此係兩相甘愿，並非逼抑等情，今恐無憑，立賣字永遠爲照。

咸豐拾壹年十二月　日賣字卓碎妹（押）

在見兄李北溪（押）

侄李方鄉（押）

代筆鄭德章（押）

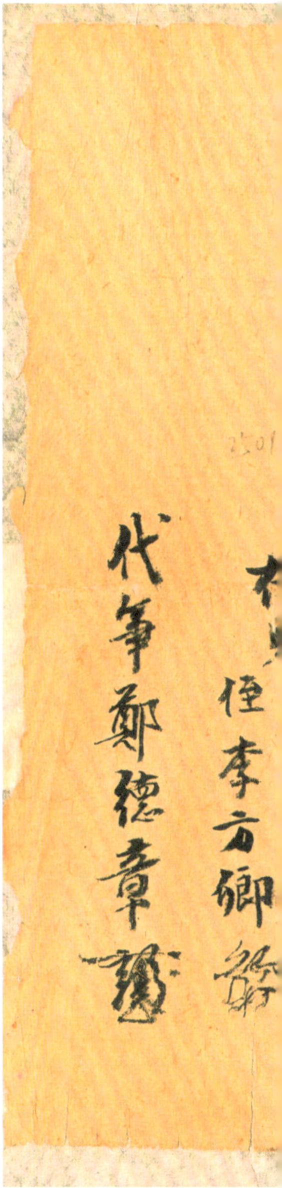

壬戌年藍春田仝弟亞離立當字

立当字人藍春田仝弟亞离父祖手有合分輪
田坐落八都八源土名前垟屋后大平安着計田
壹坵双隔坐與左还今因缺錢應用自心自
愿憑中出立字一紙立與叔还藍萬松
前去出價錢壹千文面断夏年任听叔
还耕種為利不乱年限月以元價取贖如有
此色自能支當不甘叔还之事两家心愿
憑非逼还返悔恐口無憑立当字為照
壬戌年六月　日立当仝弟藍春田〇 亞离
在見弟春竹〇
憑中雷火財
代筆兄勝春號

（前頁）>>>>

立当字人藍春田仝弟亞离，父祖手有合分輪田，坐落八都八源，土名前垟屋后大平安着，計田壹坵，双隔坐與左邊，今因缺錢應用，自心自愿，憑衆出当字一紙，当與叔邊藍萬松前去，当出價錢壹千文，面断夏年任听叔邊耕種爲利，不乱［論］年深月久，元［原］價取贖，如有此色，自能支當，不若叔邊之事，兩家心愿，憑［並］非逼迎［抑］返悔，恐口無憑，立当字爲照。

壬戌年六月　　日立当仝弟藍春田（押）

亞离（押）

在見弟春竹（押）

憑衆雷火財

代筆　兄勝春（押）

同治三年李北奚立賣字契

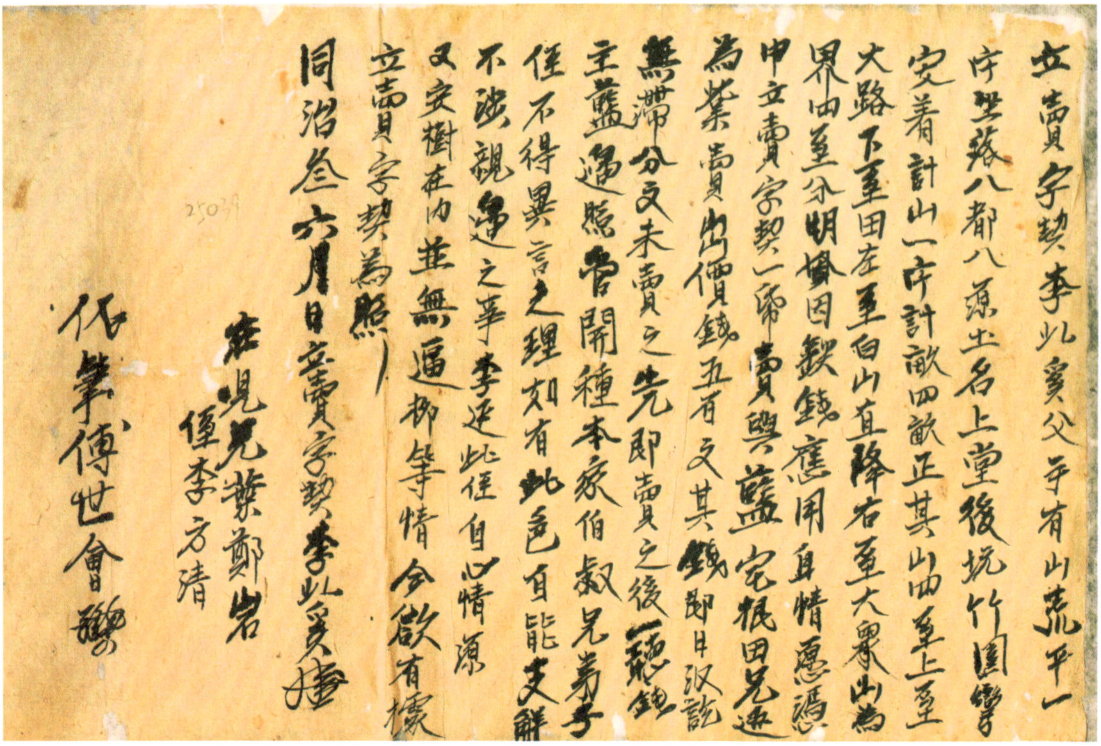

立賣字契李北奚，父手有山荒平〔坪〕一片，坐落八都八源，土名上堂後坑竹園彎安着，計山一片，計畝四畝正，其山四至上至大路，下至田，左至白山直降，右至大衆山爲界，四至分明，今因缺錢應用，自情愿憑中立賣字契一紙，賣與藍宅根田兄邊爲業，賣出價錢五百文，其錢即日收訖，無滯分文，未賣之先，即〔既〕賣之後，一聽錢主藍邊照管開種，本家伯叔兄弟子侄不得異言之理，如有此色，自能支解，不涉親邊之事，李邊此〔子〕侄自心情源〔願〕，又安樹在内，並無逼抑等情，今欲有據，立賣字契爲照。

同治叁（年）六月日　立賣字契李北奚（押）

在見兄葉鄭岩

侄李方清

代筆傅世會（押）

同治四年李北溪立賣字

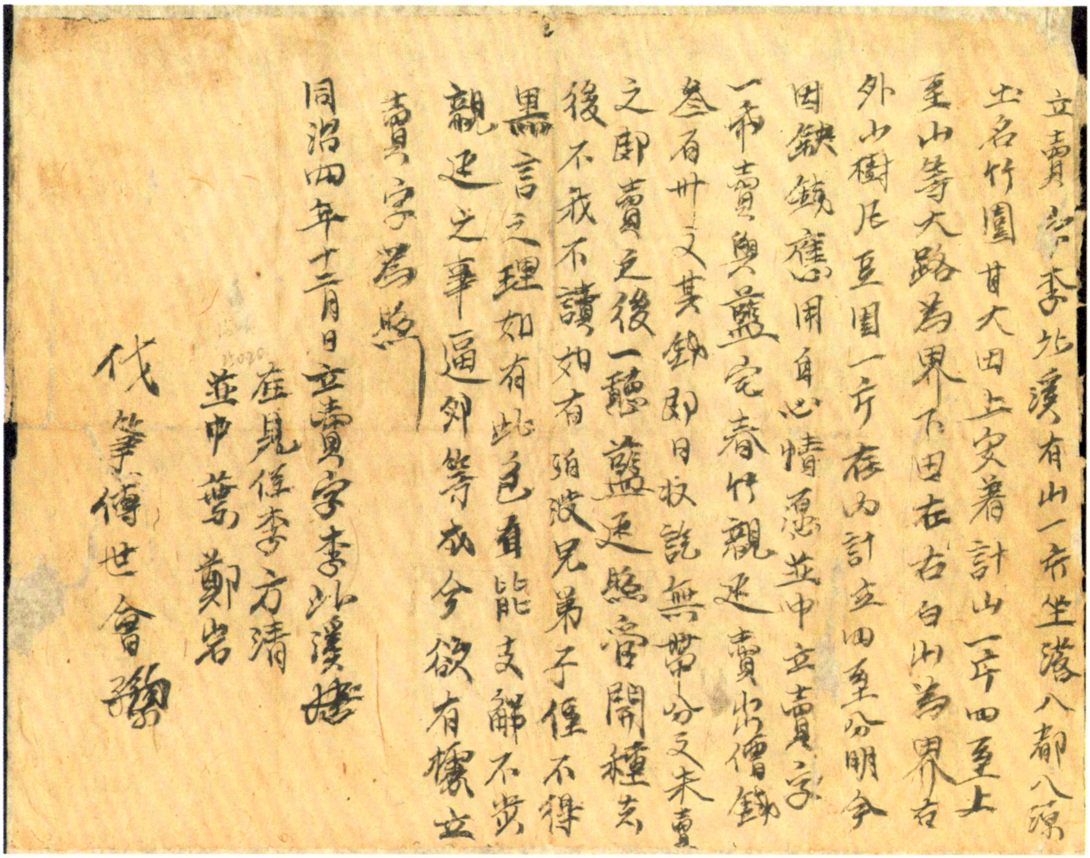

立賣字李北溪，有山一片，坐落八都八源，土名竹園甘大田上安着，計山一片，四至上至山等大路爲界，下田在右白山爲界，右外小樹凡豆園一片在内，計立四至分明，今因缺錢應用，自心情愿，並中立賣字一紙，賣與藍宅春竹親邊，賣出價錢叁百卌文，其錢即日收訖，無帶[滯]分文，未賣之(先)，即[既]賣之後，一聽藍邊照管開種，去後不找不讀[贖]，如有伯叔兄弟子侄不得異言之理，如有此色，自能支解，不步[涉]親邊之事，(並非)逼夘[抑]等成，今欲有據，立賣字爲照。

同治四年十二月日立賣字李北溪(押)

在見侄李方清

並中葉鄭岩

伐[代]筆傅世會(押)

同治六年葉鄭岩立賣字

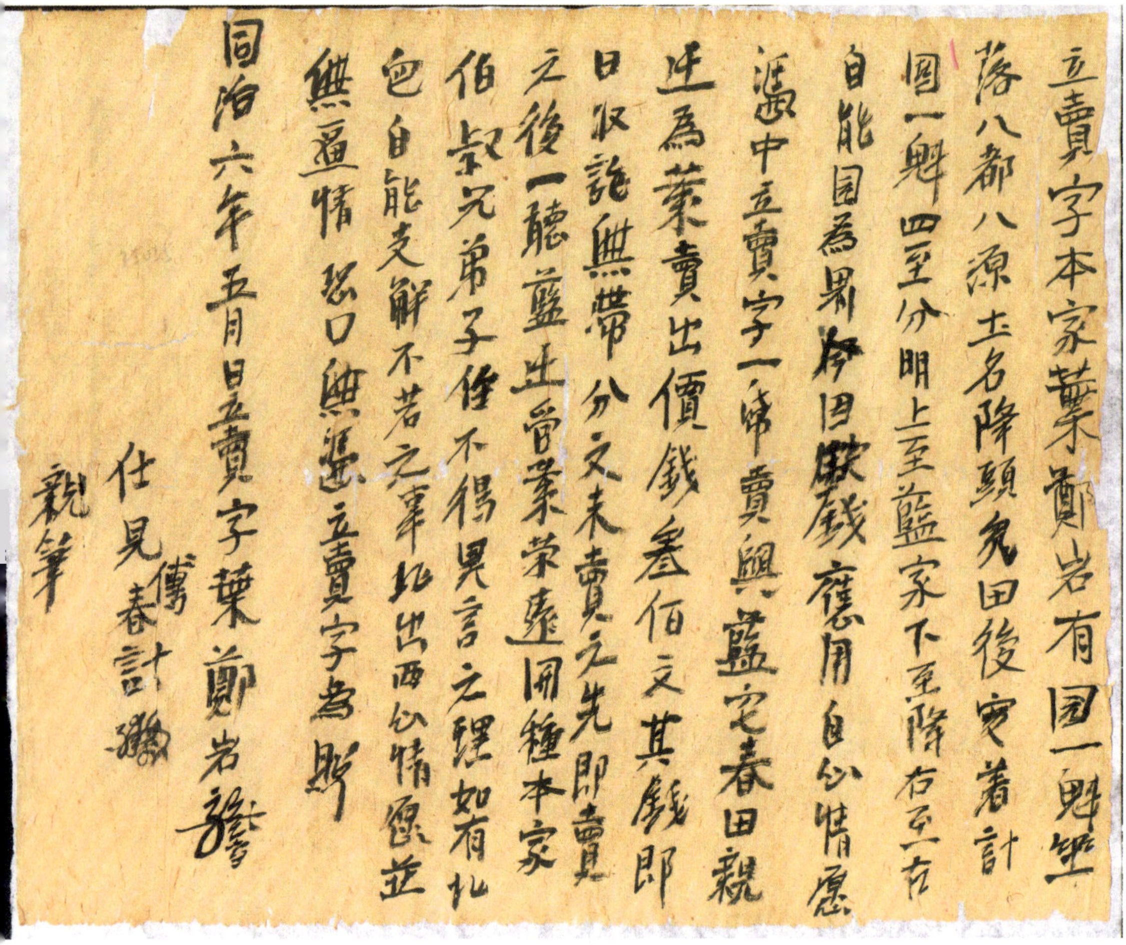

立賣字本家葉鄭岩，有园一魁，坐落八都八源，土名降頭兒田後安着，計園一魁，四至分明，上至藍家，下至降，右至右自能园爲界，今因缺錢應用，自心情愿，憑中立賣字一紙，賣與藍宅春田親邊爲業，賣出價錢叁佰文，其錢即日收訖，無滯分文，未賣之先，即[既]賣之後，一聽藍邊管葉，榮[永]遠開種，本家伯叔兄弟子侄不得異言之理，如有此色，自能支解，不若之事，此出兩心情愿，並無逼情，恐口無憑，立賣字爲照。

同治六年五月　日立賣字葉鄭岩（押）

在見傅春計（押）

親筆

同治十年葉鄭岩立賣字

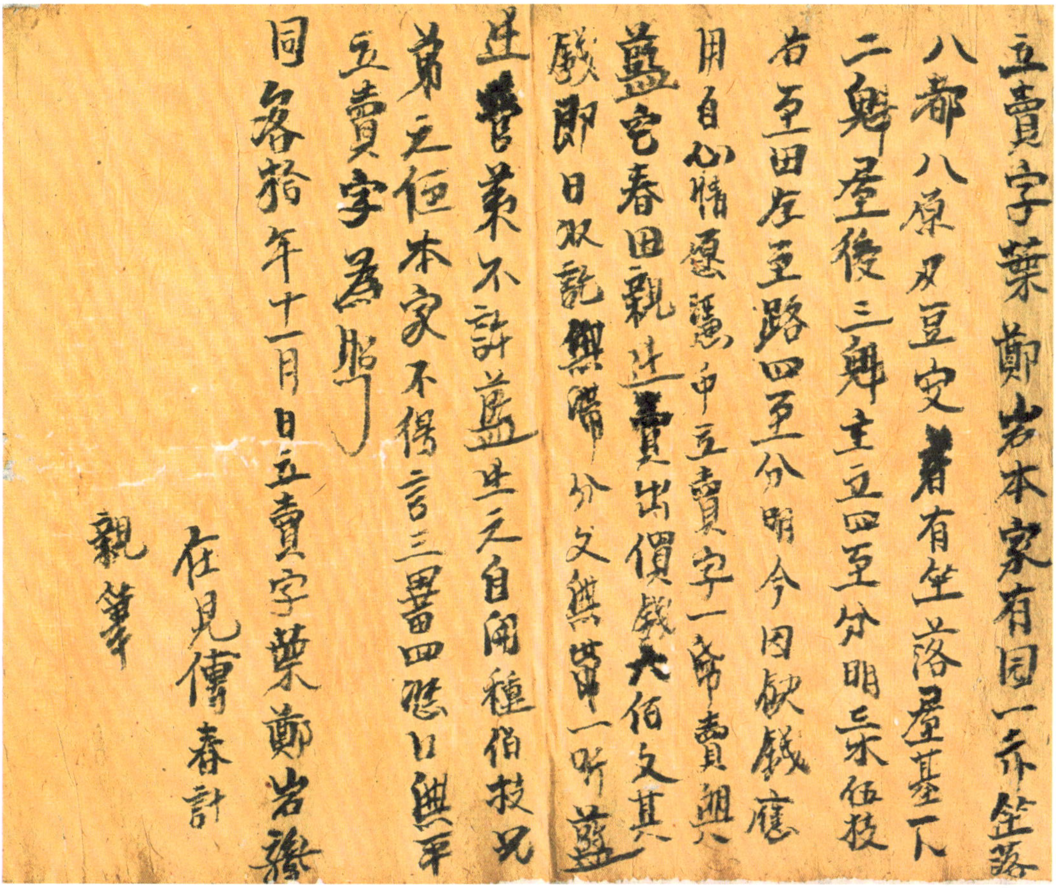

立賣字葉鄭岩，本家有园一片，坐落
八都八原[源]刃豆安着，有坐落屋基下
二魁屋後三魁，主立四至分明，三[杉]木伍枝，
右至田，左至路，四至分明，今因缺钱應
用，自心情愿，憑衆立賣字一紙，賣與
藍宅春田親邊，賣出價錢六佰文，其
錢即日收訖無滯，分文無帶[滯]，一听藍
邊管業，不許藍邊兀自開種，伯叔兄
弟之[子]侄本家不得言三異四，恐口無平[憑]，
立賣字爲照。

同落[治]拾年十一月日立賣字葉鄭岩(押)

在見傅春計

親筆

光緒十六年李方彬立贖回

立贖回李方彬祖手買有烟坪弍塊坐落
八甲都八原土名上唐宴眉其至上至藍延烟下
至路左至路右至藍延烟為界四至分明其烟
契價錢所收完足分文無滯其烟回還藍宗
春行延永種為業李家日後若有前契檢出
不繞行用李家伯叔兄弟子侄不得異言之
理如有此色自能支解恐口無憑立贖回字
還為照

光緒十六年四月日立贖回 李方彬
徐成炎
[illegible]

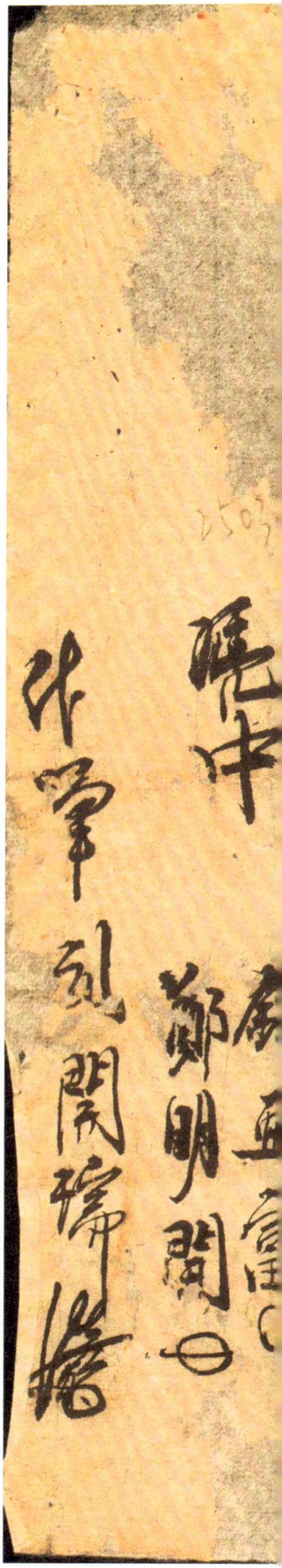
憑中
鄭明開
代筆刘開瑞

（前頁）>>>>

立贖迴李方彬，租手買有园坪弍塊，坐落八内都八原[源]，土名上唐安着，其至上至藍邊園，下至路，左至路，右至藍邊園爲界，四至分明，其園契價錢所收完足，分文無滯，其園迴还藍宅春竹邊永種爲業，李家日後若有前契撿出，不統行用，本家伯叔兄弟子侄不得異言之理，如有此色，自能支解，恐口無憑，立贖回永遠爲照。

徐咸多（押）

光緒十六年四月日立贖回李方彬（押）

藍瑞南（押）

憑中　鍾亞富（押）

鄭明開（押）

代筆刘開瑞（押）

光緒二十二年藍金旺立撥字

立撥字藍金旺承分有田段園地山場屋基
坐落八都八源土名上塘安着樹木桐子竹、
雜柴等項在內，兄親戚叔伯金旺自行出家雷
宅配朋廷以作继子，了烈代傳宗。兄親戚叔伯
祖父藍春田物故，業產撥南藍徐補詩寬宗
補三人永遠為業。承當祖伯父故墓坊德年節
美飲歸南继子承當。有田段園山場屋基樹木竹
雜柴等項弟廷永遠己業，自心情愿立撥字山
弟撥南兄弟三人永遠管業，伯叔兄弟子侄不
得異言之理。如有此業道自能支當，不涉弟廷
之事。此出兩心情愿，並非逼抑等情。今欲
有憑，立撥字永遠為據。

撥字大吉

25002

光緒念叁年八月　日立撥字藍金旺（押）

在見叔　樹南（押）

兄　堂海

見舅　肖存巧（押）

中　鄭明東（押）

岳丈雷　碎朋（押）

見中程嚴會（押）

代筆　肖雲彪（押）

（前頁）>>>>

立撥字藍金旺，承分有田段、園地、山塲、屋基、坐落八都八源，土名上塘安着，樹木、柏子、竹、雜柴等項在内，憑親戚叔伯，金旺自行出家雷宅碎朋邊以作继子，烈代傳宗，憑親戚叔伯，祖父藍春田物故，業產撥與藍徐補、詩党、家補三人永遠爲業，承當祖伯父坟墓功德，年節羹飲归與继子承當，有田段、園、山塲、屋基、樹木、竹、雜柴等項，弟邊永遠己業，自心情愿，立撥字一紙，撥與兄弟三人永遠管業，伯叔兄弟子侄不得異言之理，如有此色，自能支當，不涉弟邊之事，此出兩心情愿，並非逼抑等情，今欲有撥字永遠爲照。

光緒念弍年　八月　日立撥字藍金旺（押）

在見　叔樹南（押）

兄堂海

憑中　公局富存巧（押）

郑旺東（押）

岳丈雷碎朋（押）

憑中程嚴會（押）

代筆富雲顏（押）

立盡契傅會崇本家自……

源前垟垟心安着計租陸碩正計畝貳畝〇分其界上至

鄭家田下至周家田左至大路右至小坑為界俱至四界

分明今因缺錢應用自心甘愿憑衆將此田立盡契立

盡契壹紙向與藍徐黨親邊為業三面言定出得價

英洋貳拾捌元正其洋當收清訖分文無滯此田

未盡之先並無內外人等文墨交關既盡之後其田

聽從藍邊自行起田耕種管業兩無十年以外如

還原價取贖不許返悔此出兩心甘愿並非逼抑等情

恐口無憑立盡契為照

光緒貳拾捌年十一月　日立盡契傅會崇（押）

在見叔　炳金（押）

為衆　鄭正根（押）

代筆　鍾大纯（押）

(前頁)>>>>

立賣契傅會崇，本家自手承分有水田壹坵，坐落八都八源前垟垟心安着，计租陸碩正，计亩弍亩四分，其界上至鄭家田，下至周家田，左至大路，右至小坑爲界，俱立四至分明，今因缺錢应用，自心甘愿，憑衆將此田立賣契立賣契壹紙，向與藍徐黨親邊爲業，三面言定，出時價英洋貳拾捌元正，其洋当收清訖，分文無滯，此田未賣之先，並無内外人等文墨交關，既賣之後，其田听從藍邊自行起田[佃]耕種管業，面断十年以外办還原價取贖，不许返賣，此出兩心甘愿，憑[並]非逼抑等情，恐口無憑，立賣契爲照。

光緒貳拾捌年十一月　日立賣契傅會崇(押)

在見叔　炳金(押)

爲衆　鄭正根(押)

代筆　鍾大純(押)

光緒三十一年傅會崇立退佃

八都八源前垟垟心安着計租陸碩界至畝分前至
正找二契再行不必重書今因缺洋應用自愿將
此田立找契一紙文向黃徐覺親邊為業三面言訂
退出時價英洋壹拾伍元正其洋當收清楚退佃
之後其田任聽退與黃邊自行起佃耕種管業
面斷十年以外亦退原價取贖黃邊不得執言此
出兩造甘愿並無逼退抑勒等情恐口無憑今欲有
據立退佃為照

光緒叁拾壹年十二月　日立退佃傅金崇（押）
在見叔　炳金（押）
憑衆　鄭正根（押）
代筆　鍾大純（押）

（前頁）>>>>

立退佃傳会祟，本家先年出賣有水田壹塅，坐落八都八源前垟垟心安着，计租陸碩，界至、亩分前有正、找二契再［載］明，不必重書，今因缺洋应用，自愿将此田立找契一紙，又向藍徐党親邊爲業，三面言订，退出時價英洋壹拾伍元正，其洋当收（無）滞，既退佃之後，其田任听退與藍邊自行起佃耕種管業，面断十年以外办還原價取贖，藍邊不得执言，此出兩造甘愿，並非逼抑等情，恐口無憑，今欲有據，立退佃爲照。

光緒叁拾壹年十二月　日立退佃傳会祟（押）

在見叔炳金（押）

憑衆郑正根（押）

代筆鍾大純（押）

光緒三十三年藍榮立立賣字

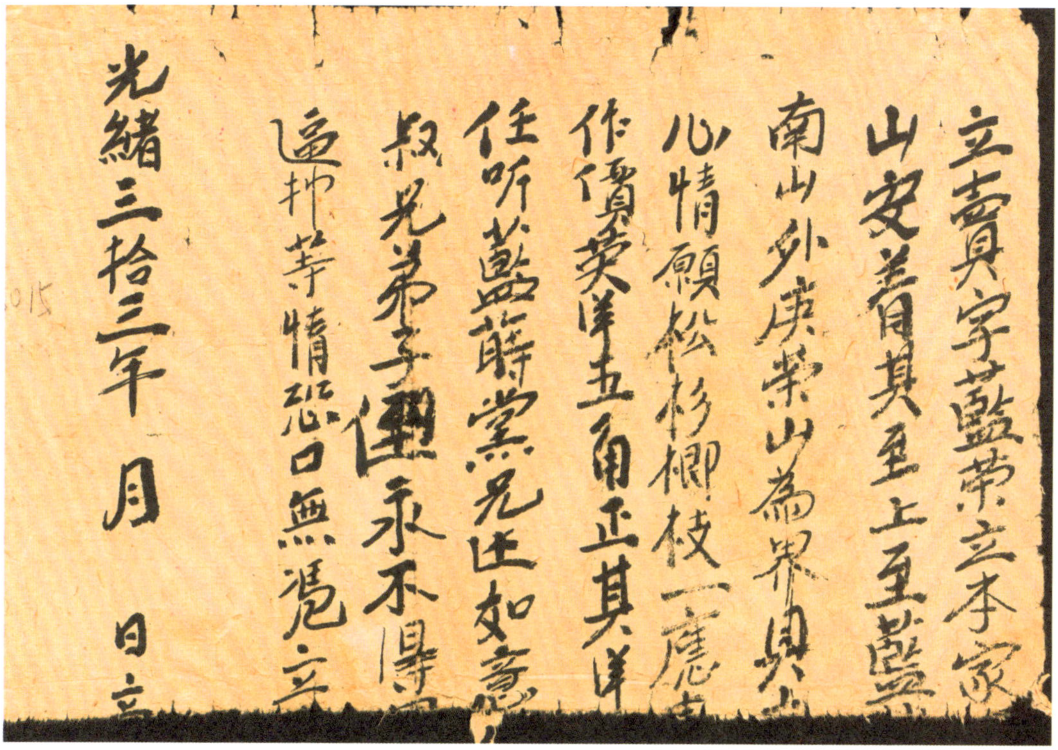

立賣字藍荣立，本家
山安着，其至上至藍
南山外庚荣山爲界，具
心情願，松杉榔枝一應
作價英洋五角正，其洋
任听藍蒔黨兄邊如意
叔兄弟子侄永不得
逼抑等情，恐口無憑，立
光緒三拾三年 月 日立

宣統三年傅立儉立賣契

立賣契傅立儉祖父手有竹園山面壹真
坐落八都八源上堂新屋基田下安着左至步畢山
右至則安山上至周迭屋基田下至則安竹園為界
具立四至分明今因缺錢應用叔侄三人全賣自心
情愿有山場樹木應任内蘇蘇筍竹向與
鍾宅行親迭賣出價錢英洋四元正此洋伍角
任與鍾迭已業傅迭伯叔兄弟子侄不許言三語四
之理如有此色自走当亦無價無找無贖之理 鍾
迭来遠趕業

為照

宣統叁年閏六月　　日立傅立儉 押

傅望巧○

傅運巧

憑中鄭根蒙 押

在見鄭日珍 上点

李望圖 押

代筆藍徐木 押

民國元年傅會崇立截借退佃字

（前頁）>>>>

立賣契傅立儉，祖父手有竹園山面壹真，坐落八都八源上堂新屋基田下安着，左至步單山，右至則安山，上至周邊屋基田，下至則安竹園爲界，具立四至分明，今因缺錢應用，叔侄三人仝賣，自心情愿，有山場樹木應任内籙籙笋竹，向與鍾字行親邊，賣出價錢英洋四元正小洋伍角，任與鍾邊己業，傅邊伯叔兄弟子侄不許言三語四之理，如有此色，自支当，亦無價無找無贖之理，鍾邊永遠趕業爲照。

宣統叁年閏六月　　日立傅立儉（押）

傅望巧（押）

傅運巧

憑衆鄭根蒙（押）

在見鄭日珍（押）

李望圖（押）

伐［代］筆藍徐木（押）

宙分前有正契載明今因缺銀其用立截借退佃字一命任听藍世富親正爲業退出價銀英洋弍拾四元正其銀即月收訖分文無滞自退之後此田、任听藍正發佃耕種管業盡價足兩心精愿吾口足伯叔兄弟子侄永不得異言如有此色自能支解不涉錢主之事兩心甘愿今欲有據恐口無憑立截借退佃字永遠爲照

中華民國元年壬子歲次十二月　日立　借　傅會棠（押）

憑中　傅炎仁（押）

代筆　傅良彪（押）

（前頁）>>>>

立截借退佃字，本家先年上手出賣有水田一坵，租数、亩分前有正契載明，今因缺銀應用，立截借退佃字一紙，任听藍世當親邊爲業，退出價銀英洋弍拾四元正，其銀即日收訖，分文無滯，自退之後，此田任听藍邊發佃耕種管，契盡價足，兩心精［情］愿，吾邊伯叔兄弟子侄永不得異言，如有此色，自能支解，不涉錢主之事，兩心甘愿，今欲有據，恐口無憑，立截借退佃字永遠爲照。

中華民國元年壬子歲次十二月日立　傅會崇（押）

憑中　傅步乙（押）

代筆　傅良彪（押）

民國元年傅良彪立當字

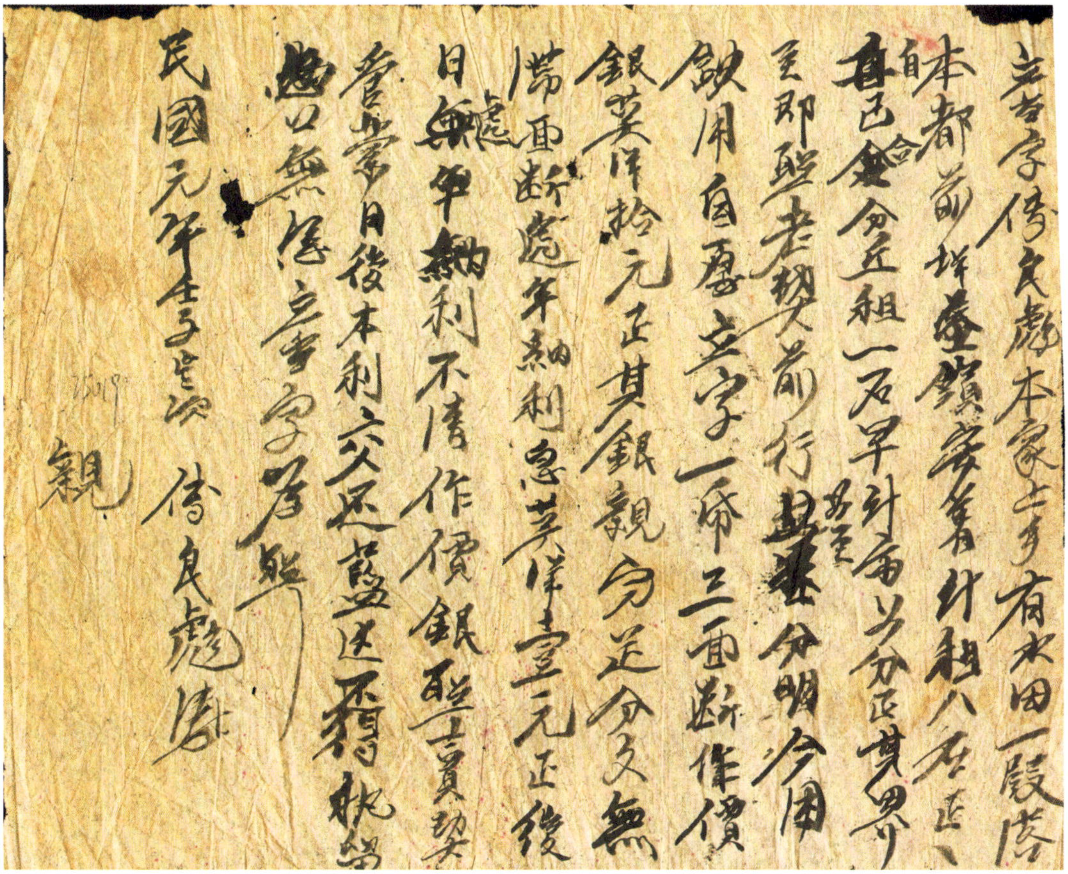

立当字傅良彪，本家上手有水田一段，落本都前垟□嶺安着，计租八石正，自己合分丘租一石早，計亩四分正，其界至即照老契前行四至分明，今因缺用，自愿立字一紙，三面断作價銀英洋拾元正，其銀親（收）完足，分文無滞，面断遞年納利息英洋壹元正，後日遞年納利不清，作價銀，照賣契管業，日後本利交还，藍邊不得执留，恐口無憑，立当字爲照。

民國元年壬子歲次　傅良彪（押）

親

民國二年傅劉氏仝子仁興立賣契

立賣契傅門刘氏仝子仁興本家祖手承分有水田壹
坵坐落八都八源土名工塘後坑壠尾安着計租叁石
早計畝壹畝弍分正其界上至傅均前田下至藍廷
田左至白山右至小坑為界俱出四至分明今因缺
用自愿將此田立契一帋出賣与藍宅詩堂親廷三
面斷作價銀英洋貳拾貳元正其洋即收清訖無滞
此田未賣之先並無人等文墨交干自賣之後此田任
听藍廷收租管業帖税完粮不敢欠租如欠少租谷起佃

耕種永為已業，本家伯叔兄弟子侄不得異言之理。如有
内外人等，本家自能一力支当，不涉錢主之事。此係兩心
情愿，並無逼抑返悔等情，恐口無凭，立賣契為照。

民国贰年癸丑歲次十月　　日立賣契傅門刘氏（押）
仝子　傅仁興（押）
在見　傅有崇
為中
代筆　楊聖文（押）

(前頁)>>>>

立賣契傅門刘氏仝子仁興，本家祖手承分有水田壹坵，坐落八都八源，土名上塘後坑壠尾安着，計租叁石早，計畝壹畝弍分正，其界上至傅均前田，下至藍邊田，左至白山，右至小坑爲界，俱出四至分明，今因缺用，自愿將此田立契一紙，出賣与藍宅詩堂親邊，三面断作價銀英洋貳拾貳元正，其洋即收清訖無滯，此田未賣之先，並無人等文墨交干，自賣之後，此田任听藍邊收租管業，帖税完粮，不改[敢]欠租，如欠少租谷，起佃耕種，永爲己業，本家伯叔兄弟子侄不得異言之理，如有内外人等，本家自能一力支当，不涉錢主之事，此係兩心情愿，並無逼抑返悔等情，恐口無憑，立賣契爲照。

民國弍年癸丑歲次十月　日立賣契傅門刘氏(押)

仝子　傅仁興(押)

在見　傅有崇

爲中　楊聖文(押)

代筆

民國二年傅劉氏仝子仁興立截借退佃盡字

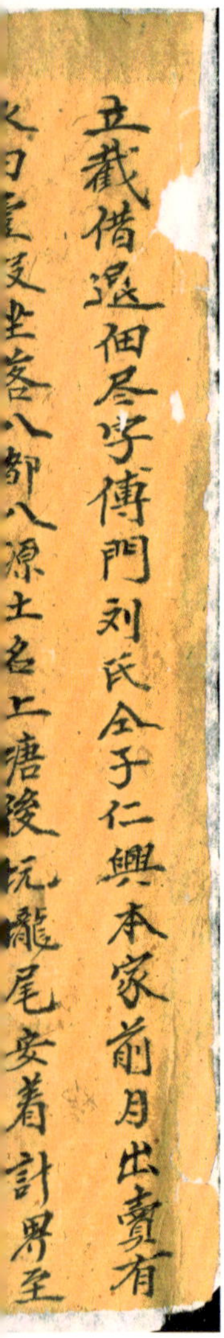

租數畝分前有正找二契載明不必重書今又[illegible]
中再向藍宅詩堂親邊三面截借退出英洋柒元正其洋
即收清訖無滯此田自截借退佃之後任听藍邊起佃耕
種推收过户税契完粮永遠已業本家伯叔兄弟子
侄去后永無找借亦無取贖之理如有内外人等本
家自能一力支当不涉錢主之事此出兩心甘愿並無
逼抑返悔等情恐口無凭立截借退佃字永遠為照

民国弍年癸丑歲次十二月　日立截借退佃尽字傅門刘氏〇

全子　傅仁興

在見　傅有崇

憑中

代筆　楊聖文

（前頁）>>>>

立截借退佃尽字傳門刘氏仝子仁興，本家前月出賣有水田壹坵，坐落八都八源，土名上塘後坑壠尾安着，計界至、租数、畝分前有正、找二契載明，不必重書，今又缺用，激[邀]仝原中，再向藍宅詩堂親邊三面截借退出英洋柒元正，其洋即收清訖無滯，此田自截借退佃之後，任听藍邊起佃耕種，推收过户，税契完粮，永遠己業，本家伯叔兄弟子侄去后永無找借，亦無取贖之理，如有内外人等，本家自能一力支当，不涉錢主之事，此出兩心甘愿，並無逼抑返悔等情，恐口無憑，立截借退佃字永遠爲照。

民國弍年癸丑歲次十二月　日立截借退佃尽字傳門刘氏（押）

仝子　傅仁興（押）

在見　傅有崇

憑衆

代筆　楊聖文（押）

民國十年藍步體母雷氏立賣契

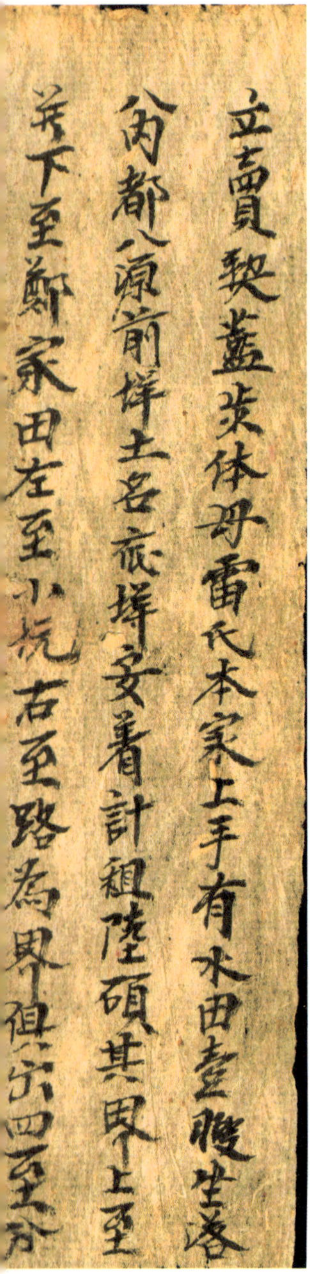
立賣契藍步体母雷氏本家上手有水田壹坵坐落
八都八源前垟土名底垟安着計租陸碩其界上至
并下至鄭家田左至小坑右至路為界俱出四至之分

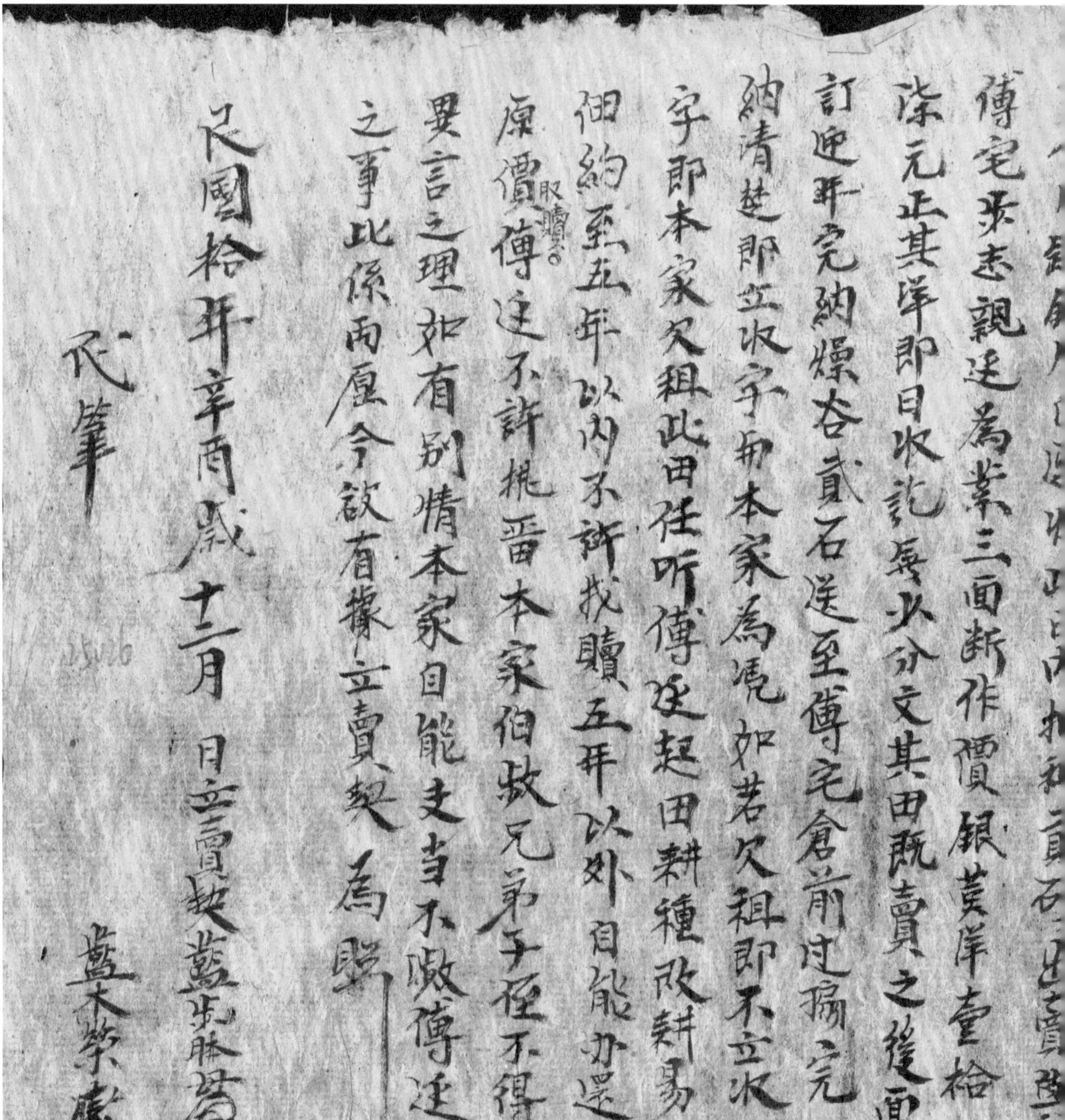

傳宅叔志觀邊為業三面斷作價銀英洋壹拾
柒元正其洋即日收訖無欠分文其田既賣之後面
訂邊年完納糧谷貳石邊至傳宅倉前過扇完
納清楚即立收字付本家為憑如若欠租即不立收
字即本家欠租此田任听傳邊起田耕種改耕另
佃納至五年以內不許找贖五年以外自能办還
原價取贖傳邊不許執留本家伯叔兄弟子侄不得
異言之理如有別情本家自能支当不涉傳邊
之事此係兩愿今欲有據立賣契為照
民國拾年辛酉歲十二月　日立賣契藍步勝（押）
代筆　藍木榮（押）

（前頁）>>>>

立賣契藍步体母雷氏，本家上手有水田壹段，坐落八内都八源前垟，土名底垟安着，計租陸碩，其界上至並下至鄭家田，左至小坑，右至路爲界，俱出四至分明，今因缺銀用，自愿將此田内抽租貳碩，出賣與傅宅步志親邊爲業，三面断作價銀英洋壹拾柒元正，其洋即日收訖，無少分文，其田既賣之後，面訂迺［遞］年完納燥谷貳石，送至傅宅倉前過搧完納清楚，即立收字與本家爲憑，如若欠租，即不立收字，即本家欠租，此田任听傅邊起田［佃］耕種，改耕易佃，約至五年以内不許找贖，五年以外，自能办還原價取贖，傅邊不許执留，本家伯叔兄弟子侄不得異言之理，如有别情，本家自能支当，不涉傅邊之事，此係兩愿，今欲有據，立賣契爲照。

民國拾年辛酉歲十二月　日立賣契藍步体母（押）

代筆　藍木榮（押）

民國十六年雷旺財立招子婚書

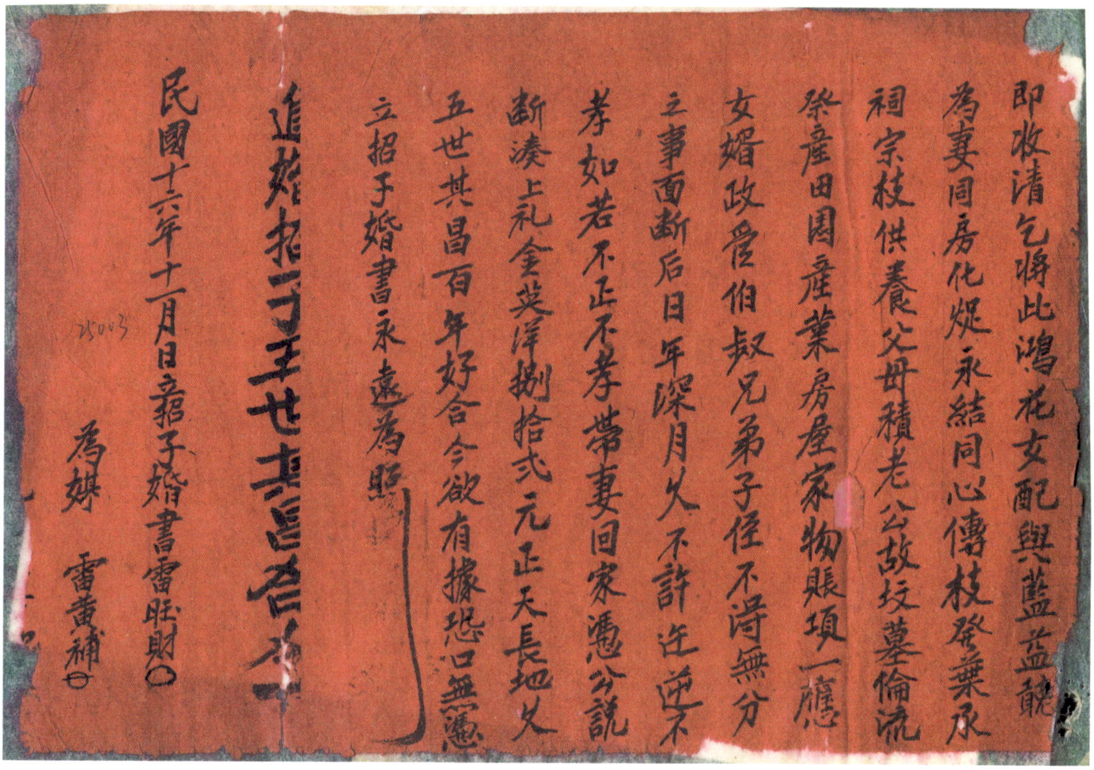

即收清乞[訖]，将此鴻花女配與藍益聽
爲妻，同房化□，永結同心，傳枝發葉，承
祠宗枝，供養父母，積老公故，坟墓倫[輪]流
祭産田園産業、房屋家物、賬項一應
女婿政管，伯叔兄弟子侄不得無分
之事，面断后日年深月久不許迮逆不
孝，如若不正不孝，帶妻回家，憑公説
断，凑上礼金英洋捌拾弍元正，天長地久，
五世其昌，百年好合，今欲有據，恐口無憑，
立招子婚書永遠爲照。

民國十六年十一月日立招子婚書雷旺財（押）

爲媒　雷黄補（押）

民國二十二年藍家補等立當字

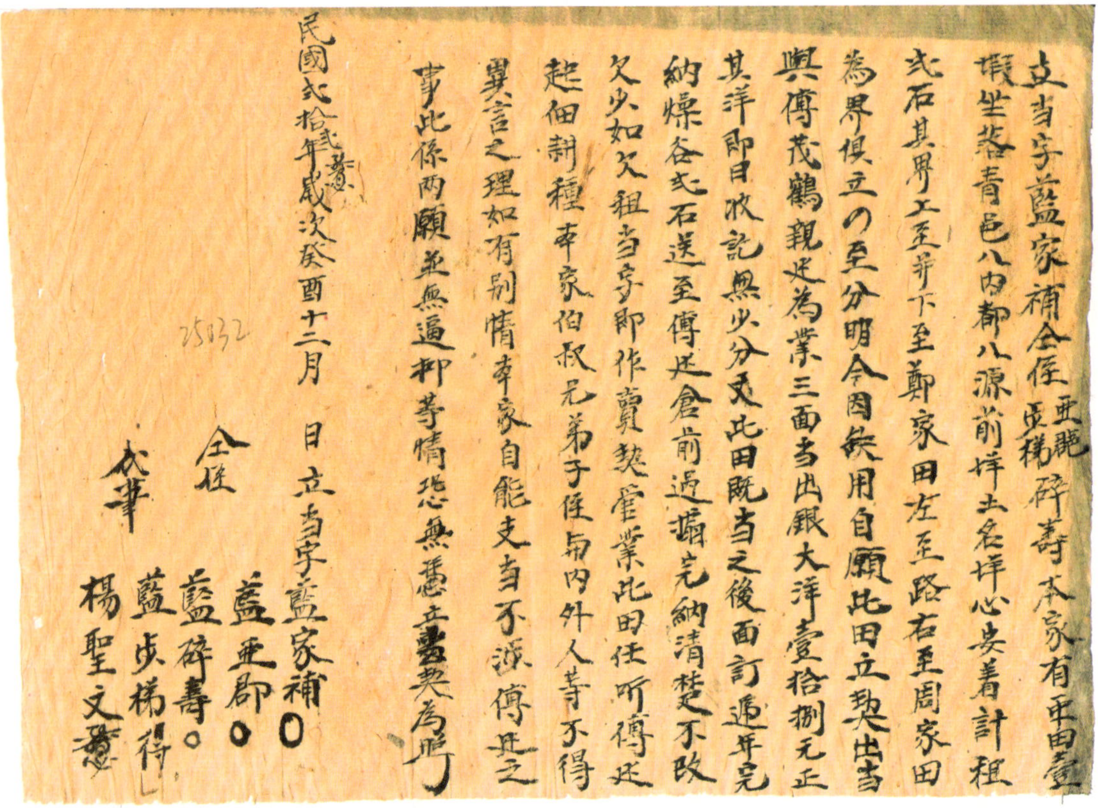

立当字藍家補仝侄亞郡、步梯、碎壽，本家有衆田壹塅，坐落青邑八内都八源前垟，土名垟心安着，計租弍石，其界上至並下至鄭家田，左至路，右至周家田爲界，俱立四至分明，今因缺用，自願此田立契出当與傳茂鶴親邊爲業，三面当出銀大洋壹拾捌元正，其洋即日收訖，無少分文，此田既当之後，面訂遞年完納燥谷弍石，送至傳邊倉前過掮完納清楚，不改[敢]欠少，如欠租，当字即作賣契管業，此田任听傳邊起佃耕種，本家伯叔兄弟子侄與内外人等不得異言之理，如有別情，本家自能支当，不涉傳邊之事，此係兩願，並無逼抑等情，恐無憑，立當契爲照。

民國弍拾弍年歲次癸酉十二月　日　立当字藍家補(押)

仝侄　藍亞郡(押)

藍碎壽(押)

藍步梯(押)

代筆　楊聖文(押)

民國三十一年藍周苗立賣契

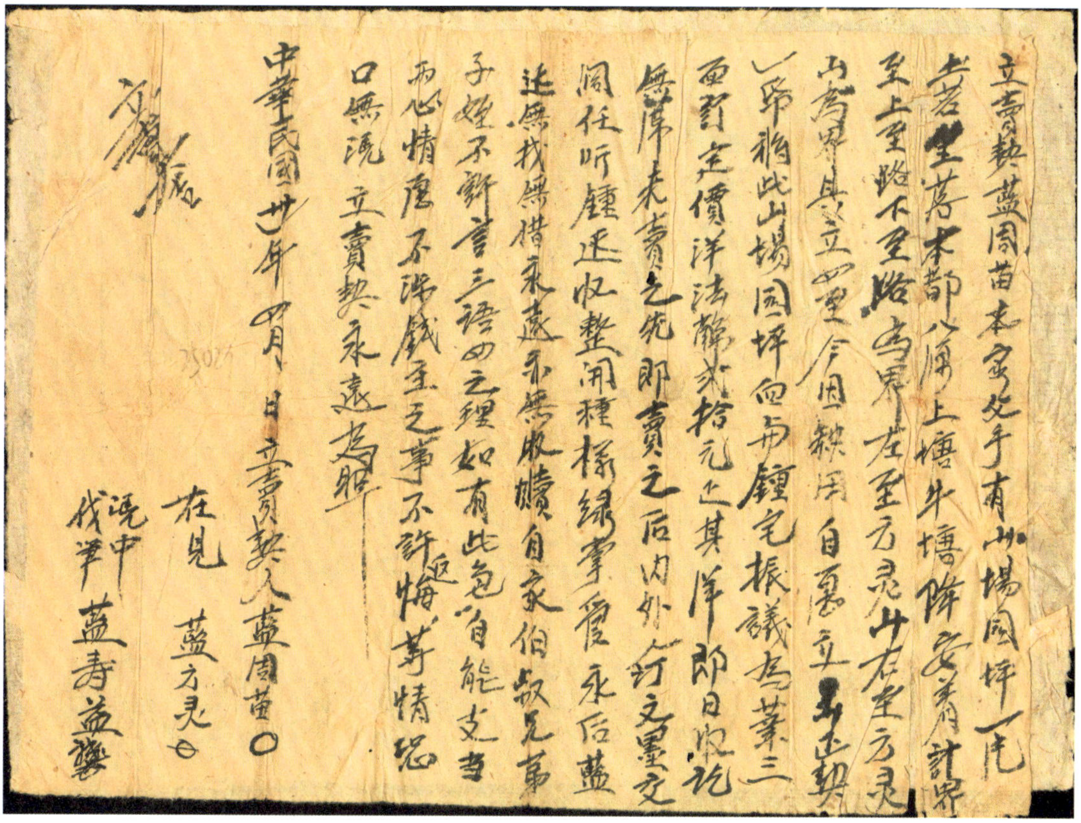

立賣契藍周苗，本家父手有山場、园坪一片，土名坐落本都八源上塘牛塘降安着，計界至上至路，下至路爲界，左至方灵山，右至方灵山爲界，具立四至，今因缺用，自愿立出正契一紙，將此山場、園坪向與鍾宅振議爲業，三面訂定，價洋法幣弍拾元正，其洋即日收訖無滯，未賣之先，即[既]賣之后，内外人订文墨交關，任听鍾邊收整開種，樣[篠]绿[籙]掌管，永后藍邊無找無借，永遠亦無取贖，自家伯叔兄弟子姪不許言三語四之理，如有此色，自能支当，兩心情愿，不涉錢主之事，不許返悔等情，恐口無憑，立賣契永遠爲照。

中華民國卅一年四月　日　立賣契人藍周苗（押）

在見　藍方灵（押）

憑衆　藍寿益（押）

代筆

一九五二年周長清立對字

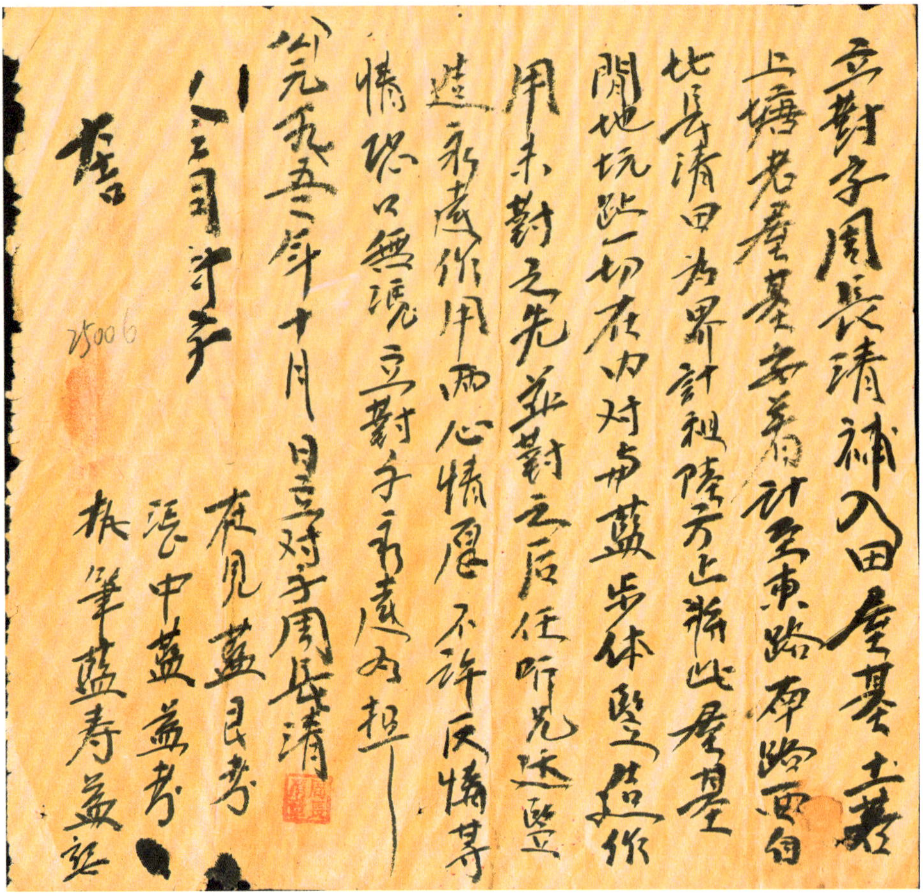

立對字周長清，補入田屋基，土名上塘老屋基安着，计至東路，南路，西自北長清田爲界，計租陸方正，將此屋基、閒地、坑趾一切在内，对與藍步体豎造作用，未對之先，並對之后，任听兄邊豎造，永遠作用，兩心情愿，不許反悔等情，恐口無憑，立對字永遠爲照。

公元一九五二年十月日立对字周長清（印）

在見藍艮考（押）

憑中藍益考（押）

執筆藍寿益（押）

□□□□

一九五三年藍步體立對字

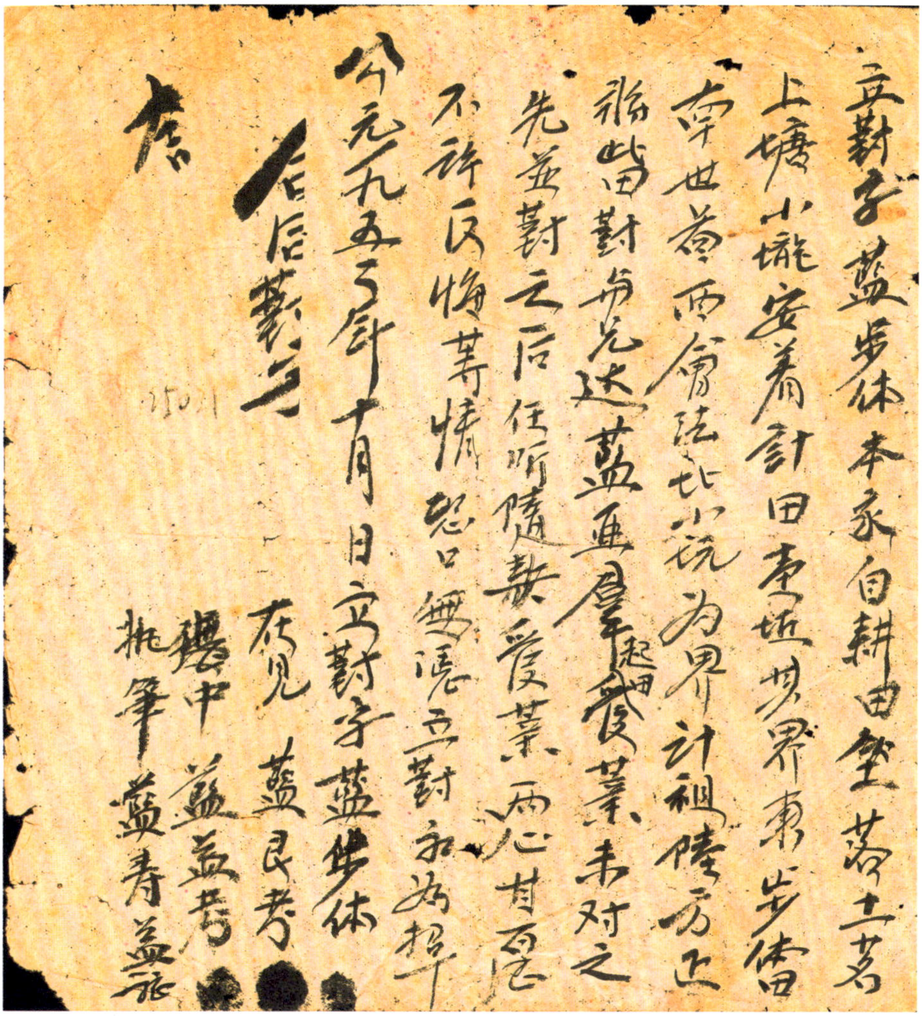

立對字藍步体，本家自耕田，坐落土茗［名］
上塘小壠安着，計田壹坵，其界東步体田，
南世□，西會法，北小坑为界，计租陸方正，
將此田對與兄邊藍亞羣起田管業，未对之
先，並對之后，任听隨契管業，兩心甘愿，
不許反悔等情，恐口無憑，立對永爲照。

公元一九五二年十月日立對字藍步体（押）

合同兑字　在見　藍艮考（押）

憑中　藍益考（押）

執筆　藍寿益（押）

一九五三年藍孔明立賣契斷截契

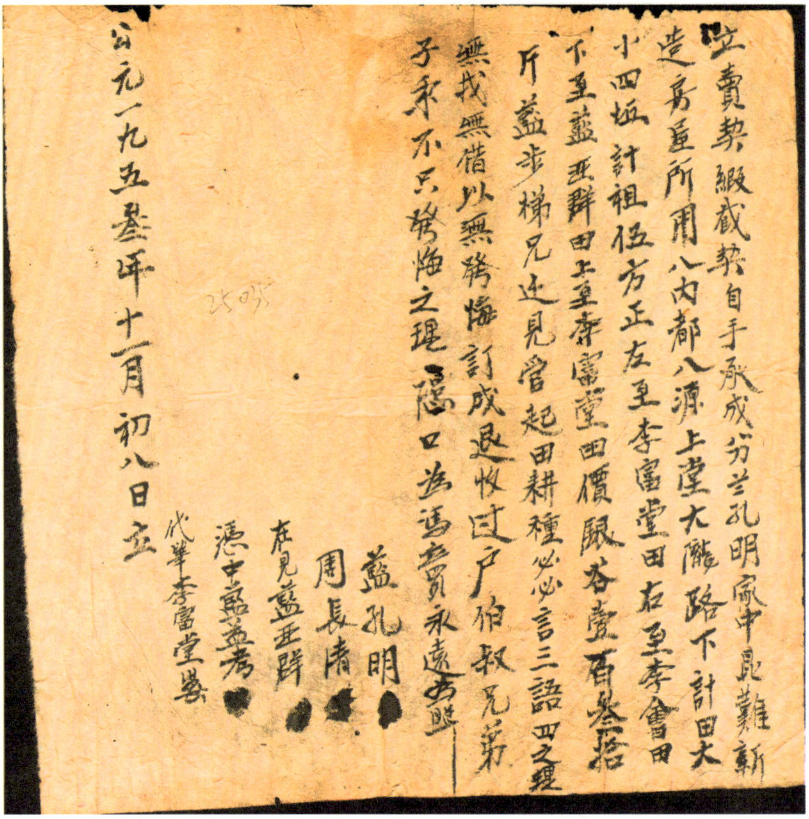

立賣契、緞[斷]截契，自手承成分兰孔明家中昆[困]難，新造房屋所用，八内都八源上堂大隴路下，計田大小四坵，計租伍方正，左至李富堂田，右至李會田，下至藍亞群田，上至李富堂田，價銀谷壹百叁拾斤，藍步梯兄邊見管起田耕種，必必言三語四之理，無找無借，以[亦]無發[反]悔，訂成退收过户，伯叔兄弟子永不只發[反]悔之理，恐口爲[無]憑，立買[賣]永遠爲照。

藍孔明（押）

周長清（押）

在見 藍亞群（押）

憑中 藍益考（押）

代筆 李富堂（押）

公元一九五叁年十一月初八日立

一九五四年傅壽金立賣字

立賣字傅壽金自有吉地壹穴坐落南坑瀨岩
后門前右首橫頭荒坪坟邊坐甲向庚兼寅申
自愿將此吉地賣與藍步梯安厝其嗌葬造壽域
双方甘愿合礼面言訂定早谷弍石五方正其谷
付訖如有別人竊執自能一力負責不涉藍
邊之事此係双方甘愿去後財丁挺秀蘭桂
騰芳大吉有照

公元一九五四年農曆九月　日立賣字傅壽金（押）
說中　李富雲（押）
代筆　鄭其英（押）

（前頁）>>>>

立賣字傅寿金，自有吉地壹穴，坐落南坑沠岩屋门前右首横頭爲父坟邊，坐甲向庚兼寅申，自愿將此吉地賣與藍步梯安厝，並築造寿域，双方自愿，合礼面言，订定早谷弍石五方正，其谷付訖，如有別人霸执，自能一力負責，不涉藍邊之事，此係双方甘愿，去後財丁挺秀，蘭桂芬芳，大吉爲照。

公元一九五四年農曆　九月　日立賣字傅寿金（押）

憑衆　李富堂（押）

代筆　鄭芝英（押）